Hella Wuolijoki

Und ich war nicht Gefangene

Hella Wuolijoki

Und ich war nicht Gefangene

Memoiren und Skizzen

Herausgegeben von Richard Semrau

Aus dem Finnischen übertragen
von Regine Pirschel

Hinstorff Rostock

ISBN 3-356-00023-3

1. Auflage 1987. Lizenz-Nr. 391/240/96/87
Printed in the German Democratic Republic
Einbandgestaltung: Werner Schinko
Gesamtherstellung: BS Rudi Arndt, Berlin
Bestell-Nr. 522 786 6

00920

Ein Mädchen kommt nach Helsinki

Ende September des Jahres 1904 kam eines Morgens auf dem Bahnhof von Helsinki ein achtzehnjähriges estnisches Mädchen mit Reisekorb und altmodischem Lederkoffer an. Ihr grauer Filzhut war mit einem blauen Schleier unter dem Kinn festgebunden, über ihrer Schulter hing an einem Riemen eine kleine baltische Ledertasche. Es nieselte herbstlich. Das Mädchen stand allein und etwas hilflos auf dem Bahnsteig, bis ein Träger sie entdeckte und ihr Gepäck zu einer Droschke brachte.

»Pohjola-Haus, in der Alexanderstraße«, sagte das Mädchen zum Kutscher, und das war auch schon alles, was sie auf finnisch konnte.

Der Kutscher zögerte ein bißchen und dachte bei sich, die Fahrt vom Bahnhof bis dort sei reichlich kurz, aber nachdem ihm klargeworden war, daß das Mädchen die Landessprache nicht verstand, fuhr er auf einem kleinen Umweg über die Esplanade zur Alexanderstraße. Am Ziel angekommen, kassierte er trotzdem nur die Gebühr nach dem festgesetzten Tarif – vielleicht hatte er dem Mädchen für dasselbe Geld ein wenig mehr vom Stadtzentrum zeigen wollen ...?

Im Pohjola-Haus befand sich die Pension von Maria Anderson, und das Mädchen hatte einen Brief von Doktor Kallas an Fräulein Anderson mit auf den Weg bekommen, samt der ernsten Mahnung, sich unbedingt in diese sichere Heimstätte unter die Fittiche des Fräuleins zu begeben. Als sich herausstellte, daß in der Pension kein Platz war, kam dem Mädchen also gar nicht in den Sinn, woanders zu suchen, sondern sie ließ sich bereitwillig für ein paar Tage in Fräulein Andersons Speisezimmer einquartieren, bis ein Zimmer frei würde. Man brachte ihr ein Tablett mit Kaffee und forderte sie auf, sich häuslich niederzulassen ..., all dies ging aus den in ziemlich mangelhaftem Deutsch gesprochenen Worten der freundlichen Inhaberin hervor.

Ich sehe heute noch das fremde, etwas verschüchterte Mädchen vor mir, wie sie allein in dem halbdunklen Speisezimmer sitzt, ein wenig erschöpft und müde, und darüber nachdenkt, wie das Leben in der fremden Welt anzupacken sei. War das wirklich ich? Von jenem Mädchen ist nichts mehr geblieben, außer daß ich mich an sie erinnere, daran denke, wie es ihr erging und was sie damals in jener Umgebung fühlte. Sie war wie ein Stück Wachs, in das die Welt ihre Stempel und Zeichen drükken konnte. Die Stempel trafen übereinander und verschwanden. Die tiefsten Zeichen blieben, wurden zu Wunden, vernarbten – und tun nicht mehr weh.

Jenes junge Mädchen war also offenbar tatsächlich ich.

Neben meiner Tür, in einem kleinen Durchgangsraum, schlug manchmal eine Klingel an, und dann wurde dort gesprochen, mal eine Männer-, mal eine Frauenstimme, aber immer eine Art unterbrochener Monolog. Ich konnte mir nicht vorstellen, was das bedeutete, bis mir schließlich einfiel, daß es einen Apparat gab, den man Telefon nannte und mit dem die Leute über einen Draht miteinander sprachen. In Estland gab es das zwischen den Behörden und Gutshäusern, und in Tartu hatte Tõnisson sich so etwas zwischen seiner Wohnung und der Redaktion einrichten wollen, aber bisher war ich selbst mit diesem Ungetüm noch nie in Berührung gekommen. Auch ein Jahr zuvor bei meinem Aufenthalt in Kuhmoinen hatte ich nichts dergleichen gesehen. Ein paar Tage später war ich schließlich gezwungen, das Ding zu benutzen, denn Helvi Genetz rief mich an, und man forderte mich auf, in das Telefon zu sprechen, obgleich ich es zu vermeiden versuchte, indem ich sagte, ich könne das nicht. Fräulein Anderson drückte mir rigoros den »Hörer« in die Hand oder vielmehr hob ihn mir ans Ohr und zeigte unerbittlich auf den Trichter, in den hineingesprochen werden mußte. Zu meinem Erstaunen hörte ich deutlich Helvis Stimme und schrie freudig überrascht mein Entzücken darüber in den Apparat, bis man mich aufforderte, mit normaler Stimme zu sprechen, was ich gar nicht begreifen konnte. Ich erledigte mein Gespräch, doch es hat dann noch lange gedauert, ehe ich es wagte, mich aus eigenem Antrieb jenem Gerät zu nähern und mich mit der wütenden Stimme, die »Zentrale« schrie, mir aber das Schreien verbot, in Verbindung zu setzen.

Ich hatte etliche Empfehlungsschreiben von Doktor Kallas und von Tönisson in der Tasche. Doktor Kallas hatte auf den an Professor Kaarle Krohn adressierten Brief eine Eins und auf die Karte an Ilona Jalava eine Zwei gemalt. Ich beschloß, diese Reihenfolge einzuhalten, und fuhr nach Kaivopuisto zu Kaarle Krohn, obwohl ich am liebsten geradewegs in die Kanzlei der Universität gegangen wäre.

Die Droschke hielt in Kaivopuisto vor einer alten weißen Villa. Ich stieg die schmale Treppe zum Obergeschoß hinauf, wo eine Tür in einen kleinen Flur führte. Der Professor war gerade zu Hause, und man brachte mich in sein Arbeitszimmer und bat mich zu warten.

Alle alten Holzhäuser haben ihre eigene Atmosphäre und ihren besonderen Geruch, der wohl von den Holzwänden und den alten Möbeln herrührt. Ich war an den muffigen Apfel-, Lavendel- und Wollripsgeruch in den mit Schränken vollgestopften Tartuer Wohnungen gewöhnt. Hier rochen die Wände anders, und mit ihrem Geruch vermischte sich der nach alten Büchern und Möbeln und – nach Kaffee. Ich besuchte später mehrere Leute aus der Krohnschen Verwandtschaft, die alle in alten Holzhäusern wohnten, nämlich Professor Julius Krohns Witwe und Aino Kallas' Mutter in ihrem Heim in der Ruoholahti-Straße sowie Aino Kallas' Tante, die Professorsgattin Ida Godenhjelm in der Ludvig-Straße in einem Haus, an dessen Stelle heute wohl das Gebäude von »Helsingin Sanomat« steht. Alle diese Wohnungen hatten ihren speziellen Geruch, der übrigens auch in der Villa von Senator Genetz in Siltasaari herrschte.

Kaarle Krohn ..., er erinnerte sowohl in seinem Äußeren als auch in seinem Wesen an meinen Vater und gehörte zu den Menschen, die nicht in den Alltag passen und die man unter Glas aufbewahren müßte wie alte kostbare und zerbrechliche Bronzeuhren. Er lächelte und lachte nie, sondern war stets ernsthaft, strahlte dabei aber Güte aus und Hingabe für seine Lebensarbeit, die Erforschung der Volksdichtung. Und seine Hingabe galt nicht nur der Dichtung der Völker, sondern auch den Völkern selbst. Er strahlte auch mich an, das estnische Mädchen, nachdem er gehört hatte, daß ich bei ihm studieren wollte, und er war der einzige Universitätslehrer, der mir und seinen anderen Studenten ein wirklicher Lehrer war; er nahm an unserem Leben und unserer Arbeit mehr Anteil als jeder andere Professor, zumindest an meiner Fakultät.

Wie gesagt, er paßte nicht in diese materielle Welt, er war unpraktisch, er wurde ausgelacht, man betrachtete seine Wissenschaft als minderwertig und die Dissertationen seiner Studenten als zu billig. Den »Volkslieddoktor« nannte man ihn, eine Bezeichnung, die in gewissen intellektuellen Kreisen mit besonderem Unterton ausgesprochen wurde. Aber ohne von alledem zu ahnen, vielleicht auch ohne sich darum zu kümmern, ging er seinen Weg, hoch aufgerichtet, sonnig, strahlend, und hilfsbereit gegenüber jedermann, ein Mensch, der seine Lebensarbeit als Sonne im Herzen trug und damit auch die anderen wärmte. Außerhalb seiner Arbeit gab es für ihn keinerlei Privatleben oder sonstige Bedürfnisse, und vom damaligen Weltenlauf, von Kriegen und Revolutionen, begriff er nur soviel, daß dadurch seine dichtenden Völker frei wurden und die Sammlung und Erforschung ihrer Dichtung neuen, gewaltigen Aufschwung bekam.

Weltfremd würden die Deutschen ihn nennen, aber er war nicht fremd gegenüber den *Menschen.* Als im Jahre 1905 nach der Revolution viele estnische Flüchtlinge nach Helsinki kamen, Revolutionäre, die in äußerst schwierigen Verhältnissen leben mußten, verschaffte Krohn ihnen Arbeit: das Kopieren der Hurtschen Sammlungen auf Rechnung der Finnischen Literaturgesellschaft. Und er gab ihnen zu verstehen, welchen großen Dienst sie ihm erwiesen und wie glücklich er sei, in ihnen die richtigen Leute für diese Arbeit gefunden zu haben. Wie vielen Esten hat er in Zusammenarbeit mit Doktor Kallas in jenen schweren Jahren vor der Unabhängigkeit helfen müssen ...! Der Gipfel war tatsächlich, daß Doktor Kallas estnische Arbeiter zu ihm schickte, Tischler aus Tartu, die in Finnland Arbeit suchten, weil sie Finnisch lernen wollten, um so die Möglichkeit zum Selbststudium zu erlangen; Deutsch oder Russisch zu lernen waren sie nicht imstande, und in estnischer Sprache gab es damals keine Literatur zur Nationalökonomie. Der arme Professor Krohn mußte ihnen Arbeit in einer hiesigen Tischlerei verschaffen, und das tat er mit solchem Erfolg, daß danach noch viele Männer aus Tartu kamen, hier die Sprache lernten, sozialistische Literatur lasen und in die finnischen Arbeiterorganisationen eintraten. Viele von ihnen wurden Kommunisten.

Seine Studenten enttäuschten ihn oft, unter anderen ich, die ich nie meine Dissertation über die Volksdichtung zu Ende brachte, sondern ein Hansdampf in allen Gassen wurde. Und es gab noch viele andere, in die er große Hoffnungen gesetzt hatte und die aus seiner Reichweite verschwanden und in andere Fächer abwanderten. Dennoch glitt er innerlich irgendwie unberührt über diese Enttäuschungen hinweg. Er erwartete so wenig von den Menschen und war schon dankbar für das kleinste bißchen, das sie für seine Wissenschaft taten. Er war absolut frei von jeglichem Wissenschaftlerneid, wie er überhaupt frei war von allen Untugenden. Er freute sich sogar dann, wenn seine Studenten ihn kritisierten – das bedeutete schließlich, daß seine Wissenschaft lebte und sich entwickelte!

Nach Doktor Kallas war ich der erste Student, der aus Estland kam, um sein Spezialfach zu studieren. Und der Professor behandelte mich, als wäre ich der langersehnte Messias – der künftige Retter der estnischen Volksdichtung. Er strahlte, gab Ratschläge und organisierte, er rief den Rektor der Universität an und danach Senator Genetz und Professor Danielson-Kalmari, mit deren Töchtern ich mich treffen sollte. Er versprach, mir Unterkunft bei einer finnischen Familie zu verschaffen, wo man mir für die Erteilung von Sprachunterricht freien Unterhalt gewähren würde und ich gleichzeitig Finnisch lernen könnte, und dann schickte er mich zu Aino Kallas' Freundin Ilona Jalava, oder richtiger zu Lektor Almberg, der zweiten Stütze meiner Anfangsschritte in Helsinki.

Ich dachte beinah, ich sei in ein Wunderland gekommen, in dem es noch herrlichere Menschen gab als in Estland. Völlig berauscht ging ich von Kaivopuisto zum Pohjola-Haus zurück und aß ein kaltes Mittagessen bei Fräulein Anderson, denn eigentlich gab es dort kein Essen, aber wo sollte ich sonst hin ..., ein Mädchen *konnte* ja nicht allein in ein Restaurant gehen!

Am Nachmittag machte ich mich also auf den Weg in die Albertstraße zu Lektor Almberg und seiner Tochter Ilona Jalava, sie wohnten in einem hohen, schmalen Haus neben dem Russischen Theater. Ilona war Aino Kallas' beste Freundin, obwohl ich nicht begreifen konnte, wie es möglich war, daß diese beste Freundin, Handarbeitslehrerin und Modellzeichnerin, ein so vollkommener Gegensatz zu der träumerischen, literarischen Aino sein konnte.

Ilona – ihr Vater war Lektor der ungarischen Sprache, daher der Name – war eine Institution im Helsinkier Kulturleben. Kaum ein kulturvolles Heim, in dem man nicht Ilonas stilisierte Handarbeitsmodelle sah, und mit ihren klugen Augen und mit scharfen Bemerkungen verfolgte sie jedes Theaterereignis und jede Kulturerscheinung im Leben Helsinkis und erzog unzählige junge Menschen zu kritischem Denken und Verhalten gegenüber den Erscheinungen unserer Zeit. Als selbständige, unabhängige, moderne Frau hat sie ihr Leben mit eigener Hand gelenkt und gleichzeitig auch anderen beigestanden und geholfen, und hinter ihren trockenen, praktischen, vernünftigen Worten verbarg sie geschickt ihr liebevolles goldenes Herz.

Schon damals, vor vierzig Jahren also, war Ilona selbstbewußt und unabhängig, nannte ihre Eltern Alma und Antti und betreute ihre kranke Schwester Aino und ihren Forstmeisterbruder Väinö Jalava. Es war eigentlich unbegreiflich, wie der idealistische und wie auf Wolken schwebende Antti Almberg und seine Frau Alma, die wie eine Blume und wie das zarte und feine Idealbild der Weiblichkeit war, diese robuste, selbständige, unvoreingenommene und sachliche Ilona hervorgebracht hatten, eine Säule, an die auch ich mich klammerte in den Jahren meiner schwärmerischen Hilflosigkeit.

An dem riesigen Zeichentisch in ihrem hellen Arbeitszimmer las ich Ilona im Jahre 1906 mein erstes Schauspiel vor, und auf ihrem Rye-Sofa erzählte ich ihr errötend von meinen ersten Gedichten, die sie sich dann vorlesen ließ und geradezu »petöfisch« fand! Allerdings blieben das auch meine letzten Gedichte, und zu meinem Glück habe ich nie den Versuch gemacht, sie zu veröffentlichen.

Antti Almberg ... Sein Haar und sein Bart waren bereits damals schneeweiß, aber trotzdem war er noch eine stattliche, elegante Erscheinung, ein alter Kavalier, der gerührt meine Hand in die seine nahm, als Ilona mich in sein Arbeitszimmer führte. Er erzählte mir, daß er mit Koidula befreundet gewesen sei ..., er habe lange mit ihr im Briefwechsel gestanden, und er fand, ich erinnere an sie. Ich schmolz förmlich dahin, bis ich begriff, daß er in jedem estnischen Mädchen Koidula sah oder vielmehr suchte, denn die Koidula-Episode war immerhin eine seiner schönsten Jugenderinnerungen, wenn es auch so gewesen war, daß Koidula sich in ihn verliebt hatte und nicht er in sie – nachher heiratete er ja eine finnische Schönheit und keine estnische Walküre. Ich kann mir sowieso nicht vorstellen, daß eine Ehe zwischen Koidula und Antti Almberg besonders glücklich geworden wäre, außer daß das Leben der Dichterin dann möglicherweise nicht ganz so tragisch verlaufen wäre, wie es später für sie als Häftling in Kronstadt der Fall war.

In meinen ersten Studentenjahren gehörte das Haus Ilonas und der Almbergs zu meinen liebsten Stätten in Helsinki, denn dort konnte ich am besten über Estland und mein Elternhaus sprechen. Ilona als Aino Kallas' Freundin kannte Tartu und meine Lieben dort, und auch der Lektor kannte Estland, so daß es für mich eine große Erleichterung war, wenn ich manchmal über mein Heimweh und alles, was mit Tartu zusammenhing, erzählen konnte ... In den ersten Monaten litt ich nämlich unter herzzerreißendem Heimweh, nachher begann es unmerklich zu schwinden.

Auf den Rat Professor Krohns hin setzte ich mich mit Helvi Genetz und Maija Danielson in Verbindung, die ich bereits von Tartu her kannte und die versprochen hatten, sich in Helsinki um mich zu kümmern. Ich fuhr also nach Siltasaari, wo in der Nähe des Arbeiterhauses unter alten Bäumen am Meer Senator Genetz' alte, von Herbstblumen umgebene weiße Villa stand.

Helvi, die wie die jugendliche Ausgabe einer echten tavastländischen Bauersfrau aussah, begrüßte mich wie eine langersehnte Schwester und machte mich mit ihren Eltern bekannt. Der alte weißbärtige Senator in seiner einfachen Würde, Herzlichkeit und auch Estenfreundlichkeit war eine imposante, ehrfurchtgebietende Erscheinung. Ich hatte nachher viele Kämpfe mit jungfinnischen Hitzköpfen auszufechten, die ihn einen Bobrikowianer und Hochverräter nannten, und man sah auch im Gesicht dieses Mannes manche Kummerfalte als Folge schwerer Jahre. Frau Senator Genetz war eine höchst originelle Persönlichkeit, ein ausgesprochen sachlicher, praktischer Mensch. Über sie kursierten in der Familie unzählige Anekdoten, die alle als Kulturanekdoten gelten können, und ich hoffe, daß die Angehörigen sie aufbewahren und irgendwann einmal der Welt erzählen. Frau Genetz war ja die Großmutter von Saima Harmaja, wenn auch vielleicht gerade Tochter Helvi und Doktor Juho Jännes am meisten von ihrem Charakter geerbt hatten. Laura Genetz, die später Frau Doktor Leo Harmaja und Saima Harmajas Mutter wurde, kam eigentlich mehr nach ihrem Vater. Sie war älter als Helvi und ich, so daß ich sie damals, glaube ich, mit demütiger Ehrfurcht behandelte. Doktor Jännes war zu jener Zeit in Deutschland und schrieb an seiner Dissertation, so daß ich ihn erst sehr viel später traf. Und Paavo Jännes war noch klein, wie auch die anderen Jännes-Jungen, und somit für uns Studentinnen völlig uninteressant.

Fürst Obolenski war als Nachfolger für Bobrikow Generalgouverneur geworden, und die Senatorsfamilie mußte sich darauf vorbereiten, mit ihm zu verkehren.

Das verursachte im Haus viel Aufregung – mit Bobrikow hatte man ja nicht verkehrt. Ich erinnere mich, daß ich Helvi nach allen Regeln der Kunst den Hofknicks beibrachte: »J'ai l'honneur de vous saluer, madame la princesse ...«, und ich ging mit Frau Senator und Helvi zur »à la Parisienne«, Kleider für Helvi bestellen. Helvi ihrerseits begleitete mich treu und brav in die Kanzlei der Universität und zeigte mir vor allem jene langersehnte und wichtigste Stätte in Helsinki, die Universitätsbibliothek. In der Kanzlei der Universität wurde ich dank der Empfehlung von Professor Krohn vom damaligen stellvertretenden Rektor freundlich empfangen; er versprach, dem Konsistorium mein Versetzungsgesuch vorzutragen, und riet mir, mich an ein Anwaltsbüro zu wenden, das sich um mein Gesuch kümmern würde. So geriet ich auf sein Zureden hin an das im Pohjola-Haus befindliche Büro von Renvall & Ignatius und lernte dann Senator Heikki Renvall sowie Doktor Ignatius kennen, mit dem ich 1917 als Vertreter von W. R. Grace die Angelegenheit des in Amerika auf Rechnung des finnischen Staates gekauften Getreides zu klären hatte.

Zusammen mit Helvi ging ich dann zu Maija Danielson in die Pietaristraße nach Suvantola. In diesem neuen Haus herrschte schon eine ganz andere Atmosphäre als in den alten Professorenvillen. In der Wohnung wie auch im ganzen Haus strebte man bereits den neuen finnischen Katajanokka-Stil an, der in seiner Starrheit auch gut als Rahmen für einen Menschen wie Professor Danielson paßte, dessen Steifheit phänomenal und in Finnland einzigartig war. Allerdings war Frau Danielson in ihrer Liebenswürdigkeit, Feinheit und Freundlichkeit genauso phänomenal und glich damit die einsame Steifheit ihres Mannes aus, die später durch die Blindheit und die dadurch verursachte Isolierung noch stärker hervortreten sollte.

Aber das estnische Mädchen empfing man höchst freundlich, und der Professor geruhte sogar, mich danach zu fragen, wie sich die Russen zu den Bestrebungen der Esten verhielten, die Stadtparlamente des Landes zu erobern. Maija hörte diese Frage mit Entsetzen, beruhigte sich aber, als sie merkte, daß ich darauf zu antworten wußte. Ich hatte in der Folgezeit noch viele ebenso sachliche Fragen zu beantworten, die zeigten, daß der Professor die Ereignisse in Estland als Staatsmann und nicht nur aus platonischem Interesse für das Brudervolk verfolgte.

Maija Danielson war von blühender Schönheit, in ihr vereinigten sich gewissermaßen das steife Politikertum ihres Vaters und die Anmut ihrer Mutter. Beide Mädchen, sowohl Helvi als auch Maija, verteidigten auf Leben und Blut die Politik ihrer Väter und die alte Finnische Partei und stellten sie mir gegenüber als Retter des Vaterlandes hin. Diese Einstellung war mir gar nicht fremd, denn schließlich waren auch die Esten die ganze Zeit über gezwungen gewesen, sich mit dem Zarenregime zu arrangieren, um Publikations- und Versammlungsgenehmigungen und die Erlaubnis zur Bildung von Vereinen zu bekommen. Aber ich wußte auch, daß die Zeit vorbei war und in Rußland bald kein Platz mehr für eine Politik der Anpassung sein würde, daß sich von allen Seiten die geballte Faust gegen die zaristische Macht erhob und dabei auch jedes Aufrechtstehen vor der Unterdrückermacht und jede furchtlose Geste finnischerseits jubelnd begrüßt wurden, nicht nur in Estland, sondern im Lager der Revolutionäre ganz Rußlands.

»Was geht uns das an?« sagte Helvi ..., sachlich und energisch. Da hatte ich meine erste Lektion in finnischer Politik weg: Was geht uns das an, was in Rußland geschieht? Darin waren sich sowohl die Jung- als auch die Altfinnen einig, und die Gleichgültigkeit gegenüber

Rußland gipfelte in jenem bekannten Lied der schwedischen Studenten:

»Wir Finnen brauchen Bobbe nicht
in unserm Vaterland.
Ohne ihn geht's besser,
wir sind keine Sauerkrautfresser.«

In England nennt man diese Art der Selbstgefälligkeit Insularismus, in gebildeten Kreisen schämt man sich ihrer ein wenig; hier entwickelte sie sich unter dem Druck der Verhältnisse und auf Grund der Unterdrückungspolitik Rußlands zu einer vaterländischen, äußerst kurzsichtigen Haltung, die sich sogar heute noch rächt.

Meine beiden Freundinnen führten mich zu »Fazer« und »Ekberg«, und dort bekam ich bei Kaffee und Gebäck meinen ersten Unterricht in selbständigem Auftreten der Mädchen sowie in Fragen Finnlands und vor allem der Studentenpolitik. Außerdem wurde beschlossen, daß ich als estnische Tavastländerin natürlich derselben Landsmannschaft beitreten müsse, der sie beide angehörten und in der immerhin noch ein echter altfinnischer Geist herrschte, wenn auch Kagalen vertreten waren. Und natürlich mußte ich auch unbedingt zu ihnen in den Abstinenzverein der Studenten kommen. In diesem Zusammenhang hörte ich von der großen Kampagne, die man geführt hatte, um das Studentenklubhaus vom bösen Geist des Alkohols und so weiter zu befreien. Nun galt es noch, den Kampf gegen das Rauchen zu führen, das beide Mädchen natürlich verdammten, genau wie jede andere nichtabstinente Lebensweise. Und ich, inspiriert durch meinen abstinenzfanatischen Vater, war natürlich außer mir vor Entzücken über all diese gewaltigen Neuerungen, in die ich da hineingeraten war. Was würde ich dem »Postimees« nicht alles in meinem ersten Helsinki-Brief zu erzählen haben!

Dann führten mich die Mädchen ins Studentenklubhaus und zeigten mir einige Speisesäle, in die sich eine junge Studentin auch allein hineinwagen konnte. Auf diese Weise wurde ich mit dem Leben in Helsinki vertraut gemacht, und das wichtigste war, daß Helvi mir beibrachte, jenes Teufelsding, das Telefon, zu benutzen. Außerdem begann sie mit mir finnisch zu sprechen und beschaffte mir auch sofort finnische Bücher. Ein paar Tage später machte ich mich zu meinem allerwichtigsten Besuch auf: zum Rektor der Universität, Professor Edvard Hjelt, für den ich einen Brief von Tönisson hatte.

Professor Hjelt war zweifellos damals einer der ersten Diplomaten in diesem Land, ein europäisch gebildeter Hofmann, der sowohl mit den Jung- als auch mit den Altfinnen ohne schärfere Konflikte auszukommen verstand und dem es gelang, die Universität ohne Katastrophen durch die schweren und gefährlichen Jahre der Unterdrückung zu lotsen, ohne dabei weder in Finnland noch in Petersburg das geringste von seiner Autorität einzubüßen. Er war ein Staatsmann vom Scheitel bis zur Sohle, und seltsamerweise begriff ich instinktiv, daß er der Herr im Haus namens Finnland war ..., mehr als Senator Genetz. Ich weiß nicht, was Tönisson ihm über mich geschrieben hatte, aber ich hatte das Gefühl, daß der Professor mit mir wie mit einem erwachsenen Menschen sprach, und war außerordentlich stolz darauf. Er beklagte auch nicht die Leiden des Brudervolkes und bewunderte nicht sein Erwachen, sondern erkundigte sich nach der Stellung der estnischen Sprache an den Schulen, nach den Möglichkeiten der Esten, in die Stadtparlamente einzuziehen, nach dem Erfolg der estnischen Sparkassen, der Gründung von Mittelschulen und so weiter, noch genauer als Professor Danielson. Ich erzählte ihm, wie es mir gelungen war, über den Kultusminister die Versetzung nach Finnland zu erreichen, und wie dieser sich dafür interessiert hatte, ob nicht auch eine Versetzung von russischen Lehranstalten nach Finnland möglich sei. Ich hielt es für meine Pflicht, ihm das zu sagen, denn wer konnte wissen, welche Pläne die Russifizierer möglicherweise mit solchen Versetzungen, besonders von weiblichen Studierenden, verfolgten. Der Rektor war dankbar, daß ich ihm das erzählte. Er meinte, es sei wahrscheinlich am besten, daß das Konsistorium, um einen Präzedenzfall zu schaffen, mir das Recht zuspreche, an der Universität zu studieren und Prüfungen zu machen, ohne immatrikuliert zu sein, bis ich die Kandidatenprüfung abgelegt hätte, wie es dann auch geschah. Auf derselben Grundlage dürfe ich auch einer Landsmannschaft beitreten.

Er sprach den Wunsch aus, es mögen mehr estnische Studenten nach Finnland zum Studium kommen, und äußerte seine Verwunderung, daß dies nicht längst der Fall war. Ich erklärte ihm, daß es für einen Magister der finnischen Universität unmöglich sei, in Estland ein Amt oder überhaupt Arbeit zu bekommen, da es schon für einen Esten mit dem Abschluß einer russischen Universität aussichtslos sei. Er lächelte und fragte, ob ich denn nicht auch dieses Schicksal befürchte oder ob ich wirtschaftlich unabhängig sei. Ich sagte ihm, daß ich im Gegenteil bereits auf der Oberschule gezwungen gewesen sei, mich durch Zeitungsarbeit und Übersetzungen selbst zu ernähren, daß ich mich aber niemals um ein staatliches Amt bewerben würde, da ich Beamte haßte.

Er lachte, und ich hatte die höchst unangenehme Eigenschaft, bis an die Haarwurzeln zu erröten. Aber da mir nach diesem fatalen Lapsus gar kein anderer Ausweg blieb, beschloß ich, ganz offen zu sein, und erzählte ihm, wie mein Vater und mein Großvater mich gelehrt hatten, die Tschinowniks zu hassen. Ich hatte eine Parodie des berühmten und herrlichen »Kosakischen Wiegenliedes« von Lermontow gelernt, die ich ihm auf russisch vortrug:

»Ei, was für ein schmucker Beamter,
doch innen falsch und schlapp.
Ich brauch gar nicht lang zu schauen,
merk's und winke ab.«

Ich winkte sogar verächtlich ab, fügte aber hinzu, daß es meines Wissens in Finnland keine Tschinowniks gebe ...

»Doch, die gibt es auch in Finnland«, sagte der Rektor lächelnd, »Sie werden es noch sehen.«

Und in der Tat, ich sah später eine ganze Menge davon, komplett mit Streifen und Sternen, wie Weihnachtsbäume, aber das ist eine Geschichte für sich.

Doch ich hielt mein Wort und wurde nie ein Beamter oder eine Beamtin, und ich habe auch niemals diese meine erste Blamage in Finnland vergessen, der leider viele andere folgten, die im Verlauf der Erzählung zu gegebener Zeit zur Sprache kommen werden.

Eine Studentin kommt an die Universität

Das Universitätsprogramm ..., welch spannendes Buch! Für einen Grünschnabel wie der Schlüssel zur Welt! Und dann die Anforderungen für die einzelnen Prädikate und jenes kleine gelbe Snellmansche Buch »An den Studenten«, das mir in der Universitätskanzlei übergeben wurde!

Auf der Grundlage all dessen hatte ich also mein Studium zu organisieren.

Ich beschloß, Literatur, Volksdichtung und Geschichte zu studieren. Das sollten zumindest meine

Hauptfächer sein, aber außerdem beabsichtigte ich auch noch, alles andere zu studieren, was mir Spaß machte, und das schlimme war, mir machte fast alles Spaß, vor allem Philosophie und Volkswirtschaft, und natürlich Sprachen. Als Helvi Genetz mir das Vorlesungsprogramm erläuterte, stellte sich heraus, daß ich am liebsten bei allen Professoren gehört hätte, und ich fand es höchst betrüblich, daß sie gleichzeitig lasen und ich somit, Helvis Ratschlägen folgend, zwischen einigen wählen mußte.

Aber zuvor mußte ich Helvis Frage beantworten, was ich werden wolle und zu welchem Zweck ich an die Universität gekommen sei. Sie fragte danach in einer Art, die eine präzise Antwort verlangte, außerdem hatte sie mir ganz genau ihre eigenen Ziele im Leben und im Studium dargelegt. Ich gab Helvi ehrlich zur Antwort, daß ich vor allem Literatur und Geschichte studieren wolle, um Schriftstellerin zu werden, worauf die praktische Genetz-Tochter fragte, ob ich denn die Mittel für eine solche Laufbahn hätte, denn die Literatur ernähre ihres Wissens niemanden. Sie meinte, ich solle mich lieber gleichzeitig für irgendein besoldetes Amt ausbilden lassen, am besten als Lehrerin. Ich erklärte Helvi, daß es für uns Esten sogar unmöglich sei, auch nur ein Lehramt im eigenen Land zu bekommen, daß ich aber vielleicht versuchen könnte, mich durch Zeitungsarbeit zu ernähren. In dieser Hinsicht hatte sie nun wieder ernste Zweifel, denn ihrer Meinung nach war Zeitungsarbeit nur etwas für verkrachte Studenten. Daraufhin sagte ich ihr, daß ich meine Studien bis zur Dissertation fortzuführen gedenke und daß sich bis dahin vielleicht auch in Tartu für mich die Möglichkeit zu wissenschaftlicher Arbeit bieten würde, ganz abgesehen davon, daß mir die Zeitungsarbeit bei »Postimees« auf jeden Fall sicher sei.

Dies alles kam Helvi höchst bedenklich vor, und sie

versuchte, mich davon zu überzeugen, daß ich für den späteren Broterwerb dennoch die Sprachen als Hauptfach wählte. Sie fing an, mir die Anforderungen insbesondere für Deutsch und Russisch zu übersetzen, die mir auch interessant erschienen, bis wir zu den sprachgeschichtlichen Passagen kamen, sterbenslangweilige Verwandtschaftsbeziehungen, germanische Dialekte und slawische Sprachen, was alles schon an Mathematik erinnerte. Da sagte ich: Stop! Ich erklärte dem entsetzten Mädchen, daß ich nicht an die Universität gekommen sei, um mir wegen späterer Erwerbsmöglichkeiten etwas einzupauken, was mich nicht interessiere, so wie ich es schon in der Schule mit Mathematik habe tun müssen. Keinen einzigen Augenblick würde ich dafür vergeuden, komme, was da wolle. Ich schlug dabei sogar mit der Faust auf den Tisch, beruhigte aber meine erschrockene Freundin, daß der Faustschlag nicht ihr gelte, sondern dem *Leben.* Auch wurde mir bereits damals klar, welch großartiger Mensch Professor Krohn war, denn er hatte niemals auch nur angenommen, daß ich mit der Volksdichtung, mit Ästhetik und mit meiner Dissertation spätere Erwerbsmöglichkeiten im Auge hätte.

So erläuterten mir also Helvi Genetz und Maija Danielson die Vorlesungen und Anforderungen und erzählten von den Professoren und der Universität. Dabei kam für mich eine Art Arbeitsprogramm zustande, in dem vor allem berücksichtigt werden mußte, daß ich am Anfang den in finnischer Sprache gehaltenen Vorlesungen noch nicht folgen konnte. Deshalb geriet ich in die Vorlesungen und Seminare von Professor Mandelstam und Lektor Öhquist, weil ich wenigstens russische und deutsche Literatur hören wollte. Trotzdem ging ich gleich von Anfang an auch in die Vorlesungen von Gunnar Suolahti und Aspelin-Haapkylä. Beide förderten mit ihrer klaren Sprache mein Fortkommen im Finnischen, so daß ich schon nach ein paar Wochen ihren Vortrag verstehen konnte.

Danach begann ich, alle Geschichtsprofessoren und -dozenten zu hören. Väinö Voionmaa, die große Hoffnung der Jugend, war ein Erlebnis. Auch in den Vorlesungen von Kustavi Grotenfelt war ich zu finden, ganz zu schweigen von den philosophischen Vorlesungen Arvi Grotenfelts, die ich zwei, drei Semester lang hörte und in denen ich oft das einzige Mädchen war. Er las über einen gewissen Immanuel Kant, und ich erinnere mich, als er Kants Ansichten über die Frauen behandelte, drehte sich der größte Teil der Jungen zu mir um, denn ich saß meistens bescheiden in der hintersten Bank. Ich weiß noch, welch unglaubliche Lust ich verspürte, den Jungen unverschämt die Zunge herauszustrecken, wie ich es in Tartu bestimmt auch getan hätte, doch hier mußte ich das ganze Brudervolk repräsentieren und mein wildes Temperament zügeln. Das durfte ich übrigens recht häufig tun.

Es ist unfaßbar, wie ich es in den ersten Semestern fertigbrachte, immerhin vier bis fünf Vorlesungen täglich zu besuchen, was bereits Rekord gewesen sein dürfte und sich danach nie wiederholt hat. Schon im zweiten Studienjahr fand ich heraus, bei welchen Professoren es sich lohnte, die Vorlesungen zu hören. Zu ihnen zählte der Professor für russische Literatur, Mandelstam, der ein Vertreter intellektuell-liberaler Petersburger Literaturforscher und -dozenten und ein hervorragender Redner und Tolstoi-Kenner war. Er las viele Semester lang über »Krieg und Frieden«, und ich habe nie seine Analyse des russischen »runden« Menschen vergessen, den Tolstoi in Gestalt eines Soldaten darstellt. Dann gehörten dazu natürlich Westermark, Werner Söderhjelm und Voionmaa sowie Gunnar (Nunu) Suolahti und auch Gunnar Castrén – alles mitreißende Redner, die auch wir liberalen Studenten gern hörten. Das waren sie dann auch schon alle, zumindest von der Abteilung Hist./Phil. – nein, Gebhard hätte ich beinah vergessen.

Aber bereits im dritten Studienjahr wurde mir klar, falls ich etwas lernen und Prüfungen ablegen wollte, mußte ich aufhören, Vorlesungen zu besuchen, und mich auf Bibliotheken und Seminare konzentrieren. Den wenigsten kommt diese Erkenntnis schon so früh.

Ich war meinen guten Freundinnen sehr dankbar, daß sie mir halfen, mich im Studienlabyrinth zurechtzufinden. Nicht jeder Student bekommt diese Hilfe von seinen Kameraden, und von anderer Seite wurde zumindest damals keine Hilfe angeboten.

Das Schicksal der jungen Studenten zu meiner Zeit war bedauernswert, und daran dürfte sich während der letzten vierzig Jahre nicht viel geändert haben. Man bedenke, daß die jungen Menschen von der Oberschule kamen, wo sie nach einem vorgeschriebenen und sklavisch befolgten Lehrprogramm mitsamt seinem dauernden Prüfen und Kontrollieren vorwärtsgeführt worden waren, und dann ließ man sie auf der Universitätsweide frei, ohne daß jemand sie beriet oder ihre Arbeit verfolgte; zumindest auf dem Gebiet der humanistischen Wissenschaften war es so. Jeder konnte selbst wählen, was und wie er studierte, und manchmal führte irgendein barmherziger Freund den jungen Menschen auf seine eigenen Pfade, die keineswegs immer jene waren, denen der junge Mensch gefolgt wäre, wenn man ihn sachkundig beraten hätte. Zu meiner Zeit fragte keiner der Professoren danach, warum und in welchem Studienzusammenhang gerade seine Vorlesungen gehört wurden. Erst nachdem sich ein Student zu den Prüfungen angemeldet oder an den Seminaren teilgenommen hatte, erwachte in den Professoren ein gewisses Interesse, und mir wurde von diesem Interesse sogar mehr als üblich zuteil, weil ich nun mal ein weißer Rabe unter den anderen war. Man kann sich vorstellen, wie gleichgültig den Universitätslehrern im Grunde all die namenlosen Studenten aus der Provinz waren, die als scheue, bescheidene Masse die Hörsäle füllten und verzweifelt versuchten, mit ihrer bekannten Langsamkeit unverständliche Sätze in ihre Hefte zu schreiben, denn sie konnten den Vorlesungen oft gar nicht folgen. Ich habe damals mit Entsetzen einige solcher Mitschriften gelesen und will im übrigen auch gar nicht behaupten, daß meine eigenen über Kants kategorischen Imperativ wesentlich genialer gewesen wären.

Vorlesungen, in deren Zusammenhang nicht abgefragt wird und die auf keine interessante, persönliche Auseinandersetzung mit irgendeiner besonders schwierigen Frage zielen, sind meiner Meinung nach die größte Zeitverschwendung, sowohl für die Studenten als auch für die Professoren. Das ganze Vorlesungssystem stammt aus dem Mittelalter, als es noch keine oder zuwenig gedruckte Bücher gab. Die Professoren könnten heute, statt Vorlesungen zu halten, in aller Ruhe wissenschaftlich arbeiten und gute Bücher schreiben, die die Studenten ebenfalls in aller Ruhe lesen und zu denen sie außerdem noch von den Professoren gute Ratschläge für ihr Studium bekommen könnten. Mir läuft ein regelrechter Schauer über den Rücken, wenn ich an all die kostbare Zeit denke, die ich zwei Jahre lang für Vorlesungen verschwendete, statt in Ruhe zu Hause zu lesen und dann zu den Prüfungen zu gehen.

Ich beneide die Engländer und Amerikaner um ihr Collegesystem, bei dem auch an der Universität Unterricht erteilt und die Entwicklung der Studenten beobachtet wird, während sie bei uns sich selbst überlassen sind und sich allein ihren Weg durch den wilden Dschungel des Studiums bahnen müssen.

Neben meinen anderen Dummheiten, die ich beging, geriet ich auch in das deutschsprachige Seminar zu Johannes Öhquist, wo ich eigentlich nichts zu suchen hatte, denn Deutsch wollte ich in keiner Weise als Fach belegen. Aber da ich dort auf jeden Fall mit deutscher Literatur zu tun bekam und es von mir weiter keine Arbeit erforderte, meldete ich mich bei Johannes Öhquist an, der über Gottfried Kellers »Grünen Heinrich« las und dieses Buch in Seminarvorträgen behandeln ließ. Das hatte er schon viele Jahre vor mir getan, und er kaute seinen grünlichen Heinrich auch noch Jahre nach mir durch. Als ich später Snellmanns Satire über die Helsinkier Universität las und wie die Professoren vor oder vielmehr zu seiner Zeit ewig ihre Habilitationsschriften über die Familie Sursill schrieben, mußte ich an Öhquists »Grünen Heinrich« damals im Deutschseminar denken. Nicht, daß es kein gutes Buch wäre, aber als ich ein paar Semester lang die Studenten in ihrem mangelhaften Deutsch darüber hatte referieren hören, wurde es mir so über, daß von mir aus der ganze Heinrich nie hätte geschrieben zu werden brauchen.

Meine größte Freude im Zusammenhang mit dem »Grünen Heinrich« war, daß ich darüber auch für andere Studenten Seminarvorträge schreiben und diese dann selbst kritisieren durfte. Die erste, die mich um Hilfe bat, war Anna Juslén, die Schwester von Helvi Genetz' Bräutigam, und nach ihr kamen noch viele andere, so daß ich insgesamt wohl zehn verschiedene Vorträge über den Heinrich geschrieben habe. Viel Arbeit erforderte das nicht. Es war sehr pikant, später dann diese eigenen Elaborate zu kritisieren, aber ich mußte natürlich aufpassen, daß sie sich nicht ähnelten.

Der »Grüne Heinrich« war übrigens meine erste Enttäuschung an der Universität. Ich hatte erwartet, daß an einer freien Universität wenigstens das damalige moderne Deutschland behandelt würde, also Hauptmann, Dehmel, Sudermann oder andere in der Schule verbotene Schriftsteller für erwachsene Leute, doch statt dessen wurde einem Gottfried Keller vorgesetzt, der genausogut für die fünfte Klasse des Gymnasiums geeignet gewesen wäre.

Meine zweite Enttäuschung war Aspelin-Haapkylä, dem ich jedoch eigentlich in meinem Herzen Unrecht getan habe. Er las nämlich über Heine, und später habe ich mir überlegt, daß er wirklich eine ausgezeichnete Analyse von Heines Lyrik gegeben hat, und seine Vorlesungen waren auch in keiner Weise langweilig. Es war schon an sich eine Kulturtat, an der Universität über Heine zu lesen, und ich glaube nicht, daß es danach noch oft geschehen ist. Aber Aspelin-Haapkyläs Art des Vortrags, seine trockene, schnalzende Sprechweise und sein Deutsch waren entsetzlich. Leider Gottes gehörte der Professor genau wie Taavetti Laitinen und viele andere zu denjenigen Finnen, die fremde Sprachen nicht richtig aussprechen, geschweige denn Heine-Gedichte auf deutsch rezitieren können. Außerdem mußte ein Professor, der über Heine sprach und ihn rezitierte, meiner Meinung nach mindestens so etwas wie eine Mischung von Gunnar Castrén, Voionmaa und Mandelstam sein; das heißt, er hätte Gunnar Castréns blendendes Aussehen, Väinö Voionmaas Temperament und Mandelstams mündliche Ausdruckskraft besitzen müssen.

Auch Schwedisch begann ich sofort und auf meine eigene Art zu lernen, was zur Folge hatte, daß ich mir nach ein paar Wochen die schwedischsprachigen Kurslehrbücher für Geschichte vornehmen konnte. Ich las nämlich »Gösta Berling« parallel zur deutschen Übersetzung, danach dann die schwedischen Lehrbücher über nordische Geschichte parallel zur finnischen Übersetzung. Schybergsons »Finnische Geschichte« war so leicht verständlich, daß ich bald die Übersetzung weglegte und nur noch Edith L. oder meine Freunde nach einzelnen Wörtern fragte. Wörterbücher habe ich beim Sprachenlernen immer zu meiden gesucht. Englisch lernte ich seinerzeit auf die gleiche Weise, nämlich durch unaufhörliches Lesen; ich glaube, ein englisches Wörterbuch habe ich nie zu Gesicht bekommen, desgleichen keine Grammatik. Schwedisch war natürlich außerordentlich leicht für mich, da ich bereits Deutsch und Französisch konnte. Professor L. besaß eine relativ große finnisch- und schwedischsprachige Bibliothek, die mir frei zur Verfügung stand, und ich glaube, ich habe es vor allem Juhani Aho und Minna Canth zu verdanken, daß ich schon bald die finnische Literatur zu verstehen begann.

Arbeit hatte ich genug, Bücher reichlich, denn die Mädchen führten mich auch in die Bibliothek der Studentenschaft, die damals eine regelrechte Schatzkammer der neueren französisch- und deutschsprachigen Literatur war. Die Studenten lasen diese Werke relativ wenig, trotzdem wurde alles, was gut war, bestellt. Der Lesesaal im Studentenklubhaus war ebenfalls eine Stätte der Glückseligkeit für mich, denn dorthin kamen auch estnische Zeitungen, ganz zu schweigen von den deutschen und russischen.

Aber an meinem Herzen nagte das Heimweh nach Tartu. Man schickte mir Briefe, sowohl individuelle als auch kollektive, mit den entsprechenden Grüßen versehen. Dort bereitete sich das Leben auf die Stürme des Jahres 1905 vor, und ich ging hier als stiller Zuschauer und personifizierte Bescheidenheit zwischen der Universität und Professor L.s Haus hin und her. – Ich schaute und hörte, und ich beschloß, möglichst schnell zu studieren, damit ich bald wieder nach Hause könnte.

Ein estnisches Mädchen lernt die finnische Politik kennen

Es begann nicht in der Landsmannschaft, sondern zu Hause bei Professor L. Der Professor war noch nicht von einem Krankenbesuch zurückgekehrt, und wir tranken zusammen Kaffee, das heißt, Frau Professor, der Assistent und ich. Ich erzählte ihnen von meinem Besuch im Hause von Senator Genetz, wo die Visite Fürst Obolenskis erwartet wurde, und fügte hinzu, nach allem, was ich gehört hätte, erwarte man eine Änderung der Politik sowie die Einberufung des Ständelandtages. Edith L. verzog spöttisch die Lippen und machte eine Bemerkung in der Richtung, daß die bobrikowtreuen Senatoren jetzt vor Fürst Obolenski kröchen und dabei weiter ihr Land verrieten und Gesetzwidrigkeiten begünstigten. Auch der stille und bescheidene Assistent, der in Anwesenheit des Professors kaum und wenn, dann nur von seinen weißen Mäusen und dem Injizieren von Alkohol in Kaninchen sprach, sekundierte Edith plötzlich mit den giftigsten Bemerkungen über die altfinnischen Karrieristen.

Ich fiel aus allen Wolken und bekam eine erste Vorstellung vom Ausmaß des Konflikts in diesem Land. Man klärte mich dann auch gründlich auf: Alle meine Freunde, die Almbergs, die Professoren Krohn, Hjelt, Danielson und Serlachius seien mehr oder weniger Vaterlandsverräter, hätten sich an die Russen verkauft, um Ämter zu bekommen. Der schlimmste und verbrecherischste von ihnen allen sei Yrjö-Koskinen, unter dessen Führung den verfassungsmäßigen Senatoren die Sitze geraubt und allen Gesetzwidrigkeiten Tür und Tor geöffnet worden seien. Die beiden, die mich aufklärten, wunderten sich, daß ich das alles nicht längst begriffen hatte, und vermuteten, man habe mich, die ich als

Fremde die Situation nicht erkannte, natürlich durch Verblendung in die Netze der Altfinnen gelockt. Gleichzeitig warnten sie mich, bei diesen Leuten nicht so viel zu verkehren, denn man halte die Esten ohnehin für russenfreundlich – seien doch in die Druckerei des Senats für die russischen Texte estnische Setzer geholt worden, auch höre man von estnischen Gendarmen, die Finnisch sprechen lernten. Und ich selbst unterrichte den Professor in Russisch, der ein Altfinne sei und mit Hilfe der russischen Sprache den Posten des Generaldirektors im Amt für Gesundheitswesen anstrebe ...

Das waren sehr offene Worte, die ich da in der Wohnung und am Tisch des Professors von seinen Nächsten zu hören bekam. Es war für mich zugleich der erste Beweis dafür, wie weit sich der politische Widerspruch sogar in den Familien, zwischen nahen Angehörigen, entwickeln konnte. Ich war wie vor den Kopf geschlagen, ich konnte das einfach nicht fassen. Und zugleich begriff ich, daß das Leben unter dem Brudervolk keineswegs nur ein Tanz auf Rosen war. Vor allem mußte ich mir jetzt darüber Gedanken machen, wie ich mich zu den Menschen meiner Umgebung verhalten sollte.

Aus den Reden Edith L.s und Magister Winters erfuhr ich vom aktiven und auch vom passiven Widerstand, und natürlich war ich von ganzem Herzen sowohl für das eine als auch für das andere. In Estland wie auch in Rußland verfolgte man beide Bewegungen mit großer Begeisterung, und ich konnte verstehen, wie bitter für die finnischen Widerstandskämpfer das Zerbrechen der Front und die Kompromisse mit der gesetzwidrigen Bürokratie des Zaren waren. Aber andererseits konnte ich mir unmöglich vorstellen, daß die Senatoren Genetz und Yrjö-Koskinen gegen ihr Land gehandelt hätten, ebensowenig wie auch die anderen Altfinnen, eifrige Patrioten, wie Kaarle Krohn, die Suolahtis, Antti Almberg und all jene Leute, die mich freundlich in ihren Häusern empfangen hatten, ganz zu schweigen von Danielson-Kalmari. Und ich konnte auch Professor L. in keiner Weise als Zarenanhänger betrachten, im Gegenteil, er hatte mir mit großer Hochachtung von dem passiven Widerstand erzählt.

Ich sprach über all das ganz im Vertrauen mit Helvi Genetz, die ihren Vater und die altfinnischen Senatoren ebenso leidenschaftlich verteidigte, wie Edith L. und Magister Winter diese angegriffen hatten. Nach Helvis Meinung waren die Altfinnen Retter des Vaterlandes, während die Männer des passiven Widerstands es mit ihrem Leichtsinn ins Verderben stürzten, die Aktivisten gar waren regelrechte Verbrecher und gefährliche Abenteurer, vor denen Helvi mich ihrerseits zu warnen versuchte. Hier bekam ich es also zum erstenmal mit jenem bekannten finnischen »Warnsystem« zu tun. Ich weiß, wie oft nachher ins Land eingereiste Ausländer durch die »Kleinen« im Außenministerium wegen meines »politischen Salons« vor mir und meinem Haus »gewarnt« wurden.

Ich wußte von Estland her, daß der Widerstand gegen die Zarenrussen nicht leicht war und daß die Esten, auch Tönisson, sich mit ihnen arrangieren mußten, um sie ausnutzen zu können gegen unseren schlimmsten Feind, die Deutschen. Ich begriff, daß die Tschinowniks des Zaren darauf aus waren, die gesamte Verwaltung Finnlands in die Hand zu bekommen, und daß die finnischen Senatoren taten, was sie konnten, um von der Selbstverwaltung des Landes zu retten, was zu retten war, auch wenn sie dafür als Spalter der nationalen Front geschmäht wurden. Andererseits empfand ich jedoch auch tiefe Begeisterung für die Kühnheit und Männlichkeit der Widerstandskämpfer und für das Beispiel, das sie dem ganzen russischen Volk gaben. Ich wagte jedoch nicht, Helvi dieses Gefühl einzugestehen, sondern beschloß, mir selbst Klarheit über den Standpunkt der Jungfinnen zu verschaffen und meinen eigenen Weg zu suchen.

Ich traf noch weitere Kagalen und Jungfinnen. Aino Kallas hatte mich mit den Swans bekanntgemacht, vor allem mit Anni Swan. Sie wohnten in Ullanlinna, und so stand also auch ihre Umgebung in Einklang mit ihrer feurigen Widerstandsromantik. Durch sie, glaube ich, lernte ich Aino Malmberg und Tekla Hultin kennen. Aino Malmberg, die »kagalste« unter den Kagalen, war eine Revolutionärin fast russischen Stils mit all ihren geheimnisvollen Bekanntschaften und ihrem Glauben an den Aktivismus auf der ganzen Welt ... Ich war völlig hingerissen von ihr, wie es meiner Jugend entsprach. Endlich fand ich den sicheren Glauben an die russische Revolution wieder, und das bedeutete gleichzeitig auch neuen Glauben an die Zukunft Estlands. Als erstes hörte ich von Aino, daß »kein Recht im Land bekommt, wer dies nicht selbst erringet«. Das war für mich das reinste Evangelium!

Alles schien klar und einfach, wenn ich zuhörte, wie Aino Malmberg die Welt disponierte und Finnland befreite und das ganze Volk zu einmütigem Widerstand aufrief, wobei sie Feuer und Schwefel gegen die altfinnischen »Verräter« spie. Für Aino war damals das Leben völlig klar, man brauchte nichts weiter als Bomben und Revolver, um die Satrapen des Zaren auf Schaumans Art zu vernichten. Einfach alle Plehwes und Stolypins erschießen – und schon würde der Zarismus mit einem einzigen großen Krachen zusammenbrechen und unsere Idealzeit beginnen. In Estland gab es keine Sozialrevolutionäre, unter den Esten selbst fanden sich nur werdende Sozialdemokraten, und die russischen Radikalen, die ich bei den Chwolsons getroffen hatte, waren nur harmlose Umstürzler, Narodniki, so daß mir Aino überraschend, schrecklich und mitreißend erschien in ihrem Glauben, ihrer Hoffnung und Opferbereitschaft.

Aber wenn ich dann nach Hause kam und für mich allein darüber nachdachte, wie viele dieser Satrapen es in Rußland gab, wie leicht der Hydra für einen abgeschlagenen Kopf hundert andere wuchsen, wie wenig Aino eigentlich von der wirklichen Macht des Zarismus und von der Unterdrückung, der Estland ausgesetzt war, wußte und wie leicht es dem Zarismus letztlich fallen würde, Finnland im Falle einer Zuspitzung des Kampfes völlig zu vernichten, und vor allem, wenn ich an meine altfinnischen Freunde dachte, die für ihr Land wirklich das Beste wollten – dann gewann ich den Eindruck, daß es anscheinend viele verschiedene Wege gab, die zu diesem Besten führten. Und besonders, wenn ich Maija und Helvi – vorsichtig natürlich – von dem Glauben und der Kraft der Aktivisten erzählte und sie bewundern wollte, dann bekam ich zu hören, daß diese nur die Absicht hätten, das Land ins Verderben zu stürzen, vor dem die Altfinnen es bewahrt hätten. Bei diesem Schwall des Hasses, den jede Seite gegen die andere ausgoß, war dennoch zu bemerken, daß die Altfinnen ihre Gegenseite nicht ganz so schwarz malten, wie diese es umgekehrt tat. Vielleicht waren ihre moralische Basis und ihre Kraft letztlich doch geringer, oder es kam daher, daß sie gesellschaftlich einflußreicher waren und sich entsprechend aufführen konnten.

Aber in einer Sache waren sich beide Seiten einig, nämlich im Hinblick auf die Arbeiter und den Sozialismus. »Arbeitsleute« waren jene schlecht gekleideten Männer, die auf der Alexanderstraße die Bierautomaten frequentierten und den gutgekleideten Bürgern den Weg vertraten, dabei hin und wieder auch mal uns Studentinnen schubsten. Und hinter der Langen Brücke wohnten sie in ihren Löchern, ihre zerlumpten Kinder verkauften Zeitungen und bettelten. Die Konstitutionellen erzählten außerdem von irgendeiner »Suppenaffäre« – es ging um einen der führenden Männer der Arbeiter, Valpas, der die Arbeiter angeblich gegen einen Suppenausschank an »die Russen« verkauft habe. Auch auf der Seite der Altfinnen haßte man jenen Valpas, weil er die Arbeiter angeblich irreführe. Des weiteren erzählte man von einer Küchenmagd, Miina Sillanpää, die die Dienstboten aufwiegele und ins Stadtparlament strebe. Besonders Edith L. barmte über diese Miina, die auch unsere Köchin zu einer Versammlung eingeladen hatte und deren Lehren sich wie ein Lauffeuer in sämtlichen Küchen Helsinkis verbreiteten. Aino Malmberg schien die einzige zu sein, die Miina verteidigte.

Im Verhalten zu den Schweden gab es keine Einigkeit unter den Finnen. Die Altfinnen beschuldigten die Jungen, sich mit den Schweden gemein zu machen, obwohl ich nichts dergleichen bemerkt habe. Die großen Sprachkämpfe waren zu meiner Zeit schon vorbei. Man erzählte nur noch davon, wie sich die finnischen und schwedischen Studenten geprügelt hätten, und als Nachwehen dieses Kampfes gab es noch hin und wieder Reibereien auf den Versammlungen der Studentenschaft. Während meiner ersten Jahre in Helsinki hatte ich mit keinem Schweden näher zu tun.

Während ich mich nun mit vieler Mühe im finnischen Parteileben orientierte, bliesen Obolenskis neue Winde in die Segel unseres Staatsschiffes, und der Ständelandtag trat zu seiner letzten Amtsperiode zusammen. Für mich war das ein ungeheures Erlebnis, war dies doch das erste Parlement, das ich zu sehen bekam, ein Parlament innerhalb der Grenzen des russischen Reiches, ein Vorgeschmack dessen, was da kommen sollte, so fragwürdig es als Parlament auch war. Ich sollte die Zeitung »Postimees« bei der feierlichen Eröffnung vertreten. Ein weiblicher Korrespondent – ich hatte keine Ahnung, ob man den überhaupt zu diesem Ereignis ins Schloß einlassen würde, obwohl Senator Genetz versprochen hatte, mir behilflich zu sein, falls man mir Schwierigkeiten machen würde. Denkt nur einmal an mich, ihr Reporterinnen, die ihr heute stolz durch jede Tür schreitet, stellt euch eine Achtzehnjährige vor, die in die Festung eines Ständelandtags der Zarenzeit einbrechen mußte.

Das Herz klopfte mir bis zum Hals, als ich in die Kanzlei des Landtags ging, wo Freiherr Bruun Eintrittkarten für die Eröffnung vergab. Ratlos drehte er meine Korrespondentenkarte in den Händen. Endlich teilte er mir mit, dieser Fall sei so gelagert, daß er sich an den Oberzeremonienmeister wenden müsse, und das war zu jener Zeit Graf Erik Berg. Er verschwand also ins Hinterzimmer, aus dem bald darauf Erik Berg trat, der sich mir freundlich, sehr freundlich, vorstellte, mich fragte, ob ich eine von den Murriks aus Walga sei, und dann feststellte, wir seien Landsleute aus der Gegend Sangaste. Er sagte, er freue sich sehr, daß der heimatliche »Postimees« einen Korrespondenten geschickt habe. Dann bat er mich, Platz zu nehmen, und erkundigte sich nach meinem hiesigen Aufenthalt und nach meinem Studium, worauf ich ihm erzählte, wie ich letztens in Tartu seinen Vater getroffen hatte. Und plötzlich merkte ich, daß wir tatsächlich plauderten und uns benahmen wie »Landsleute«, die sich in einem fremden Land getroffen haben. Ich erschrak richtig: Hatte ich wirklich ein gemeinsames Land mit einem estnischen Adelssproß, oder war es nur, weil er zu den Bergs aus Sangaste und damit mehr oder weniger zu den »richtigen« Leuten gehörte, wie auch sein Vater?

Der ganze Fall hat sich mir besonders eingeprägt, weil es das einzige Mal war, daß ich mich als »Landsmann« eines Mitglieds des estnischen Adels fühlte, daß ich empfand, wir haben etwas Gemeinsames durch unser altes Zuhause und durch unseren Aufenthalt in einem fremden Land. Vielleicht rührte dieses Verwandtschaftsgefühl mit Berg auch nur aus meiner Jugend und meiner Hilflosigkeit ... und seiner unerwarteten Freundlichkeit. Ich bekam sofort meine Eintrittskarte und alle nötigen Hinweise, und als er hörte, daß ich bei Professor L. wohnte, versprach er, mein Fortkommen weiter zu verfolgen und mich zu sich nach Hause und zu seinen Freunden einzuladen. Er tat es auch wirklich. Aber inzwischen wußte ich bereits von seiner Stellung beim Generalgouverneur und schauderte bei dem bloßen Gedanken, näher mit ihm zu tun zu bekommen, trotz all seiner Freundlichkeit.

Und dann kam die feierliche Eröffnung. Aufgeregt stieg ich die Schloßtreppe hinauf, zusammen mit Frau Senator Genetz und ihren Töchtern, aber dann trennte ich mich von ihnen, um mich zur Korrespondentengalerie zu begeben. Ich hatte mich, meinem Amt entsprechend, in schwarze »solide« Seide gekleidet, während die Genetz himmelblaue Festkleider trugen wie auch alle anderen vornehmen Damen jener Zeit bei solchen großen Anlässen. Ich stieg also zu meinen Amtsbrüdern auf die Galerie, wo sich mein Erscheinen zu einer Sensation gestaltete. Ich war ganz gewiß die erste »Amtsschwester«, die sie zu Gesicht bekamen, und ein wenig erschrocken und unbeholfen machten sie mir den besten Platz frei. Aber plötzlich erschien mein Schutzengel, Graf Berg, bat mich, ihm zu folgen, und führte mich trotz meiner Einwände unter das Festpublikum zu den Sitzreihen der Damen: »Landsmännin, ich kann Sie doch nicht allein dort unter den Männern sitzen lassen.«

Er stellte mich Frau Prokurator Soisalon-Soininen und einigen weiteren Damen vor, plazierte mich neben Frau

Soisalon-Soininen und bat diese, sich meiner anzunehmen und mir die Menschen und Dinge zu erklären.

Frau Soisalon-Soininen war eine schöne und liebenswürdige Dame. Sie erklärte mir nach bestem Vermögen die Stände und zeigte mir bedeutende Persönlichkeiten. Als Obolenski mit seiner Begleitung im Saal erschien, zeigte sie mir einen gutaussehenden Mann in goldbetreßter Paradeuniform und sagte mit reizendem Stolz und strahlenden, verliebten Augen: »Das ist mein Mann ...«

Ich habe politische Terrormorde nie ausstehen können und halte Hohenthal nicht für einen Helden.

Und dann zogen sie in den Saal: der prächtig geputzte Adel, die Geistlichkeit, der Bürgerstand. Ich sah zum erstenmal Victor Magnus von Born, Linder sowie aus dem Bürgerstand Jonas Castren. Am interessantesten waren natürlich für mich die Bauern, robuste Männer, unter denen mir Frau Soisalon-Soininen als typischste Vertreter Värri sowie J. R. Wuolijoki zeigte, dessen Söhne mit mir in derselben Landsmannschaft waren. Und auch meine zukünftige Schwiegermutter in ihrem schwarzen Seidenrock wurde mir in den Reihen der Damen gezeigt.

Hier waren also die Vertreter des finnischen Volkes, und der Vertreter des Kaisers mußte zu ihnen sprechen. Der absolutistische Zar war also doch gezwungen, irgendwo zu den Vertretern eines Volkes zu sprechen. Ich erinnere mich noch heute an mein Triumphgefühl. Das war das erste politische Großschauspiel für die junge Untertanin des Alleinherrschers.

»Die Finnen wissen nicht, wie glücklich sie sind, Landsmännin«, sagte mir Erik Berg, der mich am Schluß noch hinausbegleitete, und er hätte mich sogar bis nach Hause gebracht, wenn mich nicht meine Bekannten unter ihre Fittiche genommen hätten.

[...]

Der Sommer 1905

Ich hatte den Universitätskurs in Nordischer Geschichte absolviert und fuhr stolz nach Hause.

Über das Meer reiste ich dem Frühling entgegen.

Während meiner Universitätszeit war diese Reise übers Meer in den Frühling meine alljährliche Wonne. Zwischen Helsinki und Tallinn gibt es fast zwei Wochen Unterschied im Beginn des Frühlings, und der Unterschied zwischen Helsinki und Südestland beträgt mindestens drei Wochen. Wenn hier die Bäume gerade Blätter bekommen haben, blühen um Tallinn schon die Traubenkirschen, weiter nach Süden zu berauscht den Reisenden der Fliederduft aus den Gärten der alten Stationsgebäude, und ab Tartu blühen bereits die Apfelbäume.

Ich stieg in Tallinn in den Abendzug, der zu jener Zeit langsam durch die Wälder von Järvamaa kroch und schnaufend vor den grauen, niedrigen Stationsgebäuden hielt. Ich hatte nie Lust, in den staubigen Eisenbahnwagen zu sitzen, sondern stellte mich auf die Plattform. Ich sah jenseits der Wiesen am Waldrand die alten breiten, strohgedeckten Häuser, die wie graue Riesenpilze unter den uralten Birken und blühenden Traubenkirschbäumen standen. Der Duft der Traubenkirsche, den der Abendwind herübertrug, vermischte sich mit dem berauschenden Geruch der frühlingsfeuchten, erwärmten Erde. Auf den Bahnhöfen raschelten in der Dämmerung die gerade aufgebrochenen zarten, breitflächigen Blätter der Ulmen und Ebereschen und umrahmten mit ihrem zarten Grün die weißen Büschel der Traubenkirsche, und aus den fernen Gutsparks ertönten die ersten Triller der Nachtigall. Weiter nach Süden zu bedeckte bereits der hellila Teppich der Nachtviolen den Bahndamm, und ihre schweren, duftenden Blütenstände schwankten auf den zarten Stengeln, wenn der Zug vorbeischnaubte.

Und irgendwann spürte man dann auf einem Bahnhof den berauschenden Duft des Flieders, und auch die Menschen bewegten sich dort gedämpft und lautlos, wie von dem schweren Duft betört. In Finnland duftet der Flieder nicht so unglaublich betäubend und geheimnisvoll tröstlich.

Auf dem Bahnhof von Tartu war schon Sommer, die Kastanien- und Lindenbäume rauschten, und liebe Menschen empfingen mich. Alles war fast wie immer, außer mir selbst. Finnland beginne mich bereits zu mäßigen und zu dämpfen, behauptete Doktor Luiga und fand, das stehe mir nicht. Das hatte man nun davon, wenn man versuchte, sich würdevoll zu benehmen! Luiga war ganz und gar gegen würdevolles Benehmen, das sein eigener Hauptfehler war.

In Walga war unser Garten ein einziges weißes Blütenmeer. Die Pflaumen- und die Apfelbäume blühten, und zwischen ihnen auf dem Rasen wogten die von Mama gewebten weißen Handtuchstoffe, die nach Leinen dufteten. Niemand schalt mich mehr, wenn ich darauf lag und Blütenschnee auf mein Gesicht rieseln ließ, was das Herrlichste auf Erden ist, wenn dazu im Himmelsblau die Lerchen singen und die Sonne einen durch die Apfelbaumzweige zu küssen versucht. Papa hatte viele Apfelblütenzweige abgebrochen und in einer Vase auf meinen Tisch gestellt, obwohl das eine große Sünde und Apfelmord war und wir uns das als Kinder nie getraut hätten. Aber ich glaube, wir haben es doch getan mit dem gleichzeitigen Versprechen, nachher auf ebenso viele Äpfel zu verzichten ... Nur am Baum durfte man das rosa Apfelblütenherz küssen, und ich war sicher, daß ich das Pochen des Blütenherzes unter meinen Lippen spürte.

Ich war während des Sommers oft in Tartu, aber ich fühlte mich gegenüber der estnischen Politik schon merkwürdig fremd. Ich betrachtete sie mit Abstand und maß sie mit finnischen Maßstäben. Ich hatte beschlossen, eine Laudaturarbeit über Nordische Geschichte, und zwar über die Spuren der schwedischen Zeit in Estland, zu schreiben. Tönisson war davon sehr angetan und redete mir zu, gleich mit Archivstudien zu beginnen. So kam ich dann im Juli nach Tartu und machte mich in der Universitätsbiliothek an die Arbeit, zur großen Freude von »Wissen-Sie«.

Aino Kallas hatte mich eingeladen, in ihrer leeren Stadtwohnung zu wohnen, denn die ganze Familie war in Elva in der Sommervilla, und Mittag aß ich bei Tönisson, nachdem ich meinen Tag bei interessantester Arbeit in den kühlen Gewölben der Bibliothek verbracht hatte. Ich wohnte also mutterseelenallein in einem völlig leeren Haus, denn auch die Familie aus der unteren Etage war auf dem Lande. Morgens trank ich meinen Kaffee in der Stadt in Werners Konditorei, und abends aß ich zu Hause ein Butterbrot und trank Milch, so daß im Haus keinerlei Wirtschaft entstand. Meine einzige Gesellschaft waren – die Ratten des Hauses, diese ewige Plage aller alten Gebäude in Tartu. Und Gesellschaft hatte man an ihnen wahrhaftig. Die Tür meines Schlafraums, des Kinderzimmers, mußte ich immer geschlossen halten, damit sie nicht hineinkamen, aber sonst tobten sie wütend und hungrig durch das ganze Haus, denn die Familie des Doktors hatte es gewagt, sämtliche Eßwaren beiseite zu schaffen und sie regelrecht dem Hunger auszusetzen.

Eines Tages, als ich eine Packung Kerzen gekauft und sie für ein paar Minuten auf dem Tisch im Salon abgelegt hatte, war sie hinterher spurlos verschwunden. Sämtliche Türen waren verschlossen, und im Haus befand sich niemand außer mir. Ich suchte alles ab, fand aber von den Kerzen nicht die geringste Spur. Ich wollte nicht an Gespenster glauben, aber eine andere Erklärung hatte ich auch nicht; die Sache passierte am hellichten Tag. Zum Schluß mußte ich annehmen, daß ich das Kerzenpaket im Geschäft liegengelassen und nur instinktiv geglaubt hatte, es eingesteckt und mitgenommen zu haben. Ich ging noch einmal in das Geschäft zurück, aber dort versicherte man mir, ich hätte mein Päckchen sehr wohl mitgenommen. Also kaufte ich neue Kerzen und kehrte nach Hause zurück. Dort legte ich die Packung wieder auf den Tisch im Salon und ging für ein paar Minuten in mein Schlafzimmer. Als ich zurückkam, war meine Packung Kerzen abermals verschwunden. Jetzt war ich entsetzt und beschloß, eine neue, gründlichere Hausdurchsuchung vorzunehmen. Dabei fand ich in der Küchenecke in der Nähe eines Rattenlochs ein kleines, angeknabbertes Stück Kerze, vom Einwickelpapier oder von den übrigen Kerzen jedoch nicht die geringste Spur.

So lebte ich unter den Gespenstern und wunderte mich, daß ich nicht mehr Angst hatte.

Eines Nachts wäre ich jedoch beinah vor Entsetzen gestorben.

An einem regnerischen Abend war ich früh nach Hause gekommen, ich war müde, und lag in tiefem Schlaf, als ich plötzlich durch schreckliches Gepolter im Nebenzimmer geweckt wurde. Ich hörte Möbel zerbrechen, furchtbare Schläge und Gebrüll, als ob sich ein Dutzend Räuber prügelte. Zuerst war ich vor Schreck wie gelähmt. Dann lief ich an die Tür, die von innen verschlossen war. Darauf öffnete ich das Fenster, um nach Hilfe zu rufen, als ich plötzlich eine bekannte Stimme brummen und zählen hörte: »Fünfundzwanzig, sechsundzwanzig ..., da hab ich dich auch, du Deibel«, und noch andere Worte, die keine Druckerschwärze vertragen. Ich lief zu der verschlossenen Tür eines anderen Zimmers und rief: »Sind Sie es, Doktor?« Als Antwort ertönten noch gräßlicheres Gebrüll und wieder Schläge. Ich glaubte schon, der Doktor sei tobsüchtig geworden und brauche Doktor Luigas fachmännische Hilfe, als aus dem geheimnisvollen Zimmer ein freudiger Wutschrei ertönte: »Siebenundzwanzig, acht ... ha! Jetzt geb ich's euch, ha, nur zu! Neunundzwanzig sind tot, und dazu kommen noch mehr ...«

Jetzt war mir alles klar: Der Doktor führte einen Rattenkrieg. Ich zog mich schnell an und eilte ihm zu Hilfe. Da stand er in Hemdsärmeln mitten in seinem Schlafzimmer, in jeder Hand ein abgebrochenes Stuhlbein, das Gesicht halb vor Freude und halb vor Wut gerötet. Sein ganzes von den Seeräubern von Saarenmaa ererbtes Berserkerblut schäumte, der Fußboden war übersät mit Teilen zierlicher Jugendstilmöbel, aber es lagen auch dreißig Leichname da.

Der Doktor war zu einer Sitzung in die Stadt gekommen, hatte seine Provianttasche in seinem Zimmer abgestellt und aus Versehen die Tür offengelassen, mit dem Ergebnis, daß sich die Ratten dort zu einer Orgie versammelt hatten ... Ich holte ein Tablett aus der Küche, darauf stapelten wir die Leichen und trugen sie feierlich in die Küche. Am Morgen war keine Spur mehr von ihnen. Rattenkannibalen ...

Tartu ist im Sommer gewöhnlich völlig leer, und so war es auch in jenem Jahr. Nur bei Tõnisson versammelten sich die alten eingefleischten Tartuer, die nie auf die Sommerweide gingen. Und obwohl die Stadt äußerlich friedlich war, schwelte überall Unruhe. In Rußland ging etwas vor ... Seit März schon war eine Art Volksvertretung versprochen worden, eine beratende, dem Kaiser unterstellte Einrichtung, die überall bespöttelt wurde. Aber gleichzeitig gärten im Innern Rußlands Bauernaufstände, Satrapen wurden ermordet, Studenten eingesperrt. Auf dem Schwarzen Meer, vor Odessa, wehte die rote Fahne auf dem Panzerkreuzer »Potjomkin«, der unter dem Kommando von Leutnant Schmidt das Meer und die Häfen im Namen des neuen Rußland beherrschte. Der russische Matrose, dem seit alters her madiges Fleisch vorgesetzt worden war, weigerte sich auf einmal, dieses zu essen, und kündigte dem Zaren die Freundschaft. Die Presse in ganz Europa sprach von Odessas riesiger, zum Meer führender Treppe, auf der die Gendarmen und das Militär Hunderte von Menschen erschossen hatten, darunter Frauen und Kinder. In Estland hatte man das Gefühl, als lebe man geduckt, im Gebüsch versteckt, bereit, im geeigneten Moment hinauszuspringen. Auch in Estland sprachen die Arbeiter von Streiks und ähnlichen gefährlichen Sachen, und Tönisson schien sich zu fürchten.

Ich war jung, ich fürchtete mich nicht.

Der ganze Sommer war eine Stille vor dem Sturm. Meine Arbeit ließ mich Klarheit gewinnen über die Quellen der Schweden-Periode, ich wußte nun, wo sie zu suchen waren, gleichzeitig bekam ich einen Eindruck von der Schwierigkeit meiner Aufgabe. Es war herrlich, hinter einem heißen Sommertag und der noch heißeren Gegenwart die Bibliothekstür zu schließen, sich in die kühle Vergangenheit der Bücher und der Geschichte zu begeben und jeden Tag etwas Neues zu entdecken ..., »um aus den Büchern ein Buch zu schreiben«. Ich bin glücklich, daß ich heute Bücher aus dem Leben schreiben kann.

Jenen Monat in Tartu, jene Oase des Friedens und Glücks, werde ich nie vergessen. Auch Snellman erinnerte sich noch auf seinem Sterbebett an Tübingen und sprach zu seiner Tochter davon, daß sie noch einmal gemeinsam dorthin zurückkehren würden, er würde dort wissenschaftlich arbeiten und alle die Untersuchungen fertigstellen, die damals unvollendet geblieben waren ...

Der Rest des Sommers in Walga war genauso friedlich. Ich fuhr nicht aufs Land, weil der Großvater nicht mehr war ... Meine Schwester und ich badeten jeden Tag im Sädejoki von Walga, der romantisch still durch die Stadtwälder fließt, hin zu der alten Sägemühle, die wie ein Holzstich aus dem Märchenbuch aussieht. Große alte Bäume neigen sich über den Fluß und berühren mit ihren Zweigen die Wasseroberfläche. In einer fünfgabeligen alten Hängebirke hatte ich mein Nest, aus dem ich mein Bild im Spiegel des Flusses betrachten konnte. In einer Höhlung über meinem Sitzplatz waren die Bücher und das Badetuch versteckt. Meine Schwester hatte eine andere Birke, dort las sie Tolstoi. Ich erlebte in jenem Sommer Hamsuns »Pan« und »Victoria«.

Die Nächte waren sanft, der Himmel wie ein schwarzer Samtumhang, auf den zur Zierde goldene Sterne genäht waren. Ich schrieb des Nachts unten im Garten im Licht einer Lampe. Da nicht das kleinste Lüftchen wehte, brannte meine Lampe dort draußen wie im Zimmer, während Tausende Nachtfalter um sie herumschwirrten. Ich saß wie auf einer Bühne ..., die Bäume und Sträucher staunten, geheimnisvolle Schatten schwebten über meinem Kopf, die Flügel der Fledermäuse rauschten, ein Nachtvogel schrie, und die Sterne lugten durch die Zweige. Es war so, als ob sich die Erde mit mir im All drehte und ich an einem bestimmten Punkt samt meiner Lampe von ihr abheben und schwuppdiwupp in das schwarze Weltall fliegen könnte.

Das Herrlichste auf der Welt ist es, unter dem Sternenhimmel zu schlafen. In meinem weißen Haus am Kymifluß schlief ich später in den Sommernächten draußen auf der Veranda, während die Nachtvögel aus den Wäldern von Kymentausta über das Wasser zu mir riefen und die Möwen auf der Insel Hiidensaari weinten. Aber der kalte, unfreundliche Morgentau ...

Oh, ihr sanften, samtweichen Sommernächte und duftenden Nachtviolen Estlands. Sanftes, warmes Estland ... In Frankreich sagt man: »La douce France«, sanftes Frankreich ... Genauso sanft ist Estland, steinlos, felslos, mit welligen Hügeln und sanften Winden. Und auch die Menschen sind sanft, weicher als im Norden.

[...]

Partir, c'est toujours un peu mourir ... Abschied ist immer ein wenig wie Sterben, sagt der Franzose. Ich starb jeden Herbst ein wenig, wenn ich vom Tartuer Bahnhof abfuhr und sich die Ruinen des Klosters Pirita neben der Silhouette von Tallinn abzeichneten, aber ich lebte jeden Herbst mehr und mehr auf, wenn sich hinter dem Meer die Türme von Helsinki vor dem Himmel erhoben.

Der Generalstreik

Die heutige Zeit ist so gewöhnt an Streiks, Revolutionen, Weltkriege und Gemetzel jeder Art, daß es schwerfällt, die rechte Vorstellung davon zu vermitteln, was der Generalstreik zu jener Zeit für die Menschen bedeutete.

Wir wußten, was ein Streik war, auch wenn wir keine persönliche Erfahrung damit hatten, da sich alle Streiks immer weit weg von uns abgespielt hatten. Aber ein Generalstreik, bei dem alle Räder stillstehen und das ganze Leben ins Stocken geraten würde, war nur sehr schwer vorstellbar. Es würde ein Aufstand des Volkes gegen die Regierung sein, und damit könnte die Regierung gezwungen werden, den Forderungen des Volkes zuzustimmen ..., aber wer sollte für das Volk sprechen? Streikkomitees waren auch für die klügeren Leute ein unbekannter Begriff, abgesehen davon, daß man keine Vorstellung hatte, wer sie leiten würde.

Es begann bekanntlich mit dem Streik des Post- und Fermeldewesens sowie der Eisenbahn in Rußland. Wir verschlangen die Petersburger Zeitungen, bis sie ausblieben. Wir hörten, daß alle Fabriken in Petersburg stillstanden, daß Gas und Strom ausfielen. Das war Revolution. Das Volk Rußlands hatte sich erhoben. In Petersburg regierte ein Arbeiterrat. Der Zar war gezwungen worden, ein Manifest über die Verfassung herauszugeben und die Duma, die verfassungsgebende Nationalversammlung Rußlands, einzuberufen. Das Manifest wurde am 30. Oktober veröffentlicht, und da erst erwachte Finnland und schloß sich am 31. Oktober dem Generalstreik an – als in Rußland bereits der Sieg errungen war und der Kaiser nachgegeben hatte. Die russischen Revolutionäre haben oft ein wenig spöttisch bemerkt, daß Finnland, dessen Widerstand gegen Rußland sie ansonsten bewunderten, stets länger als das russische Volk dem Zaren treu blieb und sich den Revolutionen erst dann anschloß, wenn man in Rußland den Sieg bereits errungen hatte. So geschah es sowohl 1905 als auch im März 1917 – im Oktober 1918 machte Finnland gleich gar nicht mit. Die einzige Ausnahme bildete der Aufstand von Sveaborg im Jahre 1906, als die Arbeiter von Helsinki mehr oder weniger entschlossen versuchten, den russischen Revolutionären zu helfen, während das übrige Finnland passiv blieb. Und als Fazit konstatierten die russischen Revolutionäre, sie und die russische Revolution hätten Finnland Freiheit und Selbständigkeit gebracht, nur vergäßen wir es hier immer wieder ...

Revolution in Rußland – aus Estland keinerlei Nachricht. Wir gingen aufgeregt durch die Straßen, wir Studenten, die wir etwas von Rußland wußten, und fragten uns und die anderen, was Finnland tun würde. Ich weiß nicht mehr, wie es anfing, aber wir gewöhnten uns an, im Flur oder in der Bibliothek des Studentenklubhauses zusammenzukommen und mit Bekannten und Unbekannten zu reden. Auch richtige Versammlungen fanden statt, Ryömä holte mich dazu ab. Keiner hielt es aus, ruhig in seinem Zimmer zu sitzen, es gärte in uns. Gerüchte gingen von Mund zu Mund. Weshalb zögerte Finnland? Wie lange ließ man die Gendarmen hier wüten und den Generalgouverneur in seinem Schloß sitzen, während in Petersburg die Gendarmenmacht bereits gebrochen war?

Dann traf die Nachricht vom Petersburger Manifest ein. Hannes Ryömä kam zu mir und lud mich ins Studentenklubhaus ein, wo der gerade gegründete Sozialdemokratische Studentenverein eine Sitzung abhielt. Ich weiß nicht mehr genau, ob er schon gegründet war oder an jenem Abend gegründet wurde. Die Sitzung fand im »Orkus«, im Kellergeschoß des Studentenklubhauses, statt. Über dem Tisch brannte eine offene Gasflamme und erleuchtete schwach den dort versammelten Geheimbund. Es war richtig herzbeklemmend, wenn man daran dachte, wie das Ganze einem Pariser Jakobinerklub aus den Zeiten der Großen Revolution ähnelte. Und Primus Nymans Bruder, der berühmte Aktivist Nyman, ein Mann geheimnisvoller Aktivitäten, war der vollkommene Camille Desmoulins. Ich betrachtete diese revolutionäre Gesellschaft, und das Herz klopfte mir vor Aufregung bis zum Hals. Dort saßen außer den mir bekannten Gylling, Kuusinen, Sulo Wuolijoki und Pertti Uotila auch der berühmte und einschüchternde Sirola sowie bekannte Männer aus der Arbeiterschaft: Väinö Jokinen, sympathisch, nett und ruhig, und Evert Eloranta, ein Volksschullehrer aus Hauho, aus dem Sulo und Väinö Wuolijoki einen Sozialisten gemacht hatten. Dann waren dort noch Lauri af Heurlin, Väinö Hakkila und Paavo Raittinen, Ailio und Aarnio, und zum Schluß kam auch Väinö Wuolijoki, der mit den jungfinnischen Studenten beraten hatte. Von den Mädchen erinnere ich mich an Linda Anttila – an Väinö Tanner habe ich noch keine Erinnerungen aus jener Zeit –, weitere Studentinnen waren, glaube ich, nicht dabei. Alle übrigen anwesenden Mädchen waren nur Bräute, nämlich Alma Jokinen, die Verlobte von Väinö Jokinen, Aura Snell, jetzige Frau af Heurlin, damals verlobt entweder mit Toikka oder Tukiainen, und außerdem noch Elviira Willman, die in der Tat auch Studentin und außerdem Schriftstellerin war; sie heiratete später Eloranta und war nachher Hauptakteur in Petersburg in dem berühmten Massenmord im Kuusinen-Klub, wo Väinö Jokinen, dieser anständigste und netteste aller Menschen, den Tod fand.

Beinah hätte ich Ingenieur Severi Alanne vergessen, der dann Kaisu Halonen kennenlernte, sich noch während des Generalstreiks mit ihr verlobte und sie mit in unseren Verein brachte.

Ungefähr so war die ursprüngliche Zusammensetzung des Vereins zu dem Zeitpunkt, da er die Rote Garde im Polizeipräsidium zu unterstützen begann. Später, nach dem Generalstreik, wuchs der Verein gewaltig an, und ihm traten auch viele solcher Herren bei, die heute vielleicht gar nicht mehr gern von ihren Jugendtorheiten hören und sie bereuen.

In diese Versammlung im »Orkus« kam also die Mitteilung von dem in Petersburg veröffentlichten Manifest, und wir wurden unruhig. Was hatten die finnischen Eisenbahner beschlossen? Welcher Beschluß war in der Yrjöstraße im Gewerkschaftshaus gefaßt worden? Die Jungen liefen zwischen dem »Orkus« und dem Telefon hin und her. Alle Augenblicke trafen neue Informationen von anderen Versammlungen der Aktivisten und der Studenten ein. Und dann kam jemand und rief triumphierend: »Morgen beginnt auch bei uns der Generalstreik!«

Am folgenden Tag gingen wir durch die Straßen und sahen begeistert zu, wie ein Laden nach dem anderen geschlossen wurde, nur die Lebensmittelgeschäfte durften geöffnet sein. Die Straßenbahnen blieben stehen, die Droschken verschwanden, Züge kamen nicht mehr. Voll Freude rief jemand, daß kein Strom mehr sei und auch das Gas ausfalle. Die Leute kauften Kerzen, und einige hamsterten für alle Fälle Lebensmittel. Die Universität, die Schulen, das Post- und Fernmeldeamt, alles war geschlossen. Die Helsinkier Bourgeois gingen ängstlich durch stille Straßen ...

Und das große Gerücht machte die Runde: Der Generalgouverneur ist getötet worden...! Die russische Kriegsflotte hat den Befehl, ganz Helsinki unter Beschuß zu nehmen ..., Sveaborgs Kanonen sind alle auf die Stadt gerichtet! Dies waren die drastischsten Gerüchte aus dem Lager derer, die Grund hatten, die Hand des Volkes zu fürchten, wie zum Beispiel die altfinnischen Senatoren.

In Petersburg munkelte man, Finnland habe seine Selbständigkeit ausgerufen und den Großfürsten abgesetzt, und hier munkelte man, Rußland sei schon eine Republik.

Vom Sozialismus wußte so gut wie niemand in unserem Verein etwas, außer denen, die unmittelbar in der Arbeiterbewegung tätig waren, wie Sirola und andere, oder höchstens noch die vorhin genannten Jungen aus Tavastland, die bereits die von Väinö Wuolijoki und Lauri af Heurlin besorgte Literatur gelesen hatten. Wir anderen witterten lediglich die Revolution und hätten uns an ihr beteiligt, wenn wir nur genauer gewußt hätten, wie man sie macht. Aber da ja bereits das Alltagsleben stillstand, war man gewiß auf dem richtigen Weg, und da der Zar in Rußland dem Volk hatte nachgeben müssen, würde man selbstverständlich auch in Finnland

Ungeahntes erreichen. Vielleicht eine Republik...! Der Generalgouverneur wird verhaftet, der Zar wird gefangengenommen und eingesperrt, mindestens in der Peter-Pauls-Festung oder in Schlüsselburg, anstelle von Vera Figner. Wir träumten von alledem, was zwölf Jahre später geschah und wobei dann allerdings Miljukow nicht die Rolle spielte, die wir ihm zugedacht hatten, ebensowenig Plechanow. Bis zu Trotzki und Lenin gingen unsere Gedanken noch nicht, und von Stalins Existenz erfuhren wir erst viele Monate später. Und der Zar des Großen Rußland verschwand fast lautlos, ohne das verewigte Schauspiel, das Frankreichs Ludwig geboten hatte. Rodsjanko spielte Lafayette, Kerenski in gewissem Maße Mirabeau, aber die Stelle von Marie-Antoinettes Fersen nahm – Rasputin ein.

So saßen wir und machten Revolution mit dem Mund und mit unserem Schulwissen und hörten höchstens mal einen sachlichen Bericht über das Streikkomitee oder das Verhalten der Parteien und der Studenten zum Streik ... Wir brannten vor Eifer, mitzumachen und irgend etwas zu tun. Und dann geschah es, daß jemand zu uns in den »Orkus« kam und berichtete, die Arbeiter hätten die Polizeigewalt in der Stadt übernommen, sie hätten das Polizeipräsidium besetzt und die Polizisten und Gouverneure entlassen, und unser Verein solle auf das Präsidium kommen, um bei den Büroarbeiten und der Verpflegung der Männer zu helfen. Also auch wir Mädchen würden etwas zu tun haben!

Bei uns war also ganz unbemerkt eine Revolutionsgarde entstanden, mit einem aus Frankreich übernommenen Namen, und in den Folgetagen wurde sie dann zur Roten Garde.

An einem stockfinsteren Novemberabend stieg ich mit Linda Anttila in Begleitung von Hannes Ryömä die schmutzige, schmale Treppe des Polizeipräsidiums zu den Büroräumen hinauf, wo im spärlichen Licht hier und dort leuchtender Kerzen Hunderte von Männern standen und rauchten. Zumindest die äußere Revolutionsinszenierung war vollkommen ..., einfach atemberaubend. Vergessen waren der Professor und seine Stunden, die Mittags- und Abendmahlzeiten und das Leben zu Hause in den vier Wänden in der Kluuvistraße samt den Büchern. Irgendwie fanden sich Befehlsgeber für uns, soweit ich mich erinnere, waren es Lauri af Heurlin, Tukiainen und Sulo Wuolijoki. Mehrere kleine Räume wurden uns übergeben. Einige von uns fingen an, irgendwelche Verzeichnisse anzufertigen. Linda und ich bekamen den Auftrag, für die Männer belegte Brote zu machen, und plötzlich tauchten große Körbe voll Brot, Butter, Wurst und Schinken auf. Irgenwoher bekamen wir Messer und machten uns an die Arbeit. Wir holten uns Verstärkung ..., die Jungen gingen in ein Restaurant, um Gläser und Tassen, Tee- und Kaffeekannen zu beschlagnahmen. Aber die brauchten gar nicht beschlagnahmt zu werden, sondern überall gab man die Sachen bereitwillig heraus, denn alle wollten sich ja mit uns gut stellen. Als ich tags darauf den Professor um Geschirrtücher bat, bekam ich zum Entsetzen unserer Miinna gleich ein ganzes Dutzend, nach denen später kein Mensch mehr gefragt hat und die für immer dort geblieben sind.

So waren wir Mädchen also auf einmal Helfer der Ordnungshüter in der Stadt. Arbeit gab es mehr als genug, denn wir waren ja nicht viele: Aura Snell, dazu Alma Jokinen und Aura Kiiskinen, die dann allerdings beide in die Arbeiterfrauenorganisationen abberufen wurden, und schließlich holte ich noch Kaisu Halonen, die inzwischen Severi Alanne kennengelernt hatte und damit ganz unschuldig zwischen uns zukünfige Sozialisten geriet. Anfangs kamen wir nicht auf die Idee, uns gegenseitig abzulösen, sondern blieben alle Tag und Nacht auf dem Präsidium, bis Hannes Ryömä mich in der dritten Nacht zum Schlafen nach Hause brachte.

Trotz allem gingen wir auf dem Heimweg erst noch ein Weilchen auf dem Sternwartenhügel spazieren, und ich werde niemals das Helsinki jener hellen Novembernächte vergessen.

Diese Nächte waren schwarz und mild. Im Dunkeln gingen viele Menschengruppen leise durch die Straßen ..., den Atem anhaltend, wartend. Es war wie ein großer Sonntag, ganz als ob die Menschheit neu geboren worden wäre. Keine Polizisten und kein Militär waren unterwegs, nur hin und wieder schritt mitten auf der Straße eine Arbeiterpatrouille durch die Dunkelheit.

Keine für die Großstadt typischen Verbrechen geschahen, keine Gewalttaten. Man sah keine Betrunkenen, hörte nicht, wie sonst üblich, ihre Flüche und Zoten. Selbst in der nächtlichen Dunkelheit schritten die Menschen wie in einem Festumzug. Und auch am Tage wirkte alles untentwegt wie Sonntag. Keine Straßenbahn fuhr und kein Pferdehuf klapperte, es pfiff keine Lok, und es tutete kein Schiff. Und es gab auch keine Sorgen, wenigstens für uns junge Leute, die wir nichts im Leben zu verlieren, sondern alles zu gewinnen hatten – genau wie die Arbeiter.

Wir wußten nicht, was kommen würde, aber es konnte nur etwas Besseres sein, weil sich die gesamte Lebensgrundlage und die Machtverhältnisse änderten. Das Volk hatte sein Leben selbst in die Hand genommen, es würde schon wissen, was es damit anfangen und wie es handeln mußte nach all dem, was die Menschen gelitten hatten. Ich stand mit Hannes auf dem Sternwartenhügel, und wir schauten hinunter auf die Stadt und den Hafen; hier und dort schimmerte schwaches Kerzenlicht, und die Masten und Schornsteine zeichneten sich gegen den Horizont ab. Und wir glaubten an das Leben und an die Kraft des Volkes. Wir wußten, daß uns der Weg offenstand, und wir würden immer das Leben so zu verändern versuchen, daß es für die Menschen zu einem Sonntag wird. So war auch Hannes Ryömä damals ..., und so waren viele andere, als wir noch nicht »eiskalt« waren ...

Heine schrieb in seinem herrlichen Gedicht »Frieden« über Atlantis, jene wundersame Stadt auf dem Meeresgrund, die er auf einer Nordseereise in der Tiefe des Meeres liegen sah:

»O Friedenswunder! Wie still die Stadt!
Es ruhte das dumpfe Geräusch
Der schwatzenden, schwülen Gewerbe,
Und durch die reinen, hallenden Straßen
Wandelten Menschen, weißgekleidete,
Palmzweigtragende,
Und wo sich zwei begegneten,
Sahn sie sich an, verständnisinnig,
Und schauernd, in Liebe und süßer Entsagung,
Küßten sie sich auf die Stirne,
Und schauten hinauf
Nach des Heilands Sonnenherzen,
Das freudig versöhnend sein rotes Blut
Hinunterstrahlte,
Und dreimalselig sprachen sie:
Gelobt sei Jesu Christ!«

Und wir alle fühlten und lernten damals: Der Mensch ist gut, der Mensch an sich ist gut, wenn ihm nur der Glaube an ein neues Leben gegeben wird, an ein Leben, in dem für ihn gesorgt ist und die Menschen einander helfend zur Seite stehen.

Ein eigenartiger Zufall: Im Jahre 1920 besuchte ich einmal den Künstler Finch in seinem Atelier. Die Rede kam auf den Generalstreik, und ich erzählte ihm, was ich damals auf dem Sternwartenhügel gedacht hatte. Er sagte mir, er habe Helsinki von derselben Stelle und um die gleiche Zeit mit ungefähr den gleichen Gedanken betrachtet, und er zeigte mir eine Zeichnung der Stadtsilhouette, die er damals angefertigt hatte. Später hat er sie mir zugeeignet. Sie hängt immer noch an der Wand neben meinem Schreibtisch: das Generalstreik-Helsinki, schwarz, erhaben, voller ungeahnter, verheißungsvoller Kraft, strotzend vor Zukunft.

Dort innerhalb der düsteren, alten Wände des Polizeipräsidiums, zu nächtlicher Stunde bei flackerndem Kerzenlicht, traf ich ihn erstmals im Leben und lernte ihn verstehen: den Industriearbeiter, den finnischen Arbeiter.

Sie kamen von der Straße von ihrem Wachtdienst, müde und hungrig. Sie hatten russische Soldaten getroffen und versucht, ihnen die Situation zu erklären. Sie kamen aus den Fabriken, wo sie die Maschinen bewacht und Posten organisiert hatten, damit die Maschinen nicht beschädigt würden. Sie hatten tagelang Wache gestanden, ohne Essen und mit dem Gedanken, daß es auch zu Hause kaum etwas zu beißen gab, weil der nächste Lohn ungewiß war und man von der Hand in den Mund leben mußte. Sie erzählten von ihren langen Tagen in den Fabriken und der ständigen Arbeit; für viele von ihnen war diese Woche bisher der einzige Urlaub in ihrem Leben. Und sie alle stimmten darin überein, daß jetzt alles grundlegend geändert werden müsse, nicht nur staatlich, sondern so, daß im eigenen freien Land auch das ganze übrige Leben in Ordnung käme und Brot für alle da wäre.

Der finnische Arbeiter war geduldig, ernst, stark und selbstbewußt, so ganz anders als jener betrunkene Mann mit den unflätigen Reden, vor dem wir Studentinnen uns am hellichten Tag auf der Alexanderstraße in der Gegend der Automaten fürchteten. Er wußte genau, was die Gesellschaft ihm schuldete und was er für die Gesellschaft bedeutete. Ich dachte an die Instleute und Knechte, die ich in Estland getroffen hatte, an ihre Unbedarftheit ... Hier lernte ich die Würde und Ruhe des sich seiner Kraft bewußten finnischen Arbeiters achten.

Als aus Tampere ein »roter Zug« mit Tampereer Arbeitern eintraf, die den Helsinkiern sagen wollten, daß es jetzt an der Zeit sei, sich vom Russischen Reich zu lösen und die ganze Macht in die eigenen Hände zu nehmen, und die fragten, wieso die Helsinkier denn noch schliefen, in Tampere wisse man es längst besser – da waren wir außer uns vor Begeisterung. Auf dem Polizeipräsidium wurde geflüstert: Die Tampereer sind gekommen und führen ein Gespräch mit dem »Hauptmann«, also Kock, jetzt geht es bestimmt los, und Sveaborg wird erobert!

Unsere Garde wuchs und erstarkte von Tag zu Tag. Tausende Männer marschierten durch die Straßen. Im Hinterzimmer saß unser »Hauptmann« und hielt die Macht der Stadt Helsinki in den Händen. Glücklich diejenige von uns Mädchen, die dem Hauptmann eine Tasse Kaffee und ein belegtes Brot bringen durfte. Und die mächtigen Herren von Helsinki kamen, um sich vor dem Hauptmann zu verneigen und mit ihm zu beraten, während die Jungen aus unserem Verein für ihn als Adjutanten und Boten und Schreiber fungierten. Mechelin kam, desgleichen Jonas Castrén, der damals überall seine Nase hineinsteckte, es kam eine offizielle Delegation der Konstitutionellen, ebenso der Schweden. Ryömä geriet einmal richtig in die Klemme, als er nicht mehr wußte, wohin mit all den wartenden Herren. Und eines Nachts, als wir Mädchen allein im Büro waren, erschien Danielson-Kalmari, und ich mußte ihn bitten, auf einem

Stuhl neben unserem Primuskocher zu warten ..., aber es war schließlich Revolution.

Sobald wir es einrichten konnten, liefen Linda Anttila und ich in die Versammlungen der Studentenschaft und hörten uns die Reden und Debatten an, auch in der Landsmannschaft, wo die Altfinnen mehr und mehr ihren Einfluß verloren, wenn auch nicht gerade das Sprachvermögen. Auf den Versammlungen der Studentenschaft sprach, glaube ich, auch Ryömä und forderte die Studenten auf, sich der Roten Garde anzuschließen. Es sprachen Schauman, Korte, Nikula und natürlich Nyman mit seinen typischen Gesten und Drohungen. Die Aktivisten waren beunruhigt, weil die Studenten nicht genügend »mitmachten«.

Auch Maija und Helvi kamen auf das Polizeipräsidium, blieben aber nicht dort. Maija nahm mich zu einer Versammlung der Finnischen Partei mit, die im Gebäude der Literaturgesellschaft stattfand. Dort sprach im Licht einer einzigen flackernden Kerze der junge Rantakari, feurig, flammend und wie das leibhaftige Urbild der Revolution, zumindest nach Meinung jener alten Senatoren und anderen Uropas aus der Sintflutzeit, deren Politik Schiffbruch erlitten hatte, aus dem Rantakari sie jetzt zu retten versuchte. Matti Kurikka, Rantakari und Valpas waren die besten Redner, die ich in der Streikwoche hörte, wenn Rantakari nicht sogar der allerbeste war – natürlich auf seinem Gebiet. Wir beide, Maija und ich, waren hellauf begeistert und gingen hin, um ihm die Hand zu drücken, für Maija allerdings mit schicksalsschweren Folgen – Ehe!

Ja, es gelang mir, auch Matti Kurikka zu hören, zusammen mit Ryömä. Wir versuchten immer, uns freizumachen für solche Veranstaltungen, auf denen man etwas erfahren konnte. Kurikka war ja ein Volksredner von Gottes Gnaden, und seine Anhänger waren von ihm begeistert. Bis zu den Versammlungen im Arbeiterhaus schafften wir es nicht, aber Kurikka sprach auf dem Bahnhofsplatz. Valpas habe ich damals nicht gehört, aber er kam zu Beratungen und Gesprächen mit dem Hauptmann auf das Polizeipräsidium, und unsere Jungen hatten große Angst vor ihm. Frauen sah er gar nicht an, die waren für ihn Luft. Aber oh, wie fürchtete und haßte ihn das Bürgertum schon zu jener Zeit! Unter den Jungfinnen wurde erzählt, er habe die Arbeiter an Bobrikow verkauft, und die Altfinnen hielten ihn für den personifizierten Teufel. Valpas genoß das, lächelte dünn, hielt die Hände in den Taschen, als Zeichen der Gleichgültigkeit, und bewegte sich mit schleppenden Schritten ... Ein finnischer Robespierre und Tiger, aus dem im Laufe der Zeit ein Lamm wurde. Gut, daß man Robespierre rechtzeitig hingerichtet hat. Einmal ergab es sich sogar, daß ich als offizieller Sendbote der Roten Garde auftreten durfte, allerdings mit fatalem Ergebnis.

Unter den Russen von Helsinki herrschte zu Beginn des Generalstreiks panikartige Furcht, hervorgerufen durch das Gerücht, daß die Finnen angeblich ein Pogrom und Blutbad unter ihnen veranstalten wollten und bei den Aktivisten schon die Mordlisten kursierten. Obolenski mußte eine hysterische Abordnung nach der anderen empfangen, und sie alle forderten für die Russen militärischen Schutz, nach Möglichkeit in Form der Kanonen von Sveaborg. Man setzte Kock davon in Kenntnis, und als Professor Mandelstam im Russischen Theater eine Versammlung der Russen einberief, um sie zu beruhigen, und Kock darüber informierte, wurde beschlossen, zu demselben Zweck eine Abordnung der Garde in die Versammlung zu entsenden. In diese Abordnung wählte man natürlich mich, weil ich Russisch konnte, außerdem Jalmari Tukiainen oder Toikka, ich weiß nicht mehr, wen von beiden.

Wir fanden uns also vor Beginn der Versammlung im Russischen Theater ein, wo Mandelstam uns erfreut empfing und uns bat, nach seinem Auftritt das Wort zu ergreifen. Auf der Rednertribüne brannten ein paar Kerzen, sonst war das ganze Theater völlig dunkel. Und aus dieser Dunkelheit ertönten laute Rufe im Stil der Schwarzhunderter: »Die Finnen töten uns! Wo sind die Kosaken?« Ich hatte so etwas noch nie in meinem Leben gehört! Der weißbärtige Mandelstam klingelte verzweifelt mit seiner Glocke und versuchte darüber zu sprechen, was in Rußland geschehen war und was der Generalstreik hier bedeutete. Aber nach wenigen Minuten fingen die Zwiebelhändler und Apfelverkäufer, die ehemaligen Gendarmen und Schnüffler wieder an zu schreien: »Die Finnen wollen uns töten! Die Rote Garde will morden!« Mandelstam läutete verzweifelt und rief uns auf die Bühne. Er versuchte uns Gehör zu verschaffen, aber entweder hatte dieser Wahnsinn der Schwarzhunderter den Leuten allen Verstand geraubt, oder es handelte sich um einen regelrechten Plan, Unruhe zu stiften und Mandelstams revolutionäre Rede zu verhindern, jedenfalls endete das Ganze damit, daß Mandelstam die Versammlung abbrechen mußte, ohne daß wir zu Wort gekommen waren. Wir unterhielten uns dann noch draußen mit ihm, und um uns scharten sich eine ganze Menge Leute, die sich durch die Rufe nicht stören ließen. Und weil wir außerdem zur größeren Sicherheit draußen eine Patrouille der Roten Garde stehen hatten – von Kock selbst organisiert –, konnten wir wenigstens auf der Straße sprechen und versuchen, die vernünftigeren Elemente, die immerhin in der Mehrheit zu sein schienen, zu beruhigen. Die Schwarzhunderter standen auf der anderen Straßenseite, schwenkten ihre Waffen und riefen nach den Kosaken, aber wir verhielten uns stolz und ruhig, wie es sich für Vertreter der organisierten Arbeiterschaft gehört, und kümmerten uns nicht um ihr Geschrei. Dann kehrten wir zusammen mit Mandelstam zu Kock zurück, um unseren Bericht zu erstatten.

Die finnischen Forderungen waren in Petersburg vorgetragen worden, aber es verlautete immer noch nichts darüber, ob sie angenommen worden seien. Von denjenigen, die den Streik gern beendet hätten, hörte man Gerüchte, die Kanonen von Sveaborg seien auf die Stadt gerichtet, und ach, wie würde es uns ergehen, falls Obolenski, der auf ein Kriegsschiff geflüchtet war, diese donnern ließe. Aber die Arbeiterschaft von Helsinki war der Meinung, das ginge nicht so einfach, und in Petersburg sei das ja auch nicht geschehen. Die Aktivisten versuchten wohl, sich mit den Offizieren zusammenzutun, und die Arbeiter ihrerseits versuchten, mit den russischen Soldaten zu reden, aber das wurde bemerkt, worauf man die Soldaten strikt in der Kaserne behielt.

Niemand wußte, wie lange es so weitergehen würde, und wir jungen Leute kümmerten uns auch nicht darum. Für uns war das Leben vollkommen stehengeblieben, und wir konnten uns nicht vorstellen, daß es wieder in die alten Geleise geriete. Ich selbst kam nur manchmal in den späten Nachtstunden nach Hause, und morgens verschwand ich wieder auf das Polizeipräsidium. Der Professor sah ein, daß eine so wichtige Person nicht an ihre Unterrichtsstunden denken oder zu Hause sein konnte, und außerdem: Es war schließlich Streik und somit auch für den Professor von Vorteil, sich mit solchen Leuten wie Kaisu und mir gut zu stellen. Auf diese Weise blieb das Haus unter dem Schutz der Roten Garde, und man konnte ja nie wissen, wie alles noch käme. Der Professor versuchte also, gute Miene zu machen, und forderte uns lediglich auf, ihm von all dem Seltsamen zu erzählen, das wir im Laufe des Tages gesehen und gehört hatten.

Aber eines hatte ich in der ganzen Aufregung des Generalstreiks völlig vergessen, nämlich daß ich keine Finnin, sondern eigentlich ein fremder Zuschauer in diesem Land war. Das schien auch sonst niemandem in den Sinn zu kommen. Außerdem richtete sich der Streik ja gegen den Zarismus, und der war unser gemeinsamer Feind, also war es ziemlich egal, wo man zupackte. Und schließlich war ich sachkundig in den russischen Verhältnissen und somit sehr nützlich.

Ich begriff, was die Berichterstatter an der Front fühlten, wenn sie zuweilen ihre Neutralität vergaßen und begeistert zu den Waffen griffen, und was sollte ich da erst sagen, die ich mich hier wie zu Hause fühlte und mit ganzer Seele mitlebte. Außerdem – doch das erkannte ich erst später – war der Arbeiter, den ich während des Streiks kennenlernte, nicht nur ein finnischer, sondern der Arbeiter schlechthin, das Produkt der gesellschaftlichen Verhältnisse.

Endlich traf die Nachricht ein, der Zar habe ein Manifest unterschrieben, mit dem die gesetzlichen Verhältnisse im Land wiederhergestellt wurden und zugesagt wurde, einen außerordentlichen Landtag einzuberufen, auf dem vor allem eine Landtagsreform behandelt werden sollte, ein Wahlgesetz, mit dem das allgemeine und gleiche Wahlrecht garantiert würde. Das Manifest begründete sich auf die Forderungen Mechelins, die mit einem Schiff nach Petersburg gebracht worden waren.

Es war alles erreicht worden, was das Bürgertum und die konstitutionellen Parteien gefordert hatten, und niemand sprach mehr von den Forderungen des »roten Zuges« aus Tampere, also von einer provisorischen Regierung, der Einberufung der Nationalversammlung und der Trennung vom Russischen Reich. Yrjö Mäkelin durfte nach Tampere zurückkehren, ohne daß ihm jemand größeren Dank gezollt hätte.

Das Bürgertum hatte inzwischen eine eigene Garde aufgestellt, um eine bessere Garantie zu haben, daß sich jene bedrohliche Rote Garde auch bestimmt auflöste, wenn man zu ihr sagte: Halt! Und das sagte man ihr dann ja auch. Das einzige, was man für sie tat, war, daß ihr die Stadt Helsinki als Unterstützung und zur Belohnung für das Aufrechterhalten der öffentlichen Ordnung eine Geldsumme spendete. Der Mohr hatte seine Schuldigkeit getan, aber der Mohr wollte noch nicht gehen, sondern die Männer fragten sich, ob das nun alles gewesen sei, was man hatte erreichen können, nachdem man seine Kraft gezeigt und alle Räder angehalten hatte. Sie wollten gleichsam für das Anhalten der Räder etwas mehr haben von dieser Woche, die doch fast die ganze Weltordnung hätte ändern sollen!

Und nun sollten einfach alle wieder zur Arbeit gehen, und das Leben sollte sich beruhigen und in seine alten Geleise zurückkehren. Die Regierungssessel wurden lediglich von neuen Herren eingenommen, allen voran die Schweden Mechelin und Wrede. Mindestens die Hälfte der Regierungsmitglieder waren Schweden, aber um die sozialdemokratische Arbeiterschaft zu gewinnen, wurde auch der Arbeitervertreter Kari berufen, den die Partei sofort ausschloß. Auf jeden Fall hatte es den Anschein, als ob die Herren dieses Land ungefähr auf die gleiche Weise regieren wollten wie vor dem widerrechtlichen Manifest, ohne Rücksicht auf all das, was inzwischen geschehen war: Es hatte sich ein sehr selbstbewußter Kern des finnischen Volkes herausgebildet, der sich als Herr des Landes zu betrachten begann, und eine fast noch selbstbewußtere organisierte Arbeiterschaft, die ebenfalls ihre Forderungen hinsichtlich der Herrschaft im Lande anmeldete.

Aber vor allem hatten die Arbeiter erlebt und gelernt, daß sie im Bedarfsfall in der Lage waren, alle Räder anzuhalten, und daß den Trumpf des gesamten gesellschaftlichen Lebens derjenige in der Hand hält, der die Arbeit leistet – das Leben der gesamten Gesellschaft steht in der Macht der Arbeiter.

Und wir unsererseits mußten schleunigst herausfinden, was die Arbeiter wollten, beziehungsweise was sie hätten wollen müssen und was dieser Sozialismus war, den sie anstrebten.

In meiner ganzen Umgebung, in dem Kreis, in dem ich verkehrte, gab es eine fertige Antwort darauf: Sozialismus bedeutet gleichmäßige Verteilung, das heißt, man würde den Reichen ihr Eigentum wegnehmen und es an die Armen verteilen, so daß alle ungefähr gleich viel hätten und somit ungefähr gleich arm wären. Und außerdem würden im allgemeinen die Reichen noch umgebracht. Das erklärten mir alle möglichen Leute, von Studenten bis hin zu Professoren ..., und verlangten sogar, ich solle es glauben. Die Vergesellschaftung der Produktionsmittel war für sie noch unbekanntes Abrakadabra, und für mich klärte sich das Problem erst auf, als ich endlich Kautskys ökonomische Lehren in die Hände bekam.

Aber der Generalstreik ging zu Ende. Ich erinnere mich noch an die letzte Parade der Roten Garde auf dem Senatsplatz, als man die Kosaken fürchtete. Dann verließen wir das Polizeipräsidium, wo an unserer Stelle die verfassungsmäßige Polizei unter dem neuen Polizeidirektor Gordie einzog.

Die Leute strömten in die Sozialdemokratische Partei, die Studenten in unseren Verein, wo die Jungen Vorträge über den Sozialismus zu halten begannen, ebenso wie in der Landsmannschaft.

Endlich gab es auch aus Estland wieder Nachrichten. Zeitungen kamen, und ich erhielt Briefe. Dort sprach man von vollständiger Autonomie, es wurden Versammlungen abgehalten, und eine Abordnung wurde vorbereitet, die zum Zaren fahren sollte. Die Presse war von den Fesseln der Zensur befreit, und die Arbeiterschaft Estlands hatte einen Generalstreik durchgeführt und ebenfalls die eigene Kraft kennengelernt. Vor allem waren Estlands Landarbeiter erwacht, und man hörte drohende Forderungen an die Gutsherren über Enteignung der Güter und ihre Verteilung an das Volk. Die Instleute drohten mit dem In-Brand-Stecken der Güter ..., man brauchte das nicht erst von Rußland zu lernen, die Jahrhunderte hatten es in Estland genügend vorbereitet, und die Volkslieder hatten davon gesungen. »Postimees« und die Presse überhaupt warnten vor der Selbstjustiz, aber es war zu spät. Für das Volk zeichnete sich die Freiheit ab, und mit diesem Begriff verband sich vor allem die Befreiung von den Gutsbesitzern und Baronen. Auf dem Lande gärte es, wenn auch nicht so heftig wie in Lettland, wo man bereits im November mit dem Ausrauben und Anstecken der Güter begonnen hatte. Die Beschlagnahme der Güter wurde zur Hauptforderung des Volkes, genau wie in Rußland, und daraus entstand eine Sturzflut, die keine Partei mehr einzudämmen vermochte.

Die Revolution ging also weiter – außer in Finnland. Doch auch hier fand sie ihre Fortsetzung, zumindest in uns jungen Leuten und in all denen, die mit gutem Grund Manifesten des Zaren nicht trauten.

Wie schwer war es, sich wieder an das Alltagsleben zu gewöhnen und den Professor zu unterrichten, dessen Interesse für die russische Sprache auf einmal merklich nachgelassen hatte. Und wie schwer war es, wieder in die Universität zu den Vorlesungen zu gehen und so zu tun, als wäre nichts gewesen. Ich schrieb für den »Postimees« Schilderungen des Generalstreiks, die bestimmt so ausfielen, daß Doktor Kallas sie scharf zensieren mußte.

Nach dem Generalstreik

Es war eine merkwürdige Zeit. Ich erinnere mich nur, daß wir irgendwie innerlich brannten. Die Revolution war unvollendet geblieben, und wir mußten uns Klarheit darüber verschaffen, was geschehen und was jetzt weiterhin zu tun und zu fordern war.

Landtagsreform, allgemeines Wahlrecht – dadurch sollte also das ganze Leben erneuert werden und das Volk die Macht erringen. Wir machten uns daran, die Grundgesetze, den Parlamentarismus sowie alle Formen der Demokratie und ihr Ziel zu studieren. Nun, dieses Ziel war natürlich die Machtübernahme durch das Volk, und weil das nicht durch die Revolution geschehen war, mußte es über das Parlament durchgesetzt werden, genau wie auch alle wirtschaftlichen Reformen. Aber vor allen Dingen wuchs bei uns die Erkenntnis, daß es eine vierte Klasse des Volkes gab, die wichtigste Klasse in der Produktion, die keine politischen Rechte besaß und diese erhalten mußte, ehe man darangehen konnte, das Leben umzugestalten.

Für die Universität zu arbeiten war einfach unmöglich, es gab eine Unmenge viel wichtigerer Gegenwartsfragen, die geklärt werden mußten.

Wir kamen nicht zur Ruhe. Wir taten uns zusammen, redeten und lasen über alle möglichen Ismen, wir suchten und horchten. Wir entdeckten »Euterpe« und den neuen Feminismus, kämpften gegen die Kirche und für die Zivilehe und lauter solche aufregenden Sachen.

Ich hatte während des Generalstreiks Aduli Burjam kennengelernt, die Tochter des Bankdirektors aus Viipuri, die zu den jungfinnischen Radikalen gehörte und in der Landsmannschaft von Viipuri war; in ihrem Kielwasser bewegte sich Doktor Kaasalainen, damals einer der Löwen in der Landsmannschaft. Aduli Burjam war eine Schönheit, eine prachtvolle und elegante Erscheinung. Wie auch immer, jedenfalls konnten wir sie irgendwie dazu überreden, im Namen von uns Mädchen die verschiedensten Ismen zu verkünden und vor allem den Feminismus zu radikalisieren. Wir organisierten also für sie einen richtigen Vortrag im Festsaal der Universität, wobei wir uns bemühten, den Saal mit begeisterten Studenten zu füllen. Das gelang uns allerdings nicht ganz – wir fanden nicht so viele Begeisterte –, aber Aduli las trotzdem ihren Vortrag. Und wir ließen uns auch nicht entmutigen, als die Presse am nächsten Tag einhellig feststellte, daß der Festsaal der Universität nicht das richtige Forum für den Erstauftritt einer jungen Studentin sei und der Vortrag eher in den Konvent gepaßt hätte.

Nach dem Vortrag gingen wir ins »Seurahuone« essen, und ich sah und aß zum erstenmal Hummer, wobei ich von Aduli lernte, dazu eine kalte französische Soße anzurichten, die heute noch meine Spezialität ist. Und auf dem Heimweg nach dem Essen waren wir so glücklich, daß wir allesamt aus purem Wohlbefinden und Glücksgefühl unsere Galoschen ins Meer stießen, ins Cholerabecken. Anschließend gingen wir auf den Sternwartenhügel und sangen richtig schön laut. Als ein Polizist kam und uns freundlich ins Gewissen redete, sammelte Hannes Ryömä für ihn Kollekte, und für fünf Mark willigte der Polizist ein, uns und unsere Marseillaise zu überhören. Darauf riefen wir ein Hurra auf seine Humanität.

Es gab auch noch andere spaßige Begebenheiten. Eines Tages wurde unserem Studentenverein aus der Redaktion des »Työmies« mitgeteilt, daß im »Kämppi« ein deutscher Doktor wohne – ich glaube, er hieß Adolf Löwenstein oder Löwenstern –, der ein Sozialdemokrat sei, fast zur Redaktion des »Vorwärts« gehöre und die akademische sozialistische Jugend Finnlands kennenlernen möchte. Vom Verein wurden daraufhin Sulo Wuolijoki und ich wegen unserer Sprachkenntnisse zu dem Doktor geschickt, um ihn zur Versammlung des Vereins einzuladen. Wir trafen den Doktor im Hotel nicht an, hinterließen ihm deshalb unsere Karten, schrieben ihm ein paar Zeilen und luden ihn im Namen des Vereins zu der Versammlung ein. Ich weiß nicht, was er da durcheinandergebracht hatte, jedenfalls tauchte im Briefkasten des Studentenklubhauses eine Karte auf, die auf Deutsch adressiert war an »Sulo und Frau Hella«, was allgemeine Freude hervorrief. Ich kannte Sulo damals nicht so gut wie die anderen Vereinsmitglieder und war ganz empört über derartige »Voraussagen«.

Die Sache wurde nachher dem Doktor erklärt, worauf er behauptete: »Was nicht ist, kann noch werden«, und so geschah es dann ja auch. Der Doktor erwies sich allerdings später hauptsächlich als Champagneragent, wenn auch Sozialdemokrat. Zu jener Zeit waren die Champagneragenturen noch keine Ausbildungsstätte für richtige Außenpolitiker, aber der Doktor war auf jeden Fall ein lustiger und gebildeter Mann, und noch lustiger waren die Abendessen, die er für die Mitglieder unseres Vereins im »Kämppi« gab.

Meine Sprachkenntnisse waren auch der Grund dafür, daß ich bald Mittleraufgaben zwischen dem Verein und den russischen Sozialdemokraten übernehmen mußte. Im Dezember kam Ingenieur Alanne zu mir und bat mich, die russichen Genossen zu betreuen, die unterwegs waren nach Tampere zu jener geheimen Konferenz der Bolschewiki, von der man überhaupt nicht laut reden durfte, bevor man in jede Himmelsrichtung geblickt hatte.

Und so sah ich zum erstenmal mit eigenen Augen die Erbauer der Sowjetunion. Ich war ein Küken, das keinen anderen Unterschied zwischen Bolschewiki und Menschewiki kannte als den, daß die ersteren die Revolution bis zur Beseitigung des Zarismus weiterführen wollten, während die letzteren ihr Programm beschränkten und sich mit dem Dumaversprechen des Zaren zufriedengaben. Die Herren lachten und sagten, ich hätte ganz recht ..., und das hatte ich wahrhaftig. Helsinki und das finnische Volk gefielen ihnen. Ich erzählte ihnen, wieviel harte Arbeit das Brot in diesem kargen Land kostete, wie der Wald gerodet und der steinige Boden beackert werden mußte und wie finster das Volk mit seinen von der Arbeit krummen Händen war ... Ich beschrieb die Hand eines finnischen Arbeiters, wie sie steif und verkrümmt in der Tasche nach den Papieren sucht. Diese Beschreibung hat sich meinen Zuhörern eingeprägt, ich hörte sie Jahrzehnte später in Moskau wieder ... Und mir prägte sich das Gefühl ein, die künftigen Herrscher Rußlands gesehen zu haben ...

In Tampere trafen Lenin und Stalin einander zum ersten Mal. In Tampere, gerade in Tampere.

Es ist sinnlos, die großen Ereignisse der Geschichte in einem kleinen Land leugnen zu wollen. Wir werden nicht größer, wenn wir die Großen für klein halten.

Auch während der Kreuzzüge haben die Ritter ja nicht die Könige oder Feldherren der Türken und Mohren ignoriert ... (Anmerkung der Autorin: Im Gefängnis geschrieben.)

Aus Estland kamen immer merkwürdigere Meldungen. Dort war der totale Aufstand im Gange. Tönisson telegrafierte mir, ich solle zu Weihnachten über Petersburg nach Hause reisen, dort sei er mit einer großen estnischen Abordnung eingetroffen, richtiger als deren Leiter, um dem Zaren ein großes Autonomiegesuch des estnischen Volkes zu überbringen. Das Reisen innerhalb Estlands sei nämlich sehr gefährlich geworden, weil jeden Augenblick Eisenbahnstreiks befürchtet würden, die man durch gewaltsames Zerstören der Gleise und durch Attentate auf Züge einzuleiten versuchte.

Ich fuhr also nach Petersburg, und bei Onkel Jaanson traf ich Tönisson und die übrigen Mitglieder der Abordnung, von denen mir zumindest noch Professer Paldrock, Doktor Koppel und Rechtsanwalt Rütli in Erinnerung sind. Von den Linken war niemand dabei, nicht einmal Päts und Teemant, die zu jener Zeit sehr radikal waren und später zum Tode verurteilt wurden.

Die Abordnung saß bereits die ganze Woche in Petersburg, mit dem bekannten Ergebnis: Der Zar geruhte nicht, sie zu empfangen.

Ich kam aus Finnland voll grenzenloser Begeisterung für den Generalstreik, die Arbeiter und den Sozialismus. In Onkel Jaansons Arbeitszimmer traf ich Jupiter Tönisson und durfte meinen ersten, wenn auch nicht letzten Kampf für meine neuen Lehren ausfechten. Ich hatte in Finnland, ausgerechnet in Finnland, eine Sozialismusinfektion bekommen und mußte gerettet werden aus diesem Marxschen Glaubenswahn, wie man es damals nannte. Tönisson ging im Zimmer auf und ab und sprach außer zu mir auch zu jenen Tausenden, die damals das estnische Volk im Namen des Sozialismus erweckten. Nach Mitternacht verschwand Onkel Jaanson, um schlafen zu gehen, aber Tönisson bemerkte es gar nicht, sondern schleuderte alles, was er sich im Laufe seines Lebens mit Kants Hilfe an Weltanschauung aufgebaut hatte, gegen meinen blauäugigen, eigensinnigen, neunzehnjährigen Sozialismus. Als Onkel Jaanson gegen acht Uhr morgens ausgeschlafen zurückkam, lief Tönisson immer noch herum und schlug mich mit seinen kategorischen Imperativen, obwohl von mir nicht viel mehr übrig war als ein Häufchen Elend, aus dem sich hin und wieder zwei tapfere, eigensinnige Fäuste reckten. Ich kann mich nicht erinnern und begreife eigentlich auch gar nicht, womit ich damals meine neue Weltanschauung verteidigte, da ich ja noch kaum etwas gelesen hatte. Aber Tönissons Furcht war anscheinend übertrieben, und er glaubte mich wohl in weit größerer Gefahr, Irrlehren zu verfallen, als dies der Fall war; oder aber der Generalstreiks- und Revolutionsrausch in mir war so stark, daß er es für dringend erforderlich hielt, ihn zu ersticken. Damit weckte er natürlich all meinen Widerstandswillen und den Wunsch, den Dingen auf den Grund zu gehen.

Im übrigen kommt mir in diesem Zusammenhang eine Äußerung von Aino Kallas in den Sinn, die aus ihrer Koidula-Biographie »Sternenflug« stammt, die mich seinerzeit stark berührte. Sie schildert den intensiven Briefwechsel zwischen Koidula und Jakobson und äußert darüber tief enttäuscht, die beiden hätten einander »nationalen Kram« geschrieben. Zweifellos wäre es sowohl für die Verfasserin der Biographie als auch für den heutigen Leser interessanter gewesen, Koidula und Jakobson, die bedeutendsten politischen Figuren im damaligen Estland, hätten einander psychologische Betrachtungen oder Liebesbriefe geschrieben, aber ihr Leben und ihre Arbeit waren so eng mit dem »nationalen Kram« verknüpft, daß für eine persönliche Beziehung kein Platz war.

Mich entsetzt der Gedanke, ein Verfasser von Tönissons oder meiner Biografie könnte einmal verächtlich schreiben, wir hätten zwölf Stunden lang ununterbrochen »gesellschaftlichen Kram« geredet. Aber so ist es gewesen. Dieser »Kram« war lebenswichtig und ist es immer noch.

Jedenfalls waren jene Tage in Petersburg herrlich und spannend, auch wenn Onkel Jaanson und Tönisson mich in die Oper führten, während die übrigen Miglieder der Abordnung in Operetten und Varietés und im »Medved«

saßen und Onkel Jaanson viel lieber auch diese Stätten besucht hätte, ganz zu schweigen von mir. Aber Tönissons Persönlichkeit war so gewichtig, daß sein Wunsch entschied. Vom Revolutions-Petersburg sah ich natürlich nichts, und gehört habe ich davon am meisten bei meiner Schulkameradin Fanny Chwolson, besonders auf ihren Bällen, die ich bereits im ersten Teil dieses Buches beschrieben habe.

Ein paar Tage vor Weihnachten begann dann unsere unvergeßliche Heimreise mit dem Zug, für dessen Ankunft am Ziel es keinerlei Garantie gab.

Im übrigen ist der Hintergrund dieser Plauderei tatsächlich ernst und schmerzlich. Die Situation in Estland war mehr als verworren – sie war äußerst bedrohlich. Tönisson war sich über den Ernst der Lage viel mehr im klaren als jene jungen Männer, die im Norden Estlands die Revolution sowie die Beschlagnahme und das In-Brand-Setzen der Güter anführten. In Tallinn gärte es, die Fabriken wurden bestreikt, und große Scharen von Arbeitern zogen zusammen mit Instleuten über das Land und steckten die Güter in Brand. Für Plünderungen wiederum, angefangen mit der Zerstörung der Schnapsfabriken und staatlichen Schnapsläden, sorgten jeweils die ortsansässigen Instleute. Sie alle verwirklichten also auf eigene Faust die Forderung der Sozialdemokratischen Partei nach Übereignung der Güter an den Staat und realisierten damit zugleich den jahrhundertealten Traum von der Verbrennung der Güter und der Vertreibung der Deutschen. Tönissons Partei, aus der sich zu jener Zeit gerade die Nationale Fortschrittspartei bildete, hatte in Tallinn nicht viel zu sagen, und wie durch Zauberschlag und mit der Geschwindigkeit eines Lauffeuers verbreitete sich die von Martna geführte Sozialdemokratische Partei über das ganze Land, sogar bis in den Distrikt Viljandi, wo Tönisson so lange Alleinherrscher gewesen war. Um Päts und Teemant bildete sich eine radikale bürgerliche Partei, die Partei der Arbeit, eine Art Kreuzung aus der russischen Trudowiki-Partei und der ehemaligen von Hanko und Oleski geführten Tartuer Gruppe von Radikalen. Und das Ergebnis all dessen war, daß Tönisson langsam seine Machtstellung im Leben des Landes einbüßte und nicht mehr abzusehen vermochte, wohin das Land gehen und welche Folgen das alles haben würde, zumal aus Petersburg unter Führung von General Orlow eine Strafexpedition ausgeschickt wurde und die Zeitungen der Schwarzhunderter sowie der baltische Adel forderten, das Land zu »beruhigen«.

Das war die Situation, kein Wunder also, daß Tönisson versuchte, wenigstens aus meinem Kopf und Herzen den gefährlichen Sozialismus zu verbannen.

Ich war jung, für mich war die Reise quer durch das Revolutionsland ein unerhörtes Abenteuer, und es kam mir gar nicht in den Sinn, Angst zu haben beim Anblick zerrissener Schienen und einzelner stummer, verdunkelter Bahnhöfe, in deren Nähe geheimnisvolle Brandstiftergruppen herumzogen.

Gleich nach der Abfahrt aus Narva begann der Horizont in der Winternacht bedrohlich zu leuchten. Der Zug war fast dunkel, und wir blickten alle wortlos zum Fenster hinaus. Was nur geschah dort! Wie furchtbar, unsinnig und verantwortungslos war das alles, das Werk furchteinflößender Gruppen, und dennoch war es das, wovon unsere Vorväter jahrhundertelang geträumt und gesungen hatten ..., entsetzliche Rache. Und obwohl wir in aller Bequemlichkeit in einem Eisenbahnwagen zweiter Klasse saßen, Nutznießer europäischer Zivilisation und ihrer Errungenschaften, waren wir doch die Nachkommen von Leibeigenen ... Was mich betraf, so wäre ich natürlich am liebsten viel näher am Schauplatz gewesen und hätte dieses Urteil der Geschichte mitverfolgt.

Der Zug kroch langsam durch die Ebenen von Viru- und Järvamaa in Richtung Tartu. Hier und dort wurden zerstörte Gleise repariert, und der Zug blieb lange auf Bahnhöfen stehen, aber nach etwa zwanzig Stunden langten wir wohlbehalten in Tartu an, und ich fuhr sofort nach Walga weiter. Von den Ereignissen in Südestland hatten wir in Petersburg kaum etwas erfahren, außer daß in Lettland die Strafexpedition am Werke war, aber auf dem Bahnhof von Walga sah es aus wie im Krieg. Das Stationsgebäude war voller Offiziere, und Gendarmen und Kosaken kontrollierten die Pässe. Ein betrunkener Leutnant faßte mich am Arm, aber mein Vater brachte mich wohlbehalten in die Droschke. Die Stadt war wie tot.

Anatoli

Er vertrat innerhalb der Sozialdemokratischen Partei Rußlands die bolschewistische Linke und ihr militärisch-revolutionäres Komitee, dessen Helsinkier Abteilung er leitete; somit war er der wichtigste sozialdemokratische Führer des Aufstands von Sveaborg. Er arbeitete mit den Sozialrevolutionären zusammen, deren lokaler herausragender Führer der von den finnischen Aktivisten unterstützte Hauptmann Cion war. Anatoli lebt noch und ist heute unter den führenden verantwortlichen Persönlichkeiten der Sowjetunion einer von denen, die niemals Finnlands Anteil an der russischen Revolution und die Hilfe und den Schutz vergessen haben, die viele große Führer der russischen Revolution bei uns erhielten.

Erst nach Jahren ist mir klargeworden, wieviel ich Anatoli zu verdanken habe. Er war mir sowohl ein großer Freund als auch ein unvergeßlicher Lehrer. Er lehrte mich, das Leben als gesellschaftliche Erscheinung und Wirklichkeit zu sehen, und er lehrte mich durch sein eigenes Leben und Vorbild Menschenwürde, Aufopferung und Güte. Er brachte mir systematisches Arbeiten bei und die Methode, mit bereitgelegtem Notizblock und dem Bleistift in der Hand zu lesen, und er lehrte mich, furchtlos alle Probleme anzupacken. Und er machte mir einen Studienplan, wie ihn damals keine Universität hätte bieten können – außer Rußlands Gefängnissen, in denen die Führer der heutigen Sowjetunion eine gründliche Bildung erhielten. Schließlich rettete er mich auch noch davor, den Gendarmen in die Hände zu fallen.

Er tat das alles nicht deshalb, weil ich etwas gewesen wäre, sondern weil ich etwas hätte werden können. Er weigerte sich, in mir das zu sehen, was ich war – eine von estnischen Bauern abstammende, in diesem Land verwurzelte Nationalistin, ein kleinbürgerliches, gezähmtes Gänschen –, und glaubte, er könnte mir Flügel geben und aus mir einen wilden Schwan machen, einen freien und sich für die Freiheit der Menschheit aufopfernden, selbstbewußten Menschen. Ich bin allerdings auch kein Kleinbürger geblieben – ich wurde ein Großbürger, ein kapitalistischer Arbeitgeber, wenn auch mit marxistischer Weltanschauung und dem Glauben an den Bankrott des Kaptitalismus ... Aber das Rauschen der Flügel ist noch irgendwo tief in meiner Seele. Deshalb bezeichnen mich meine vernünftigen und satten Freunde auch als – naiv, besonders in letzter Zeit, da der Krieg mir den Kampfgeist meiner Jugend zurückgebracht und mich endgültig auf die Seite der Front gestellt hat, auf der für eine neue, freie Welt gekämpft wird.

Anatoli war, als ich ihn kennenlernte, etwa fünfundzwanzig Jahre alt, sah aber aus wie vierzig. Er war ein ziemlich kleiner und zierlicher, intelligenter Jude. Hinter seinen Brillengläsern schauten einen kluge, gute und unsagbar alte Augen an. Sie blickten der Welt scharf ins Gesicht, vollkommen furchtlos und ohne Haß. Selbst sein Spott war scherzhaft und sanft. Er gebrauchte nicht viele Worte, aber die stimmten immer. Er war Lenin darin ähnlich, daß er immer bereit war, zu helfen und etwas zu tun, so als ob für ihn nichts unmöglich wäre. Und als er dem Unmöglichen gegenüberstand, als Gefangener vor einem zaristischen Gericht, lachte er seinen Richtern ins Gesicht, stand kalt wie ein steinernes Denkmal da und billigte niemand anderem als dem russischen Volk das Recht zu, über ihn zu richten. Mit sicherem Lächeln und singend ging er gefesselt in das Zwangsarbeitslager Akatui nach Sibirien, um entweder auf eine Fluchtmöglichkeit oder auf den Moment zu warten, da ihn das russische Volk befreien würde ... Und das russische Volk befreite ihn 1917. Neun Jahre lebte er im Zwangsarbeitslager, während seine alte Mutter die ganze Zeit außerhalb des Lagers wohnte, um ihn mit Büchern zu versorgen und sich um ihn zu kümmern, damit er durchhielte, und er hielt durch.

Zurbaran hat Anatoli auf seinem berühmten Mönch-Bild dargestellt; vielleicht hat einer von Anatolis Vorvätern Modell gestanden, die Ähnlichkeit ist jedenfalls verblüffend.

Seine Ruhe, Geistesgegenwart und Unerschrockenheit auch in schwierigen Situationen waren phantastisch und für seine Umgebung eine große Hilfe. Ich sah, wie er mit einem Scherz Menschen verabschiedete, die in den Tod gingen. Er hatte einen Händedruck, durch den man sich sogar gern in den Tod schicken ließ, sagte der »Feldscher, der erschossen wurde« – und der in den Tod ging. Anatoli war kein Fest- oder Volksredner wie Fedorowski. Er sprach wie ein Staatsmann, ruhig und ironisch, und der Zuhörer wußte, daß da ein Mensch vor ihm stand, der für seine Worte eintrat. Die Soldaten vertrauten ihm und vergötterten ihn, das nahm sogar solche Ausmaße an, daß er vor dem Aufstand nicht an der Hauptwache vorbeigehen konnte, ohne daß die Soldaten die Ehrenbezeigung machten, trotz der Verbote der Offiziere und trotz aller Gefahr.

Anatoli ließ sich nicht mit Frauen ein und ging nicht im Mondschein mit den Mädchen am Meeresstrand spazieren, so wie Stepan und Victor und die anderen. Er hatte keine Zeit, bei Smirnow in der Bibliothek zu sitzen oder mit den Aktivisten zu verkehren. Ich lernte ihn, wie gesagt, durch Alanne kennen, der sich bemühte, ihm für die Mitglieder des Zentralkomitees sichere Adressen in Helsinki zu besorgen. Im Frühjahr hatte ich noch nicht näher mit ihm zu tun, obwohl er mich bei Heurlins besuchte. Aber im Sommer kam er zu mir ins Hotel, als er gehört hatte, daß ich in der Stadt war, und bat mich, noch nicht nach Tammisaari zu fahren. Ich sollte ihm behilflich sein, bei meinen Bekannten sichere Orte zu finden, wo er mit revolutionären Offizieren aus Sveaborg zusammentreffen könne, vor allem mit Jemeljanow und Kachansky. Er erklärte mir, der Aufstand sei so nahe, daß sie Schwierigkeiten hätten, die Soldaten so lange zurückzuhalten, bis Kronstadt und Petersburg, aber auch Moskau und Sewastopol ebensoweit seien. Und er ging von der Annahme aus, daß ich bereit sei, nach besten Kräften zu helfen. [...]

Der Aufstand begann vorzeitig, und zwar durch eine Provokation der Offiziere. Die Führung zumindest wollte den Aufstand zu dem Zeitpunkt noch gar nicht, weil die Vorbereitungen in den anderen Städten Rußlands noch nicht so weit gediehen waren. Aber in den Garnisonen von Helsinki und Sveaborg brodelte es, und die Führung des Aufstands war nicht mehr in der Lage, die Mannschaften zurückzuhalten. Der auslösende

Grund war ganz belanglos: Irgendeinem Bataillon war nicht der ihm zustehende Schnaps ausgeteilt worden. Die Männer begannen zu murren, und statt sie schön zu beruhigen, wie es die Offiziere angesichts der drohenden Revolution sonst getan hatten, sperrte man sie plötzlich ein. Und als die anderen Bataillone Krach schlugen und gegen diese plötzliche Anwandlung disziplinarischer Strenge demonstrierten, zeigte sich, daß sich die Offiziere bereits auf diesen Fall vorbereitet und den größten Teil der Kanonenschlösser in Sicherheit gebracht hatten.

Ich erinnere mich nicht mehr genau an den nachfolgenden Gang der Ereignisse, und sie gehören eigentlich auch nicht in den Rahmen meiner Memoiren, die lediglich meinen kleinen Anteil am Leben jener Menschen behandeln, die diese ganze Sache zu leiten hatten und dafür zum Teil mit dem Tod, zum Teil mit Gefängnisstrafen bezahlen mußten.

Von Sonntagabend bis Donnerstag dauerte der Rausch bei den Aufständischen. Am Donnerstag tauchten Kriegsschiffe aus Kronstadt am Horizont auf, die den Meldungen zufolge nach erfolgreichem Aufstand unter roter Flagge fahren sollten. Aber auf diesen Schiffen war aus dem Aufstand nichts geworden, und die rote Flagge war einfach nur die Angriffsflagge der russischen Kriegsflotte. Die Festung und die Schiffe beschossen sich gegenseitig und beschädigten sich auch, aber das Schicksal des Aufstands war entschieden. Schon vorher, bereits am Montag, hatte sich herausgestellt, daß sich die Garnisonstruppen in der Stadt nicht am Aufstand beteiligen würden: Die verdächtigen Elemente waren dort rechtzeitig eingesperrt worden. Als dann aus Katajanokka über tausend aufständische Marinesoldaten geschlossen auf die Stadt zu marschierten, traten ihnen auf der Brücke Truppenabteilungen entgegen, die mit Beschießung drohten. Auf der Höhe der Kirche spielten Kinder und liefen zwischen den aufständischen und den zarentreuen Truppen herum, und ein neugieriges Publikum schaute ohne böse Ahnung zu, wie die Marine- und die Landsoldaten aufeinander einredeten. Das Ergebnis war, daß an die tausend Marinesoldaten in Booten oder auf anderem Wege aus Katajanokka fliehen mußten. [...]

Kleine Streiflichter aus jenen Tagen ...

[...]

Die Rotgardisten, die nach Sveaborg gingen, um den Soldaten zu helfen, waren die ersten Finnen, die bereit waren, Sveaborg nach erfolgreich beendetem Aufstand unter finnische Herrschaft zu stellen. Soweit ich mich erinnere, waren sie mehrere hundert Leute, und sie wurden zu langen Zuchthausstrafen verurteilt.

Vor dem Weltkrieg traf ich einen von ihnen, als ich in Forssa einen Vortrag hielt. Ich wohnte damals bei einer Arbeiterfamilie und hörte, daß der Hausherr wegen des Aufstands von Sveaborg fünf Jahre im Gefängnis gesessen hatte. Er erzählte schmunzelnd, daß er während des Aufstands eines Tages zu seiner Frau gesagt hatte: »Mari, setz mal Kaffeewasser auf, ich gehe inzwischen Kuchen kaufen.« Als er auf die Straße gekommen war, hatte er Genossen getroffen, die ihm gesagt hatten, die Rotgardisten sollten sich alle auf den Felsen hinter »Alppila« versammeln, dort warte bereits der Hauptmann auf sie. Also war er mitgegangen, und dort auf den Felsen hatte es dann geheißen, sie sollten direkt von dort nach Sveaborg, um den russischen Genossen zu helfen und die Festung durch die Rote Garde zu besetzen. Ihm war natürlich nichts weiter übriggeblieben als mitzugehen, und dann war er fünf Jahre weg. Als er nach Hause gekommen war, hatte er die Tür aufgemacht und zu Mari gesagt: »Den Kuchen habe ich geholt, aber ist der Kaffee auch fertig?« Mari hatte sich ein wenig die Augen gewischt und gesagt, gewiß sei er das, nur wolle sie ihrerseits erst noch Kaffeesahne kaufen gehen. Und so hatte er dann seinen Kaffee doch noch bekommen.

Ich fragte ihn, wie es ihm im Gefängnis ergangen sei und wie er die Zeit ausgehalten habe. »Ganz einfach, ich habe in der Werkstatt Schuhsohlen genagelt und mir gedacht, die Zeit wird wohl auch vergehen, und eines Tages kommt die Freiheit, dann zahlen wir es dem Nikolai heim.«

Und sie kam dann ja auch, die Freiheit, und dem Nikolai wurde heimgezahlt ...

Diese kleine Geschichte habe ich seinerzeit so, wie sie war, in mein Schauspiel »Gesetz und Ordnung« übernommen, in dem übrigens mehr historische Wahrheit steckt, als allgemein angenommen.

Streiflichter ... Der Hof des Arbeiterhauses in der Yrjöstraße. Dieses alte Arbeiterhaus war die eigentliche Zentrale und das Sekretariat des Aufstands, wo alle Meldungen eingingen. Dort, irgendwo in einem versteckten Zimmer, vor dessen Tür Marinesoldaten Wache standen, saßen Anatoli, Stepan, Grigori und die anderen. Unaufhörlich gingen Kuriere ein und aus. Am Donnerstagnachmittag kamen die letzten aus Sveaborg entkommenen Soldaten, solche, für die es zu gefährlich war, dort zu bleiben. Sie kamen in großen Motor- und Ruderbooten. Sie wurden aus der Stadt und vom Meer her beschossen. Viele starben in den Booten, und jene, die das Ufer erreichten, kamen direkt ins Arbeiterhaus. Ich sah Menschen, die unmittelbar aus dem Kugelhagel kamen und vor Entsetzen starre Augen hatten. Ich erinnere mich an einen Soldaten, der vollkommen reglos an der Wand lehnte, und seine Augen waren wie aus Glas. Ich bot ihm Wasser an, aber er bekam gar nicht die Lippen auseinander. Auf dem Hof fand eine Versammlung statt, an die tausend Menschen waren da, auch viele

Frauen und Kinder. Die Finnen sprachen, und in der Nähe der Treppe standen die russischen Soldaten beisammen. Das ganze Arbeiterhaus dort im Winkel der Yrjöstraße war eine einzige Falle. Ich hatte schon oft darüber nachgedacht, was passieren würde, wenn das Haus durch zarentreue Truppen angegriffen würde. Und es war auch kaum zu verstehen, daß noch kein Angriff erfolgt war, denn es war ja bekannt, daß sich in diesem Haus das Zentrum des Aufstands befand und die Soldaten sich dort versammelten. Dabei wäre es so leicht gewesen, das Haus zu umzingeln! Aber anscheinend nahm man auf russischer Seite an, es sei gut bewacht und wehrfähig, und in der Tat gab es dort ja auch bewaffnete Männer, sowohl Rotgardisten als auch ganz besonders die Marinesoldaten, die bei der Flucht aus den Kasernen ihre Waffen mitgenommen hatten.

Aber im Arbeiterhaus dachte niemand so weit. Es war ja Streik, und man hatte den ganzen Tag das Haus voller Frauen und auch Kinder.

Doch an jenem Tag trat das ein, was ich die ganze Zeit befürchtet hatte: Der alte Schreckensruf »Die Kosaken kommen!« ertönte.

»Die Kosaken kommen aus der Simostraße!«

Ich habe schon oft in meinem Leben eine Panik miterlebt, und danach hat es immer lange gedauert, bis ich meine Liebe zu den Menschen wiederfand. Bis zum Erbrechen habe ich das Menschentier verabscheut, jenes Massenwesen, das in einer Notlage alle Denkfähigkeit verliert und seine tierischen Instinkte zeigt, die sonst so sorgfältig hinter Bildung und Christentum und großen Worten verborgen werden. Aber das, was sich dort auf dem Hof abspielte, ist nicht mit Worten zu beschreiben. Die Männer stürmten über die Frauen und Kinder hinweg, die ganze Menschenmenge drängte gegen den stabilen Bretterzaun, der krachend einstürzte. Das Geschrei war entsetzlich, und es ist gar nicht auszudenken, was passiert wäre, wenn nicht in der Nähe des Zauns die russischen Soldaten gestanden hätten. Sie stellten sich wie eine Mauer vor die Menschenmassen und brachten sie zum Stehen. Einer von ihnen hob mich hoch und stand wie ein Denkmal, bis Stimmen ertönten, daß nirgends Kosaken zu sehen seien und der Ruf vorhin eine Provokation gewesen sei. Es war tatsächlich eine Kosakenpatrouille unterwegs gewesen, aber in die entgegengesetzte Richtung der Simostraße. Anatoli war bleich, sagte aber mit ruhigem Lächeln: »Die Menschen sind nun mal so, und trotzdem muß man ihnen helfen und sie erziehen.« […]

Als gewöhnliche Studentin

So kehrte ich also im Herbst nach Helsinki zurück, wo inzwischen jener junge Landtagsabgeordnete geheiratet und sogar schon seine Scheidung in die Wege geleitet hatte, während ich beschloß, allen Versuchungen des Lebens und allen Qualen der Verliebtheit zu entsagen und mich völlig auf die Prüfungen zu konzentrieren. Auf die Prüfungen – nicht die Vorlesungen, denn die brachten mir keinerlei Nutzen für die Prüfungen, wie sie überhaupt kaum jemanden in dieser Hinsicht nützen dürften, höchstens, daß dabei hin und wieder mal ein Körnchen Bildung in den aufnahmebereiten und bildungshungrigen Kopf eines vom Lande kommenden Studenten fällt.

Ich wurde also eine gewöhnliche Studentin, die ihr Examen ablegen wollte, sich an keinerlei »Geselligkeiten« beteiligte, in ihrer Bude wohnte, aß, wie es gerade kam, den Tag über in der Seminar- oder Universitätsbibliothek saß, auch an den Abenden noch lernte oder mit dem festen Freund und heimlich Verlobten ins Kino oder Theater ging, mit keiner Familie Umgang pflegte, nur selten auf Tanzabenden erschien und wenn, dann auch nur mit ihrem »Festen« tanzte. Die einzige ungewöhnliche Erscheinung im Leben dieser gewöhnlichen Studentin war das Interesse für den Landtag und seine Ausschüsse, das auch das Leben des »Festen« ausfüllte.

Ich hatte für die Abschlußprüfungen sehr viel zu lesen. Abgeschlossen mit laudatur hatte ich bisher nur die Nordische Geschichte und von der Allgemeinen Geschichte das Altertum. Das verhaßte Schreckgespenst, das Lateinexamen, pro exercitio, stand noch aus, und ohne das wurde man für die Abschlußprüfungen nicht zugelassen. Ich hatte Latein auf meine ganz spezielle Art gelernt, nämlich anhand der Übersetzung, und zwar von Cornelius Nepos bis Vergil. Ich beherrschte den gesamten Wortschatz, aber nicht die Grammatik, von der ich nur unzureichende Kenntnisse besaß. Mein Französisch half mir, den Text und dessen große Schönheit und Logik zu verstehen, aber ... Ich sah schließlich ein, daß die Grammatik das A und O für die Beherrschung von Latein war, und ging brav in die Grammatikvorlesungen von Professor Hildén. Allerdings begab ich mich gleichzeitig auch bei dem »gewissen Landtagsabgeordneten« in die Lehre. Er hatte das Lyzeum von Jyväskylä besucht und war ein echter Lateiner. Schließlich war ich so weit, daß ich es wagte, mich bei Professor Gustafsson zur Prüfung anzumelden. Er sah mich unter der hochgeschobenen Brille grimmig an, und ich wußte, daß mir ein steinhartes Schicksal bevorstand. Professor Gustafsson als Lateiner haßte alle Schüler von Realschulen und natürlich besonders die Mädchen, denen er Kirche, Küche und Kinder predigte und die er bei schriftlichen Prüfungen unmittelbar vor sich und weit auseinander zu setzen pflegte, so daß die Ärmsten keinerlei Möglichkeit zum Abschreiben hatten, was dafür von den Jungen in den hinteren Reihen um so eifriger betrieben wurde. So kam es, daß es unter meinen Bekannten viele Mädchen gab, die schon zum fünften Mal versuchten, das Examen abzulegen, es gab sogar welche, die nie bestanden hatten und deshalb Lehrerkandidaten werden mußten, weil in den dazugehörigen Prüfungen kein Latein verlangt wurde. Als Bild des Jammers saß ich zusammengesunken unter Gustafssons grausamen Blicken und schrieb im Schweiße meines Angesichts meine Übersetzung. Hinterher stellte ich fest, daß ich schreckliche Grammatikfehler gemacht hatte, und die plagten mich nächtelang bis zu dem Augenblick, da ich in der Zeitung die herrliche Freudenbotschaft las, daß ich pro exercitio bestanden hatte. Ich glaube nicht, daß ich es verdient hatte, wahrscheinlich war mir einfach das Glück hold gewesen.

Zur selben Zeit, da ich mich auf die Lateinprüfung vorbereitete, schrieb ich auch meine Abschlußarbeit über Volksdichtung für Professor Krohn. Ich behandelte das Gedicht »Am Grab der Mutter«, eines der bekanntesten estnischen Volkslieder, von dem es allein in Hurts Sammlungen über fünfhundert Versionen gibt. Ich fertigte darüber nach Krohns vergleichender Methode eine Versuntersuchung an, um den ursprünglichen Entstehungsort und die Entstehungszeit des Gedichtes sowie seine Verbreitung herauszufinden; dies ist das Ziel der vergleichenden Folkloreforschung, und nach dieser Methode haben zuerst Julius und dann Kaarle Krohn eine Geschichte der Kalevala-Runen geschrieben. Ich hatte die vergleichende Versuntersuchung schon in meinem ersten Studienjahr begonnen, mir aber inzwischen im Zusammenhang mit dem Marxismus die wissenschaftliche Methodik angeeignet und exakte, wissenschaftliche Arbeit schätzen gelernt. Und plötzlich entdeckte ich, daß in der ganzen Erforschung der Volksdichtung die aller unwissenschaftlichste Willkür herrschte – und war entsetzt. Man nahm willkürlich irgendeinen Vers und leitete davon die Entwicklung und Verbreitung des Gedichts ab, obwohl jeweils eine Version als Ganzes das Ausgangsmaterial hätte bilden müssen, wissenschaftlich-theoretisch betrachtet. Jede Version war eine Aussage des Sängers über seine Umwelt. Ich begriff auf einmal, daß die verschiedenen Lesarten nicht als zeitgleich zu betrachten waren, sondern als sukzessive Zeugenaussagen über den mentalen Prozeß, der das Gedicht hervorgebracht hatte. Ich gelangte also hinsichtlich der Entstehung eines Gedichtes zu einer entgegengesetzten Auffassung wie Professor Krohn und die vergleichende Folkloreforschung. Krohns Methode ging von der Annahme aus, daß ein Gedicht nur einmal entsteht, von Mund zu Mund geht und gleich einer Schneelawine wächst, also immer neue Verse in sich aufnimmt. Ich wiederum kam zu dem Ergebnis, daß das Gedicht, von verschiedenen Menschen unter gleichartigen Bedingungen geschaffen, sehr wohl mehrmals entstehen kann. Bei der Beschreibung des »Grabes der Mutter« stellt der Liedsänger zum Beispiel fest, daß Gras und Blumen auf dem Grab gewachsen sind. Er drückt es folgendermaßen aus: »War der Platz mit Gras bewachsen, war das Grab mit Grün bedeckt, wuchs der Hahnenfuß zu Häupten, sprossen Lilien an den Lenden« und so weiter. Bei der Beschreibung des Grabes bekommt man also die entsprechenden Variationen dadurch, daß man Blumen nennt, die auf den verschiedenen Körperteilen gewachsen sind, wobei die Blumen jeweils den Körperteilen zugeordnet werden, die den passenden Anfangsbuchstaben haben: Hahnenfuß zu Häupten, Lilien an den Lenden. Da die Anzahl der Blumen begrenzt ist und die Zahl der Körperteile ebenso, war es natürlich, daß das

Bestreben, das Grab und das darauf wachsende Gras zu beschreiben, an den verschiedenen Orten immer wieder zur Entstehung gleicher Strophen führte. Und nicht allein einzelne Strophen sind auf diese Weise entstanden. Singende Waisen gab es viele, und es war natürlich, daß ein Waisenkind das Grab seiner Mutter aufsuchte und es beschrieb, daß es der Mutter sein Leid und sein hartes Los klagte und die Mutter bat, aus dem Grab zu steigen und ihrem Kind zu helfen.

Ich entdeckte in der Versuntersuchung einen großen Schatz für wissenschaftlich-theoretische Analysen, mit denen man nachweisen kann, daß die gleiche Umgebung den Menschen gleiche Gedanken oder die gleiche Ideologie diktiert. Ich wies in meiner Versuntersuchung nach, daß an verschiedenen Orten und zu verschiedenen Zeiten immer wieder die gleichen Bilder in den Liedern entstanden sind, daß vom Standpunkt wissenschaftlich-theoretischer Forschung alle Verse eines Liedes wichtig sind und daß jeder Liedforscher eine wissenschaftlich-theoretische Ausbildung bekommen müßte. Und obwohl ich zu einem entgegengesetzten Ergebnis wie Professor Krohn gekommen war, muß ich zu seiner Ehre bemerken, daß er sich gleichermaßen für diese Möglichkeit einer neuen Untersuchungsmethode begeisterte, ungeachtet der Gefahr, daß damit die Grundlage seiner eigenen Behauptungen umgestoßen würde.

Er ließ meine halbfertige Untersuchung als Abschlußarbeit gelten und nahm mir das Versprechen ab, dasselbe Thema in meiner Dissertation zu behandeln, die ich dann ein Jahr später zu schreiben begann. Er verfolgte meine Arbeit mit großem Interesse, erwirkte mir beim Senat die Erlaubnis, die Dissertation in estnischer Sprache zu schreiben, und verfolgte ihr Schicksal bis zu ihrem traurigen Ende, dem Ausbruch des Weltkrieges, der mich zwang, die wissenschaftliche Arbeit aufzugeben. Meine Untersuchung hatte gleich einer Lawine immer mehr an Umfang zugenommen, und ich mußte feststellen, daß meine wissenschaftlich-theoretischen Kenntnisse nicht ausreichten. Ich hätte mich zu zusätzlichen Studien nach Dijon oder an die Sorbonne begeben müssen, dafür bekam ich in jener Zeit nicht die Mittel.

Das ist eigentlich schon eine andere Geschichte, und es war ein anderer Zeitabschnitt, aber auf jeden Fall stellte ich im Zusammenhang mit meiner Laudaturarbeit fest, daß sich kein Humanist mit einer wissenschaftlichen Methode vertraut machen kann, ohne große Hochachtung vor den exakten Wissenschaften zu empfinden und seinen ganzen Respekt vor den herkömmlichen, willkürlich-vergleichenden Untersuchungen einzubüßen. Ich habe seither kein in der Luft hängendes ideologisches Geschwätz mehr vertragen können, ganz besonders dann nicht, wenn Literatur ohne gesellschaftlichen Hintergrund behandelt und kritisiert und der Leser eingenebelt wird mit einer Menge von Zitaten, die letzten Endes überhaupt nichts erklären.

Der Professor nahm also meine schriftliche Arbeit an, und ich mußte mich auf die mündliche Prüfung vorbereiten, was entsetzlich langweilig war. Es war nämlich eine andere Sache, Versuntersuchungen anzustellen und sich mit den Versionen eines Volksliedes zu beschäftigen, als die »Geschichte der Runen des Kalevala« und die Ergebnisse von Krohns Untersuchungen zu studieren, denen ich ohnehin nicht mehr vertrauen konnte. Aber Kursus ist Kursus, und ich mußte einen ganzen Monat meines Lebens für diese völlig überflüssigen Studien opfern. Das verdroß mich maßlos. Ich hatte das Gefühl, das alles habe noch viel weniger Nutzen als die Mathematik in der Schule, und muß gestehen, daß ich mich während des Selbststudiums in der Volksdichtung manchmal geradezu nach Mathematik sehnte.

Dann traf es sich auch noch so dumm, daß ich am Heiligabend an Lugenentzündung erkrankte. Ich wollte Weihnachten heimlich bei eben jenem »jüngsten Landtagsabgeordneten« verbringen, wo außerdem nur noch Erland Aarnio als Anstandswauwau anwesend war. Es war mein erstes Weihnachtsfest fern von daheim und auch mein erstes Weihnachten zusammen mit meinem zukünftigen Mann. Wir hatten uns einen kleinen Weihnachstbaum besorgt und allerlei kalte Delikatessen eingekauft, und plötzlich, gerade beim Weihnachstpunsch, merkte ich, daß ich hohes Fieber hatte – fast vierzig Grad – und nicht mehr nach Hause konnte. Die Situation war richtig erschreckend. Die Jungen waren unglücklich und ratlos, bis sich Aarnio vertrauensvoll an Mauno Heurlin wandte, der auch kam und die komplizierte und kritische Situation erkannte (heiliger Himmel, zu dieser Zeit in der Wohnung eines jungen Mannes zu erkranken!). Er wußte um seine Schweigepflicht und versuchte nach besten Kräften zu helfen, wobei er sich vor allem wunderte, wie ausgezeichnet ich das hohe Fieber ertrug. Er versprach, eine verschwiegene Krankenschwester zu besorgen. Die Jungen beruhigten sich, und ich selbst war so krank, daß ich mich zum Glück nicht mehr um meinen Ruf kümmerte. Aus meiner Wohnung wurden die notwendigen Kleidungsstücke geholt, mit der Erklärung, ich sei aufs Land gefahren, wobei ich nicht weiß, ob meine Wirtin recht daran glaubte. Jedenfalls wurde ich so gut gepflegt, daß ich genas, obwohl ich im Krankenbett für die Prüfung in Volksdichtung lernen mußte. Die Prüfung war nämlich auf Mitte Januar festgesetzt, und den Termin mußte ich unbedingt einhalten, weil ich auch noch die Arbeit in Allgemeiner Geschichte zu schreiben hatte. Ich weiß heute noch nicht, was damals schwerer zu ertragen war, die Lungenentzündung oder die Prüfungsvorbereitungen in der

Volksdichtung. Jedenfalls erschien ich bleich und elend bei Krohn zur Prüfung und bestand sie, ich glaube, hauptsächlich wegen meiner Blässe und dank Kaarle Krohns gutem Herzen. Denn wie hätte er es auch fertigbringen sollen, mich durchfallen zu lassen, die ich mich gegen die vergleichende Methode in der Erforschung der Volksdichtung gestellt hatte, mich, von der er sich aus irgendeinem unbegreiflichen Grund Hilfe bei der Belebung der Forschung erhoffte – und sei es durch einen kleinen Skandal.

So war ich also endlich die ganze Volksdichtung los, und vor mir lag der dornenvolle Pfad der Allgemeinen Geschichte und der Ästhetik, vor allem die Examensarbeit in Allgemeiner Geschichte, in der ich auch die Abschlußarbeit, pro gradu, schreiben mußte. Professor Schybergson las damals über Heinrich IV. und hatte sich ganz und gar auf diese Epoche der Navarrer spezialisiert, so daß er uns Arbeiten über dieses Thema vorschlug, zumal in der Universitätsbibliothek zahlreiche Werke mit Memoiren aus jener Epoche vorhanden waren und somit die Möglichkeit bestand, sich anhand von Originalquellen damit zu beschäftigen. Da ich zu denjenigen gehörte, die Französisch konnten, empfahl er mir, unbedingt die Regierungsform der Navarrer zu untersuchen. Ich schrieb also eine wissenschaftliche Abhandlung über den Absolutismus Heinrichs IV. und bekam dabei erstmals die Gelegenheit, die Methode des historischen Materialismus bei der Erforschung einer weit zurückliegenden Epoche anzuwenden. Das wurde für mich eine wunderbare Zeit. Ich saß nahezu zwei Monate lang fast von morgens bis abends in der Universitätsbibliothek, vertieft in die Memoiren aus jener Zeit und in die Werke großer französischer Forscher, und das Ergebnis war also meine eigene Untersuchung, die als prachtvollen Titel den Marxschen Satz trug: »La propriété, c'est vol« – »Eigentum ist Diebstahl«. Ich wies darin ganz rigoros nach, daß sich die absolutistische Regierungsform Heinrichs IV. in Frankreich mit Hilfe des aufstrebenden Stadtbürgertums entwickelte, das seinerseits die Selbstherrschaft des Königs brauchte, um die Feudalherren im Zaum zu halten, die auf ihren autonomen Schlössern in den Provinzen den Handel und seine Entwicklung behinderten. Ich schilderte die wirtschaftliche Lage Frankreichs und wies nach, daß die Entwicklung des Kapitalismus zu jener Zeit die Regierungsform diktierte. Leider ist mein auf deutsch verfaßtes Manuskript verlorengegangen, denn Martna nahm es seinerzeit mit nach Berlin zu Mehring, der es in der »Neuen Zeit« veröffentlichen sollte, verlor es aber unterwegs, und ich habe niemals mehr das Interesse aufbringen können, es aus den alten Notizen neu zusammenzustellen. Mich schaudert, wenn ich daran denke, wie mechanisch meine ganze Untersuchung war, auch wenn es mir gelungen war, in den Memoiren sehr treffende Beweise für meine Behauptungen zu finden. In den Augen Schybergsons wie auch Gunnar Suolahtis zählte jedoch vor allem die Tatsache, daß ich einen selbständigen Standpunkt und eine eigene Meinung hatte, und das Ergebnis war, daß meine Laudaturschrift mit geradezu beschämendem Lob angenommen wurde und ich beim Examen die höchste Bewertung und in der schriftlichen Arbeit den ersten Platz erreichte, wobei sogar Professor Laurila, der an derselben Abschlußprüfung teilnahm, nach mir kam; hoffentlich hat er nachher meine Schauspiele nicht gehaßt. Aus den Zeitungsausschnitten ersehe ich, daß am selben Examen außer Professor Laurila auch noch Professor Kaira und Eino Palola sowie Bergrat Åke Gartz teilnahmen.

Damit waren also meine beiden Laudaturschriften angenommen, und ich begann mich eifrig auf die mündliche Prüfung in Allgemeiner Geschichte bei Gunnar Suolahti vorzubereiten. Ich mußte zu dem Zweck Rankes ganze »Französische Geschichte« durchlesen. Außerdem hatte ich mit freundlicher Zustimmung Suolahtis in den Kursus auch Jaurés »Geschichte Frankreichs« und andere Sachen aufnehmen können, und ich las alle meine Kurslehrbücher mit viel Interesse und Eifer, so daß mir trotz der Länge des Kurses die Sache wie ein Spiel erschien. Ich wollte nur zwei Laudaturkurse sowie in Ästhetik und Russisch Cum-laude-Kurse belegen.

In Ästhetik liefen im Frühjahrssemester Seminarübungen unter Leitung des kurz zuvor zum Dozenten ernannten heutigen Professors Gunnar Castrén, und Professor Söderhjelm redete mir zu, daran teilzunehmen, dadurch würde ich mit Hilfe der Seminararbeiten leicht cum laude erreichen können. In dem Seminar waren wir dann eine eigenartige Schar: alle damaligen schwedischen »Dichterjünglinge« sowie Eino Palola und ich. Zu den ersteren zählten Runar Schildt, Georg Gripenberg (ach herrje, Minister Gripenberg war früher ein Dichterjüngling!), Agnes Langenskiöld, Synnöve Gripenberg, Josef Volontis und Henning Söderhjelm. Wir hatten in unseren Vorträgen Tegnér zu behandeln, und der Professor verteilte dazu verschiedene Themen. Das Seminar wurde auf schwedisch gehalten, aber weil ich das damals noch nicht genügend beherrschte, bat ich um die Erlaubnis, meinen Vortrag auf finnisch oder deutsch schreiben und auch bei meinen mündlichen Äußerungen eine dieser beiden Sprachen benutzen zu dürfen – je nachdem, welche meinen Kommilitonen lieber sei. Es kam zu einer Abstimmung, und das Ergebnis war überraschend: Ich sollte Deutsch und nicht Finnisch verwenden. Für Finnisch stimmte nur Eino Palola. Weil ich auch die schwedische Literatur nicht, wie die anderen, beherrschte, schlug ich vor, in meinem Vortrag einen deutschen Schriftsteller der Aufklärung zu behandeln. Daraufhin bekam ich ein Thema zu Lessing und sollte seine ästhetischen Theorien auf der Grundlage des »Laokoon« behandeln. So war das Seminar also geregelt worden, und die Vorträge begannen. Die Dichterjünglinge schrieben nach Kräften hübsche, glatte Beschreibungen verschiedenster Werke. Da beschloß ich, boshaft zu sein, und fing aus purem Vergnügen an, bei der anschließenden Bewertung die netten Elaborate zu verreißen und Doktor Castrén hinterhältige Fragen zu stellen, mit dem einzigen Ziel, den jungen, gutaussehenden Doktor aus der Fassung zu bringen, der immer schon zusammenfuhr, wenn er meine kalte, offizielle Wortmeldung »Herr Doktor!« hörte. Ich stellte dem Herrn Doktor die Frage, ob diese Vorträge auch noch einen anderen Zweck erfüllten als die bloße Erläuterung des Inhalts von Tegnérs Werken. Ich erklärte, daß sie auf mich genauso wirkten, als würde man den Mond am Himmel als flache 20-Mark-Goldmünze beschreiben, die mit unsichtbaren Nägeln am Firmament befestigt ist, während doch meines Erachtens Leute, die auf Universitätsebene wissenschaftlich arbeiten, dazu verpflichtet seien, auch das darzustellen, was sich dem flüchtigen Blick nicht zeigt, demzufolge müsse also auch hingewiesen werden auf die Aussagen etlicher Astronomen über die eindeutige Kugelform des Mondes und die verschiedenen Täler und Gebirge an seiner Oberfläche, ganz zu schweigen von seinen unleugbaren Bewegungen am Himmelsgewölbe und den Sternen, von denen er sein Licht bekommt. Somit sei meiner Meinung nach auch bei wissenschaftlicher Beschäftigung mit Tegnérs Werken zu verlangen, daß diese eingeordnet würden in eine bestimmte Periode der schwedischen Literatur innerhalb der sich entwickelnden schwedischen Gesellschaft. Dialektik, Dialektik! So also verriß ich die Vorträge, und es war für mich natürlich leicht, vom Felsenberg des historischen Materialismus aus zuzusehen, wie meine Kameraden hilflos im Sumpf der Literatur zappelten. Aber meine unverschämten Äußerungen riefen großen Aufruhr unter der Dichterjugend hervor und führten zu einem nie dagewesenen echten Meinungsstreit im friedlichen Rahmen des Seminars. Die Vortragsstunden gestalteten sich regelrecht spannend, während der junge Doktor am Katheder abwechselnd rot und blaß wurde. Er möge mir verzeihen, aber das Ganze war für mich ein unglaublicher Spaß, wobei ich wahrhaftig keinem der Dichterjünglinge etwas Böses wollte.

Endlich kam mein Vortrag an die Reihe. Zu meinem Opponenten war, glaube ich, Runar Schildt bestimmt, aber mein Vortrag, der, wie gesagt, Lessings »Laokoon« behandelte, ging schon vorher von Hand zu Hand, und die ganze Dichtergarde bereitete sich darauf vor, mit Piken und Lanzen über mich herzufallen. Genug Angriffsfläche war natürlich vorhanden. Unverfroren erklärte ich die ästhetischen Theorien in Lessings »Laokoon« mit dem Aufstieg des deutschen Bürgertums und seiner Befreiung vom Würgegriff des Feudalismus, ich erläuterte die Abhängigkeit der Ästhetik von der ökonomischen Entwicklung, wobei ich auf Engels, Avenarius und Mach hinwies und verwirrende, tollkühne Dinge zitierte, so daß meine Dichterchampions gar nicht in der Lage waren, mich zu widerlegen. Dazu wären nämlich Waffen nötig gewesen, die man sich in ein paar Wochen ästhetischer Seminararbeit nicht aneignen konnte, und das Ergebnis war, daß mein Bluff großartig gelang. Professor Söderhjelm wünschte meinen Vortrag zu sehen und nahm ihn zu meinem großen Entsetzen als Laudaturschrift an. Aber gleichzeitig ließ er sich auch die anderen Vorträge zeigen, weil Henning Söderhjelm anscheinend zu Hause von all den kleinen Skandalen und meinen

Kritiken im Seminar berichtet hatte, und die Folge war, daß die Dichterjugend ihre Vorträge noch einmal schreiben durfte, während ich der Hahn im Korbe war. Ich war tief niedergeschlagen über diese verdiente Strafe und wußte nicht, wie ich den Kommilitonen mein herzlos erscheinendes Spiel erklären sollte. Daß ich nur Verwirrung in Doktor Castréns vollkommen ästhetischer Seele hatte hervorrufen wollen, war natürlich keine ausreichende Begründung. Runar Schildt verzieh mir allmählich, als er ein bedeutender Schriftsteller geworden war, und Synnöve Gripenbergs goldene Seele konnte ohnehin nicht nachtragen. Mit Georg Gripenberg, der nacher Minister in London wurde, sprach ich bei einem Abendessen im Londoner »Savoy« anläßlich der Premiere der »Frauen von Niskavuori« in aller Freundschaft über die Zeiten des Ästhetikseminars, und wir sehnten uns nach der Ausgelassenheit unserer Jugendtage. Auch Josef Volontis traf ich vor ein paar Jahren in Stockholm als angehenden Schauspielautor wieder.

So also endete jenes herrlich übermütige Seminar, und zur Strafe durfte ich mich im Frühjahr im letzten Augenblick statt auf die Cum-laude auf die Laudatur-Prüfung in Ästhetik vorbereiten und die Prüfung in den letzten Maitagen bei Werner Söderhjelm selbst ablegen. Es *war* wirklich eine Strafe, neben dem Kurs in Allgemeiner Geschichte noch den ganzen Laudaturkurs in Ästhetik von »Tasso« bis Shakespeare zu lesen, wobei Söderhjelm nachher in der Prüfung von Hans Sachs und Petrarca bis zu Shakespeares Sonetten sprang, sich aber schwer hütete, mich nach Shakespeares Dramen zu fragen, die ich, ach, so treulich gelesen hatte.

[...]

Schließlich kam der einunddreißigste Mai und damit die öffentliche Zeugnisverteilung. Es war dies das letzte Überbleibsel der ehemaligen allgemeinen Prüfung, eine

Veranstaltung, auf der alle Professoren anwesend waren und an die glücklichen Kandidaten die Universitätsdiplome ausgeteilt wurden. Wir waren wohl ungefähr zehn Kanditaten. Die zuständigen Professoren gingen herum und gratulierten jedem mit Handschlag, sogar Söderhjelm selbst, der die Sache allerdings sehr kurz abtat. Und der Dekan, der eine Rede an uns halten sollte, ging mit ausgestreckter Hand von einem zum anderen und murmelte etwas vom Salz des Landes. Vermutlich sagte er noch mehr, ich habe aber nichts weiter verstanden als: » … Salz des Landes …, Salz des Landes …, Salz des Landes …«

Vielleicht betrachtete uns die Universität ja tatsächlich als Salz des Landes – also Konservierungsmittel, das dieses Land so bewahren sollte, wie es war, damit keine gefährlichen ideologischen Infekte aus anderen Ländern Verderb in Form von Liberalität im selbstzufriedenen Körper der Nation hervorriefen. Jenes »Salz des Landes« hätte große Lust gehabt, dem Dekan seine diesbezüglichen Zweifel ins Gesicht zu sagen, aber dazu war gar nicht die Zeit, die Veranstaltung dauerte nur ein paar obligatorische Minuten. Und dann spie uns die Universität aus auf die Treppe zum Großmarkt, wo, wie ich schon früher berichtete, der Junge vom Landtag auf mich wartete, mit drei roten Rosen in der Hand; danach machte ich mich langsam und müde auf den Weg, um meinem Vater zu telegrafieren.

Adieu Universität!

Das war also mein Abgang von der Universität. Allerdings hatte ich damals die Absicht, im Rahmen meiner Dissertation dorthin zurückzukehren, tatsächlich aber kam ich bereits ein Jahr später zurück, um Jura zu studieren und Jurist zu werden wie mein Mann. Dieses Studium unterbrach dann allerdings der Weltkrieg.

Was bekam ich von der Universität außer dem Diplom? Sehr wenig – oder besser gesagt, nichts. Freundlichkeit wurde mir von allen Professoren zuteil, aber keine Lehre, eben das, weshalb ich eigentlich auf die Universität gekommen war. Die Vorlesungen waren unpersönlich, niemand versuchte je, mich zu lehren oder anzuleiten, außer Kaarle Krohn – aber der hatte so wenig zu lehren. Die Schulen stießen uns direkt in die akademische Freiheit der Universität, die tatsächlich so unbegrenzt war, daß es niemanden interessierte, was wir in und mit dieser Freiheit anfingen. Die Professoren lernten uns nicht in den Vorlesungen kennen, sondern erst in den Prüfungen, zu denen wir uns ohne irgendwelche Ratschläge oder Hinweise ihrerseits anmeldeten. Höchstens durften wir gelegentlich – wie bei Suolahti – ein bestimmtes Kurslehrbuch nach eigenem Geschmack gegen ein anderes austauschen. In den Landsmannschaften lernten vielleicht die Lebhaftesten von uns ihre »Inspektoren« kennen, oder eigentlich nur diejenigen von uns, die »mitmachten« und sich im Vordergrund hielten, der Rest der vielen hundert Mitglieder blieb den Inspektoren gänzlich unbekannt. Der Rektor gar kannte bestenfalls diesen oder jenen prominenten Vertreter einer Landsmannschaft. Auch der Dekan wußte kaum etwas von uns, bevor wir hingingen, um ihm unsere Prüfungsfächer mitzuteilen, oder er gegen jemanden einen Tadel aussprechen mußte. Ja, in der Tat kannte auch der Rektor aus der Schar der gewöhnlichen Studenten diejenigen, die von ihm einen Tadel empfingen, doch waren das im Grunde genommen sehr wenige, nur hin und wieder Fälle von Trunkenheit, denn politische Demonstrationen waren zu jener Zeit noch nicht in Mode.

Ja, die akademische Freiheit. Es war ein schönes Wort und ein schöner Begriff, aber niemand lehrte uns, mit dieser Freiheit umzugehen, abgesehen davon, daß die eben von der Schulbank gekommenen Jungen die Freiheit hatten, in der Kneipe zu sitzen – falls sie Geld besaßen. Und wir hatten die Freiheit, Studienkredite aufzunehmen, mit deren Hilfe dann viele von uns in der Kneipe sitzen konnten. Es war das goldene Zeitalter der Wechsel. Die Banken kauften nur allzu bereitwillig Studenten- oder Magisterwechsel an, und die Jungen gerieten viel zu sehr in Versuchung, zumindest jene, die Väter mit bekannten Namen oder entsprechende Verwandte und Bekannte hatten. Es wurde regelrecht Sport getrieben mit dem Sammeln von Namen für die Wechselanträge, und die Frechheit der Jungen kannte in dieser Hinsicht manchmal keine Grenzen. Und mit dem so erworbenen Geld saß dann die goldene Jugend im »Kämppi« und bei Kleine oder Sigrid Nyberg, ganz zu schweigen von »Kappeli« und »Kaisaniemi« oder »Alppila«, wohin man mit der Kalesche fuhr, was der Gipfel der Eleganz war.

Akademische Freiheit. Niemand lehrte uns deren großen historischen und wissenschaftlichen Wert, niemand erzog uns zur Achtung gegenüber den Wissenschaften und den wissenschaftlichen Methoden, die wir Studenten ja weiterverbreiten sollten. Niemand kümmerte sich geistig um das »Salz des Landes«, als das man uns bezeichnete. Ich bin später mit wehmütigen Neidgefühlen durch die Säulengänge von Cambridge und Oxford gegangen, durch die Speisesäle, Gesellschaftszimmer und Bibliotheken der dortigen Colleges und habe mit Entzücken die grauhaarigen Dons betrachtet, die auf Steinbänken auf dem jahrhundertealten Rasen mit den jungen Studenten saßen und sie bei ihrer Entwicklung betreuten. Mit Neid habe ich das Leben in den Diskussionsklubs der englischen Colleges beobachtet und daran gedacht, wieviel der Jugend meiner Zeit, sogar auch noch der meiner Tochter, an Entwicklungsmöglichkeiten auf unseren Universitäten verlorengegangen ist.

Wenn ich heute zurückdenke, so hat mir die Universität nichts gegeben oder geboten, ich habe ihr vielmehr mit meiner ganzen Dreistigkeit und Kraft selbst alles entrissen, was ich irgend bekommen konnte. Und das war nicht viel. Anatoli gab mir viel mehr, als mir die Universität damals in … zig Jahren hätte geben können.

Aber ein Geschenk machte mir die Universität dennoch: ihre Bibliothek. Ich denke natürlich auch nicht ohne Wärme an die Fußspuren meiner Jugend auf den abgetretenen Steinstufen der Universität und den Schwellen ihrer Hörsäle zurück, und ich muß zugeben, daß sich mein Herz zusammenkrampfte, als Bomben die Pracht der Aula vernichteten und die alten Hörsäle zerstörten. Aber meine ganze Liebe und Verehrung gilt der Bibliothek, und zwar ihrer äußeren wie inneren Vornehmheit. Dort im Reich der Bücher wohnt alle die Freiheit und Toleranz, die wissenschaftliche Methodik und die Lehre von den Entwicklungsmöglichkeiten der Menschheit, all das, was ich mir an der Universität selbst zutage gefördert habe. Bis dorthin gelangten vermutlich auch nicht die jüngsten Versuche unserer nazifreundlichen Professoren, die Gedankenfreiheit zu beseitigen. Die Bibliothek war auch während der Kriegsjahre die letzte geistige Heimstatt der Freiheit, wenn auch die geistige Freiheit in hohem Maße evakuiert war.

Die Familie, aus der ich stamme

In Estland stand mein Elternhaus, das sein ganzes Vermögen für meine Erziehung und Ausbildung aufgewendet hatte und von mir Unterstützung bei der Ausbildung meiner Schwestern und meines Bruders erwartete, wofür die Mittel meines Vaters nicht mehr reichten. Ich kenne nicht viele Familien, in denen die Kinder so an ihren Eltern und auch aneinander hängen wie bei uns zu Hause. Vielleicht kam es daher, daß meine Eltern nur für uns Kinder lebten, daß wir den Hauptinhalt ihres Lebens bildeten. Solange ich denken kann, hatten unsere Eltern kein anderes Interesse als uns Kinder und die nationale Politik Estlands. Bis zu meinem Abitur erhielt ich zu Hause alles, was ich irgend wünschte. Es kam kaum jemals in Frage, daß meine Mutter oder mein Vater für sich selbst etwas angeschafft hätten, wenn wir Kinder gerade etwas brauchten. Ich durfte während meiner Schulzeit Konversationsstunden in Französisch nehmen, und ich wurde auf das beste Musikinstitut geschickt, um neben der Schule Klavier und Musiktheorie zu lernen. Wir Kinder wurden gut gekleidet, damit wir uns, wie unsere Mama sagte, nicht neben den anderen zu schämen brauchten. Alle Bücher, die wir benötigten, wurden für uns angeschafft. Unser ohnehin gastfreundliches Haus stand auch immer für alle unsere Schulkameraden offen. Von ihnen wimmelte es nur so bei uns, denn die Stadt Walga war ein großer Eisenbahnknotenpunkt, und viele unserer Schul- und Studienkameraden stiegen dort um. Die meisten hingen sehr an unserem Elternhaus, verschmolzen sogar regelrecht mit ihm, wie General Sternbeck, der nur auf der Durchreise in unser Haus geriet und uns dann im Laufe der Jahre fast zu einem Bruder wurde. Er nahm freiwillig Anteil an all den Riesensorgen unserer Familie, wobei ich bemerken muß, daß auch die Familie Anteil am Schicksal ihrer »Pflegekinder« nahm und unsere Mama ihnen allen eine Mutter war. Die Familie gab, solange sie etwas zu geben hatte, und als das nicht mehr der Fall war, hatten wir Kinder eben in gleichem Maße der Familie zu geben. Und unsere Mutter verlangte, daß die Familie in unserem Leben die gleiche Rolle spielen solle, die wir im Leben der Familie gespielt hatten. Es war schwer, ihr begreiflich zu machen, daß es in unserem Leben mittlerweile so vieles gab, was der Familie fremd war, nicht nur Nationalität und Volk, sondern auch die Gesellschaft, deren Forderungen oft dringlicher waren als die der Familie. Es war rührend zu beobachten, wie meine Eltern versuchten, mit ihren Kindern Schritt zu halten, sich verzweifelt bemühten, uns zu verstehen. Aber meine Mutter begriff nicht, daß sie uns nicht jede ihrer kleinen und großen Sorgen hätte erzählen und unaufhörlich klagen dürfen. Ihre Briefe wurden für uns Kinder zu einem Schrecknis, mit all den ewigen Klagen über ihre Geldsorgen, ihre Schulden, die sie belasteten, über ihre Angst, sie und der Vater würden eines Tages völlig hilflos sein und so weiter. Während der ersten sieben Jahre in Finnland, also bevor ich wirtschaftlich unabhängig war, öffnete ich keinen Brief meiner Mutter ohne Angst- und Schreckensgefühle. Die Briefe meines Vaters waren anders, er versuchte zu lächeln, er lächelte uns an, und er lächelte auch über sein Schicksal.

Als wir alle, mit Ausnahme meiner jüngsten Schwester, aus dem Nest geflogen waren, senkte sich Einsamkeit über das Haus, das so voll pulsierenden Lebens und fröhlicher Betriebsamkeit gewesen war. Meine Mutter hatte immer gesagt, daß sie nur ihren eigenen Kindern zuzusehen und zuzuhören brauche, um zu wissen, daß sie an der Welt und ihren Ereignissen teilhabe.

Meine Eltern lebten stets über ihre Verhältnisse, und wir Kinder lebten über unsere Kräfte, indem wir immer um die Hälfte mehr arbeiteten, als unsere physischen Kräfte erlaubt hätten. Aber wir haben von unseren Eltern eine so robuste Gesundheit geerbt, daß nur extreme Gleichgültigkeit bisher die beiden jüngsten von uns ins Grab gebracht hat.

Wir mochten unsere Eltern sehr. In allen Wirrnissen,

Revolutionen und Kriegen dachten wir an sie. Als ich im Jahre 1916, während des Krieges, wirtschaftlich unabhängig wurde, schrieb ich an meinen Vater: »Papa, ich sehe dein Haus wachsen. Die Wände stehen, und das Dach ist drauf, und das erste Geld, das ich von nun an verdiene, geht in die Einrichtung deines Hauses ...«

Dieses Haus baute ich ihnen dann auch in Marlebäck und übergab meinem Vater den Schlüssel. Das war ihrer Meinung nach völlig natürlich. Mama kam wohl nicht einmal auf die Idee, sich zu bedanken. Ich hatte ihnen schließlich versprochen, daß ich alle ihre Schulden bezahle, wenn ich reich werde, und sie hätten dann nie mehr wirtschaftliche Sorgen. Die hatten sie nun ja auch nicht mehr. Und das Leben ging für sie weiter, ohne daß sie sich groß gewundert hätten, alles mußte eben so sein. Aber ich wunderte mich, wenn ich es ihnen auch nicht sagte. Mama nahm kaum zur Kenntnis, daß ich einen schönen Flügel gekauft hatte, auf dem später auch sie spielte, aber sie schalt mich, weil auf dem Flügel Staub liege und ich ein schlechtes Stubenmädchen hätte.

Meine Mutter kam aus einem begüterten, einsamen Haus. Auf Grund bestimmter Verwandtschaftsbeziehungen war sie in eine unter Leitung von Probst Behse gegründete aristokratische Internatsschule im Schloß Boccardi gekommen. Von dort holte ihr Vater sie als Fünfzehnjährige nach Hause, da ihre Mutter plötzlich gestorben war und fünf Kinder zurückgelassen hatte, von denen sie das älteste war. Etwa zehn Jahre lang, bis zu ihrer Heirat, versah sie selbständig die Hausfrauenpflichten in dem großen Haus und erzog ihre Geschwister zusammen mit ihrem sonderbaren Vater, der um seine Frau trauerte und kaum ein Wort zu seinen Kindern sprach. Meine Mutter mußte sich darein finden, daß die Orgel der alten Kirche gekauft und ins Haus geholt wurde, wofür extra die Decke im Salon erhöht werden mußte. Es kam vor, daß ihr Vater mitten in der größten Arbeit einen Mann vom Feld holen und den Blasebalg treten ließ, und dann spielte er stundenlang, auch seine eigenen Improvisationen. Er hatte sich das Orgelspielen selbst beigebracht, und in dem Spiel ertränkte er einen Teil seines gewaltigen, aufbrausenden Temperaments.

Ich weiß noch, wie einmal, als ich vier Jahr alt war, mitten im heißen Juli ein Mann zu Pferde bei uns angaloppiert kam und rief, das Hauptgebäude von Luppe stehe in Flammen. Der Blitz hatte dort eingeschlagen und den Mann meiner älteren Tante getötet, der im Salon zwischen zwei Fenstern gesessen hatte. Meine jüngste Tante Emma hatte ihm gegenüber auf einer alten Ofenbank gesessen, ihr hatte der Blitz nur das Haar und die Arme verbrannt. Ich erinnere mich, wie man Tante Emma eingrub, so daß auch der Kopf in der Erde war und nur das Gesicht herausschaute. Die Erde sollte die Spuren des Blitzes heilen. Tatsächlich genas Tante Emma, und ihr wuchsen wieder schöne goldene Haare. Die Erde heilt ... Als Kind stellte ich mir vor, daß die Erde auch im Grab den Menschen wieder genesen läßt. Das unter dem Sofatisch gefundene Skelett meines Onkels wurde ebenfalls begraben, und ich wartete lange, daß er im Grab gesunden würde. Er hatte mir immer in der Jackentasche Bonbons mitgebracht.

Bei dem Brand wurde viel vernichtet, unter anderem die große Aestica-Bibliothek, für die schon mein Urgroßvater Bücher gesammelt hatte, vom ersten Katechismus Estlands angefangen. Und zur Freude der Kinder von Luppe verbrannte auch die Orgel. Der Großvater spielte danach nicht einmal mehr in der Kirche, auch nicht auf der neuen Orgel; aber das Feuer schwelte in ihm, es brach tosend heraus und richtete sich gegen die Menschen und seine ganze Umgebung. Mama hatte dasselbe

Temperament, wenn auch die Arbeit und die Sorge mit den Kindern sie im Zaum hielten. Aber sie wurde genauso leicht böse wie ihr Vater, und wir Kinder bekamen häufig Prügel von ihrer leichten Hand, die ganz meisterhaft mit der Rute umging. Ich bin überzeugt, daß bei uns auch etwas anderes gewirkt hätte als die Rute und das dunkle Zimmer, in dem auch ich saß, meinen Selbstmord plante und mich an dem Gedanken weidete, wie Mama voller Verzweiflung ihre Grausamkeit bereuen würde. Diese Vorstellung genoß ich so lange, bis ich mit der armen Mama Mitleid bekam und beschloß, doch lieber keinen Selbstmord zu begehen.

Unsere erste Hauslehrerin war eine boshafte alte Jungfer, der wir Frösche ins Bett steckten, zu denen wir verzweifelt noch ein passendes kleines Krokodil suchten. Die Prügel hatten wir also meistens verdient, und wir wagten auch nicht, uns bei Mama zu beschweren, selbst wenn uns das »Fräulein« in der Ecke auf Erbsen knien ließ. Die nächste Stufe der Bestrafung war Knien auf Salz. Als wir uns daraufhin bei Papa beschwerten und sich auch Mama inzwischen mit dem Fräulein, ihrer früheren Schulkameradin, überworfen hatte, wurde ich zum Großvater nach Luppe geschickt, und das Fräulein verschwand aus unserem Haus.

Mama hatte wahrhaftig ihr Tun mit uns. Als mein Vater auf der Gedenkfeier zur Befreiung des estnischen Volkes eine Rede hielt, hatte Baron von Stryk sich Helfershelfer gedungen, die meinen Vater mit Steinen bewerfen sollten. Ich war, glaube ich, damals vier oder fünf Jahre alt und meine Schwester zwei Jahre jünger, als wir abends von der Feier nach Hause gingen und es Steine auf uns zu regnen begann. Meine Mutter stieß uns Kinder in den Graben, warf sich über uns und schrie um Hilfe. Mein Vater bekam einen Schlag gegen die Schulter und stürzte. Das war meine erste Begegnung mit dem politischen Kampf, und schon sehr früh lernte ich, was Herrenhof und Baron, was Kirche und Pfarrer bedeuteten. Als alter Kirchenfeind sorgte mein Großvater dafür, daß ich einen Unterschied zu machen lernte zwischen Gott und Kirche, was dazu führte, daß ich mich später weigerte, zum Konfirmandenunterricht zu gehen, obwohl ich als Kind das Vaterunser für alle, für Papa, Mama und meine Geschwister, für Großvater, Tante Leeni und sogar für unseren Hund Loora gebetet hatte. Wenn die Sonne unterging und Dunkelheit das Tal einhüllte, versteckte ich mich am Giebelfenster des Salons hinter den Blumen und betete um Hilfe gegen die Dunkelheit.

Es war nicht leicht, das Leben meiner Mutter, an der Seite eines Mannes, der die Worte Freiheit, Recht und Gewissen mit großen, das Wort Menschenliebe aber mit den allergrößten Buchstaben schrieb, der gegen das Patronatsrecht der Barone und für die Volkskirche Estlands kämpfte und zu sechs Monaten Gefängnis verurteilt wurde, weil er angeblich eine Ikone, einen russischen Gott, in einer öffentlichen Einrichtung gelästert hatte. Die russische Regierung verlangte nämlich zu jener Zeit, daß in jeder öffentlichen Einrichtung, unter anderem im Gemeindehaus und in den Sitzungssälen der Gemeindeversammlung und des Gemeindegerichts, eine Ikone aufgestellt werden mußte, auch wenn es weit und breit keinen einzigen griechisch-orthodoxen Bürger gab. Der Baron bestellte dieselben Männer, die damals meinen Vater zu steinigen versucht hatten, und ließ sie einen Meineid schwören. Sie hatten angeblich gesehen und gehört, wie mein Vater mit groben Worten den »Dorfgott« schmähte. Weil die einzigen Schimpfwörter, die mein Vater benutzte, lauteten: du Nominativ, du Genitiv, du Dativ und undefinierbares Objekt, war es unmöglich, im ganzen Kirchspiel auch nur einen Menschen zu finden, der daran glaubte, daß Papa sich grob ausgedrückt hätte. Aber der russische Friedensrichter von Viljandi verurteilte ihn, und nur die anläßlich des Todes von Alexander III. verkündete Amnestie rettete ihn vor dem Gefängnis. Ich war damals erst fünf, aber ich erinnere mich an die Verzweiflung meiner Mutter, als sie die Sache durch fremde Leute erfuhr.

Die Familie wuchs. Ständig herrschte Geldmangel, denn mein Vater vertrat sowohl politische Fälle als auch allgemein die Angelegenheiten armer Leute und war außerdem mit einer großen literarischen Arbeit beschäftigt. Er schrieb nämlich damals ein juristisches Werk über das Kommunalrecht, das dringend benötigt wurde für jene sonderbare erste Rechtsinstanz der Landgemeinden, die man Bauerngericht nannte. Um 1894 ging mein Vater als Rechtsanwalt nach Walga, und für Mama wurde eine Buchhandlung gekauft, von der ich schon im ersten Teil meiner Memoiren berichtet habe. Mein Vater, der, wie er selbst sagte, seit vielen Generationen abstinent war, wurde zum Vorsitzenden des Abstinenzlervereins gewählt, um den sich das nationale politische Leben ebenso konzentrierte wie auf dem Lande um die Landwirtschaftsvereine. Die Esten durfen ja nicht politisch tätig sein. Dafür sorgten sowohl die Russen als auch die Barone. Aber das Haus meiner Eltern wurde zu einer Art Zentrum, in dem sich die national denkenden Kräfte der Stadt versammelten. Mama hatte ihren Gesangverein und ihren Schauspielverein, und außerdem kamen immer Leute in unser offenes Haus, auch Verwandte und Freunde vom Lande. Junge Mädchen aus der Verwandtschaft kamen als Aushilfe und Lehrmädchen zu Mama, sie sollten Hauswirtschaft und Handarbeit lernen und ihre Aussteuer fertigstellen. Geld wurde dabei nicht eingesetzt. Die Mädchen brachten reichlich Lebensmittel, wie Hühner, Gänse, Ferkel und Butter mit. Solche Sachen kamen auch aus dem Haus meines Großvaters, so daß unser recht breites, gastfreundliches Leben nicht allzuviel kostete. Mama war an ein großzügiges Leben gewöhnt. Sie hat nie verstanden, daß das Essen etwas kostete und man Obst auf dem Markt kaufen mußte.

Mama brauchte viel Platz, große Räume, viel Luft. Der bloße Gedanke, daß sie auf ihre alten Tage womöglich in einer Zweizimmerwohnung leben müßte, verursachte ihr Schrecken, und sie sah mit viel Mitleid und Scham, daß ich nach meiner Heirat in einer solchen wohnte. Mama beherrschte keine Buchführung und wollte sie vielleicht auch gar nicht lernen. Wenn Geld da war, rann es ihr durch die Finger, und war keins da, bekam sie immer irgendwo etwas geliehen. Erst hinterher bemerkte sie zu ihrem Schrecken, daß die Schulden bezahlt werden mußten. Und Mama hatte immer Schulden. Sie waren nicht groß, aber zahlreich, und Mama konnte immer aus jedem Laden Waren auf Kredit bekommen, wenn es mit dem Bezahlen nachher auch problematisch wurde. So kam es, daß später das Geld, das wir mit großer Mühe und unter persönlichem Verzicht auf Notwendiges zusammenbrachten und nach Hause schickten, in einen Brunnen fiel, der keinen Boden zu haben schien, wie Mama selbst immer klagte.

Den größten Kummer bereiteten uns Mamas ökonomische Experimente und Unternehmungen. Einmal mietete sie das Restaurant des Abstinenzlervereins, um dort das einzige erstklassige Café der Stadt zu eröffnen, womit sie großartig zu verdienen gedachte. Das Ergebnis war, daß eine Menge Menschen kostenlos aß und trank. Mama freute sich, aber das Restaurant brachte Verluste, und bald ertönten Hilferufe. Genauso kläglich endete es, als Mama, nachdem wir Kinder alle das Haus verlassen hatten, eine Pension eröffnete und ein paar Zimmer an junge Schriftsteller vermietete. Ich glaube nicht, daß einer von ihnen auch nur einen einzigen Pfennig bezahlte, aber Mama konnte sich wieder um Leute kümmern und hatte bei Tisch Gäste, ohne die sie nicht auskommen konnte. Die Verluste und die Sorgen, die dieses Unternehmen zur Folge hatte, waren dann in Mamas Hilferufbriefen nachzulesen, wenn wieder mal ein Pensionsgast abgereist war, ohne zu bezahlen.

Als Papa von seinem Onkel ein Haus mit Garten und eine ganze Menge Geld erbte, übte Mama Wohltätigkeit und kleidete uns wie Prinzessinnen, kaufte aber für sich selbst nicht mal einen Pelz. Als mein Vater sein Geld im Ural beim Eisenbahnbau von Wologda verloren hatte, wo sein Ingenieur-Freund es mit Mißerfolg investiert hatte, wagte die Familie nicht das kleinste Wörtchen dazu zu sagen. Papa kehrte zurück, in der Tasche Kants »Kritik der reinen Vernunft« und eine große Menge phonetischer Aufzeichnungen von den Sprachen der finnougrischen Völker im Ural; es verstand sich von selbst, daß wir Kinder ihn nur trösteten und Mama nicht ein einziges böses Wort sagte.

Der Großvater starb, und Mama bekam ein recht beträchtliches Erbe. Da wurden ihre Schulden bezahlt, mit dem Ergebnis, daß sie neue machen konnte, weil das Geld natürlich bald verbraucht war. Papa konnte es sich nie leisten, Mama Leichtsinnigkeit vorzuwerfen, denn sie hatte gewaltiges Beweismaterial auf ihrer Seite. In allen Kirchspielen der Umgebung gab es Leute, die Papa Geld für Rechtsbeistand schuldeten, aber er brachte es nicht fertig, seine Forderungen bei seinen Schuldnern einzutreiben. »Der hat nicht mal bezahlt«, sagte er höchstens, und dabei blieb es. Mama hatte nicht diese Hemmungen, und oft gelang es ihr, Papas Forderungen einzutreiben, wofür er ihr jeweils sehr dankbar war, ohne sich jedoch ein Beispiel daran zu nehmen.

»Vom Mütterchen die Frohnatur,
die Lust zum Fabulieren.«

(Goethe)

Zumindest die Lust zum Fabulieren haben die älteste und die jüngste Tochter von ihrer Mutter geerbt und vielleicht auch in gewissem Grade den unwiderstehlichen Wunsch, sich in das Leben anderer Menschen einzumischen und zu versuchen, sie nach dem eigenen Geschmack zu formen, statt sie in Ruhe ihren Weg gehen zu lassen, und sei es bis zu ihrem Untergang. Das von Hamsun beschriebene rote, glühende Eisen ist auch in mir, und es zwang mich, beim Rundfunk zu versuchen, das finnische Volk zur guten Musik und zum Drama und vor allem zum Verständnis dafür zu erziehen, was bei uns und außerhalb unseres Landes geschieht. Statt dessen hätte ich das Rundfunkorchester ein kleines Unterhaltungsorchester bleiben und es Jazz und »Prinzessin Armanda« spielen lassen können, und ich hätte die Finnen nicht zu stören brauchen mit dem »Miniparlament« und der »Stunde des Arbeiters« und anderen Versuchen, die Köpfe unserer Bürger zu vielseitigem Denken anzuregen.

Doch mein Naturell ließ mich nicht den Mund halten. Vielleicht lag es auch daran, daß ich aus einer Familie komme, die uns Kindern so viel gegeben hat, daß unsere Schuld gegenüber der Menschheit unendlich ist.

Die Familie, in die ich kam

In einem Brief an meinen Vater vom September 1908 schildere ich meine erste Fahrt nach Wuolijoki und wie ich dort aufgenommen wurde. Ich berichte von der Herzlichkeit des Großpapa Wuolijoki mir gegenüber, der Liebenswürdigkeit der Großmama Wuolijoki und davon, wie am nächsten Tag alle Tanten kamen, um die fremde estnische Schwiegertochter zu begrüßen. Meine Schilderungen entsprechen ungefähr der Tantengesellschaft auf dem Sofa und in den Lehnstühlen des Salons von Niskavuori im ersten Akt der »Frauen von Niskavuori«, sogar das Vorbild der Sandra ist darin zu finden. Ich schildere Wuolijoki sehr begeistert, aber mein Brief endet: »Liebster Papa, sei nicht traurig, daß ich jetzt Hella Wuolijoki bin. Ich bleibe ja trotzdem Hella Murrik, und ich werde meinen alten Namen benutzen, wenn ich für mein Heimatland schreibe. Trauere nicht, Papa, ich werde immer Deine Tochter bleiben und nie aufhören, Euch zu lieben, auch wenn ich jetzt noch andere Eltern habe ...«

Wir fuhren also zum erstenmal zusammen nach Wuolijoki. In Hämeenlinna holte uns eine Kutsche ab, und dafür war ich meinem Schwiegervater sehr dankbar. In Estland benutzte man keine zweirädrigen Einspänner, und ich hatte furchtbare Angst, es würde schaukeln. Aber man saß in dem Wagen genauso sicher wie in den estnischen, und gelenkt wurde er von Iska, der mich anlächelte wie eine gute Bekannte und mir die Hand drückte. So fuhren wir also aus Hämeenlinna ab, und unterwegs erklärte mir mein Mann natürlich beinah jeden Stein. Wir kamen nach Miehola, in das Kirchdorf Hattula. Dort trafen wir sogar den berühmten Gastwirt, der immer ein altes Pferd namens Polle hatte. Irgendwie ist mir dieser Polle für ewig im Gedächtnis geblieben, und unter den Pferden, die ich besaß, hat es auch immer einen Polle gegeben. Der Name paßte einfach so gut – für einen alten Gaul. Nun ja, und Polles Herr war ganz das Ebenbild eines mitteleuropäischen Gastwirts, barfuß, rundlich, gespielt sanft und voll von allerlei Geschichten, die er gleich meinem Mann auftischte. Dann kamen wir nach Hauho; man sah vom Vermasberg aus den See Hauhonselkä – oder war es der Ilmoilanselkä –, der Anstieg zum Berg sollte nach Aussage meines Mannes einen ganzen Kilometer lang sein. Ich habe das immer bezweifelt. Und in der letzten Zeit, wenn ich mit dem Auto in Tampere war, habe ich den Vermasberg überhaupt nicht mehr gefunden. Ich beklagte, einen Berg verloren zu haben, bis sich herausstellte, daß er immer noch existierte, nur hatte ihn die Landstraße verloren.

Ich erinnere mich jetzt, daß es der Hauhonselkä war, der in Sicht kam. Und dann gelangten wir auf die Brücke von Kyllö, wo mir ein weniger feinfühliges, beim Brükkenbau entstandenes Lied vorgesungen wurde:

»Als Tiltu hört' die Glocke,
griff sie nach dem Rocke.
O weh, die Mutter wartet zu Haus
und schilt mich aus.«

Von der Kyllö-Brücke war es nur noch ein kurzes Stück bis zum Abzweig nach Wuolijoki. Wir fuhren etwa fünf Kilometer Waldweg und sahen schon Kuisema und Joensuu, die Höfe von Verwandten.

Auf Joensuu herrschte Akusti Joensuu und auf Kuisema der Onkel Jokinen, ein jüngerer Bruder von Großpapa Wuolijoki; seine Frau war eine geborene Pätiälä. Über diese Jokinens machten in den Kirchspielen von Hauho und Pälkäne unzählige Anekdoten die Runde. Die Tante war nicht gerade mit Schönheit verwöhnt, aber sie war ein ebenso lieber und guter Mensch wie der Onkel, den Sulo Wuolijoki mit großer Hochachtung und Rührung in einem seiner Bücher dargestellt hat (»Von Tavastland und den Tavastländern«).

Ich hörte schon unterwegs viele der Geschichten vom Onkel Jokinen, und später wurde ich mit ihm so gut Freund, daß er mir an meinem vierzigsten Geburtstag in

Marlebäck die schönste Rede hielt, die je für mich gehalten worden ist, und behauptete, daß ich, obwohl ich damals gar nicht mehr richtig zur Familie gehörte, nie von ihr loskommen würde. Nun ja, unsere Fahrt ging jedenfalls weiter, und wir kamen nach Wuolijoki.

Wuolijoki war ein typisches tavastländisches Sattelgut. Es gab zwei Hauptgebäude, das alte, in dem man wohnte, und ein sehr großes neueres für Gäste.

Das Wohnhaus war ein echtes tavastländisches Gutshaus. Vom Flur kam man in den großen Salon, in dem viele Möbel standen, unter anderem auch aus Mahagoni, sowie ein sehr liebenswertes altes Tafelklavier mit dünnem Klang. Die Fenster gingen zu einem mit Wacholdersträuchern bewachsenen Hügel hinaus, der eigentlich eine gewöhnliche Pferdekoppel war. Dann kam rechterhand ein Gästezimmer, das die graue Kammer genannt wurde, und daneben das Zimmer der Hausfrau, Großmamas Zimmer, das Salmelainen seinerzeit als Zimmer der Altbäuerin von Niskavuori für die Volksbühne Helsinki geradezu kopierte, von wo es dann durch Vermittlung Svend Gades nach London und auf die Bühne des Königlichen Theaters Kopenhagen gelangte. Links vom Salon befanden sich das Speisezimmer und das Zimmer des Hausherrn, in dem dieser auch schlief. Und dann kam der Bereich der Küche sowie die gewaltige Tupa, in der zu jener Zeit die Mägde schliefen, während die Knechte in der Backstube wohnten. So sah es im Haus aus. Ach, beinah hätte ich noch vergessen, daß auf dem Tafelklavier Großpapas Geige lag, und wenn er gute Laune hatte, spielte er Beethoven. »Freut euch des Lebens, weil noch das Lämpchen glüht …«, ich weiß noch, wie er, ein wenig nach vorn gebeugt, im Salon auf und ab schritt und selig lächelnd spielte.

Hinter dem Speisezimmer begann das Reich der Großmama, und ich habe selten eine Hausfrau gesehen, bei der ein so großer Haushalt so reibungslos funktionierte wie bei ihr. Antti Favén nannte die Großmama übrigens »Herzogin von Tavastland«. Als ich später auf Holzhandelspfaden schritt und finnische Bankleute und diesen und jenen bedeutenden englischen Gast in meinem Haus empfing, holte ich die Großmama Wuolijoki, von deren Sohn ich bereits geschieden war, als Hausvorstand zu mir nach Marlebäck. Wenn ich auf Geschäftsreisen war, wußte ich, daß sie mein Haus und meine Tochter mit der angeborenen Würde betreute, die so vielen wirklichen Herzoginnen fehlt. Still und fröhlich herrschte sie damals im Kirchspiel Hauho, kannte alle Angelegenheiten dort und kümmerte sich auch um die Belange des Nachbardorfs Wuolijoki in Pälkäne. Sie kannte den Kummer fast jeder Nachbarbäuerin und auch die Sorgen aller Mietmägde und Frauen der Instleute und half, wo sie konnte. So war es damals üblich, und so handelte auch meine Mutter, wenn sie auch schlechtere Löhne zahlten als heute. Auch auf Wuolijoki brachte die Großmama den Stallmägden, die heiraten wollten, Hauswirtschaft, Weben und Nähen bei. Die Bräute erhielten Wolle und Leinen und dazu Unterweisungen aller Art.

Wenn der Großpapa auch streng war, die Großmama verstand es mit ihrer klugen Sanftmut zumeist, die Dinge nach ihrem Geschmack zu regeln, ohne daß der Großpapa es merkte, und selbst wenn er manchmal wetterte und tobte, geschah immer alles ungefähr so, wie die Großmama es für richtig hielt. Wie phantastisch gut kannte sie doch den Großpapa, wie würdevoll, leise und lächelnd betreute sie ihren großen, großen Mann und ihre Kinder. Übrigens muß ich in diesem Zusammenhang eine lustige Geschichte erzählen.

Die Großmama beschäftigte sechs bis sieben Stallmägde, und die meisten von ihnen hatten Kinder. Die

Mädchen versorgten ihre Kinder im großen und ganzen ohne männliche Hilfe. Die Großmama stand ihnen bei und verschaffte ihnen auch manchmal Unterstützung durch die Gemeinde; zuweilen gelang es ihr sogar, eine mit dem Kindesvater zu verheiraten, wenn auch nicht oft, denn die Männer ergriffen die Flucht, gingen bis nach Amerika. Die bemerkenswerteste von diesen Mädchen mit unehelichen Kindern war Groß-Tiltu. Sie hatte insgesamt fünf Kinder, und alle von verschiedenen Vätern. Aber Tiltu war eine tüchtige Arbeiterin und auch sonst ein angenehmer Mensch, so daß die Großmama sie gern hatte und ihr half, soviel sie konnte. Und Tiltu erzog ihre Kinder in der Zucht des Herrn, wusch und flickte nächtelang und machte aus allen anständige Menschen. Als damals ein neues Wahlgesetz und eine Landtagsreform kamen, glaubten die Leute, das ganze Leben würde sich ändern und jener rote Strich würde Wunder tun, würde Brot und Recht und Freiheit für alle bringen. Auf Wuolijoki lagen die örtlichen Wählerlisten aus, und es kamen außerordentlich viele Menschen, um Einsicht zu nehmen. Der Großpapa saß im Kontor, blätterte die Listen durch und suchte die jeweiligen Namen heraus. Eines späten Abends, als die Arbeiten im Kuhstall beendet waren, kam auch Tiltu, schob ihr Kopftuch hinter die Ohren, begrüßte den Bauern und sagte, sie wolle sich ansehen, ob auch ihr Name in den Büchern stehe. Der Großpapa schaute nach, aber Tiltus Name war nicht darin zu finden. Er erklärte ihr dann, sie habe für ihre fünf Kinder ein wenig Unterstützung von der Gemeinde erhalten und dadurch ihr Wahlrecht verloren. Tiltu glaubte es nicht, kam näher und sah sich die Listen selbst an. Sie wollte nicht glauben, daß ihr, einer fleißigen Frau, die ihre Kinder anständig erzog – »etwa nicht, Bauer?« –, daß ihr das Wahlrecht verweigert wurde; »daß ich angeblich nicht wählen darf, wo all die Faulenzer und Reichen ihr Wahlrecht behalten dürfen«. So schimpfte Tiltu und marschierte zur Tür. »Ich werde es den Herren in der Gemeinde noch mal zeigen! Mich hier wie Luft behandeln und einfach nicht wählen lassen!« Dem Großpapa war das Ganze ein wenig peinlich, denn er mußte zugeben, daß Tiltu ein rechtschaffener Mensch war, und wenn ihre Kinder auch »ungesetzlich geboren« waren, so hatte Tiltu doch besser für sie gesorgt als manch einer für seine ehelichen Kinder. Der Großpapa drehte seinen Stuhl zu ihr herum und sagte: »Sieh mal, Tiltu, das Gesetz ist nun mal so, daß diejenigen, die von der Gemeinde Unterstützung bekommen haben, nicht wählen dürfen.« – »Gesetz, Gesetz«, schrie Tiltu, riß die Tür auf, ging hinaus und rief: »Bürgerliches Gesetz, verdammtes!« Damit zog sie ab. Fehlte nur noch, daß sie, wie Homsantuu, verlangt hätte, das Gesetz zu erschießen. Der Großpapa war amüsiert und beschämt zugleich. Sogar Schmarotzer, die der Gesellschaft in keiner Weise gedient hatten, durften wählen, aber Tiltu nicht. Und dann erschien die Großmama. Tiltu war sofort in die Küche gegangen, um sich bei ihr zu beschweren, und trotz aller häßlichen Worte Tiltus war die Großmama mit ihr einer Meinung. Die Großmama war eine geborene Naturfeministin, sie achtete die selbständigen, arbeitenden Frauen und ließ den Probst Probst sein. Ich habe diese kleinen Vorfälle nicht vergessen, denn sie machten die Herzogin von Tavastland in meinen Augen zu einer richtigen Stammutter.

Die graue Kammer von Wuolijoki wurde unsere Wohnung und blieb es auch während all der Jahre, in denen ich nach Wuolijoki kam. Ich schlief neben dem Zimmer der Großmama, und wenn ich erwachte, brachte sie mir oft selbst den Kaffee und setzte sich zu mir auf den Bettrand. Da ich es nicht gewöhnt war, Kaffee und Weißbrot und das herrliche Gebäck im Bett zu mir zu nehmen, genoß ich das richtig. Dabei erzählte mir die Großmama von der Verwandtschaft und von Hauho und Pälkäne, von den Bäuerinnen auf Penttilä und Näkkilä und von Pröbsten und Pröbstinnen, so daß ich langsam eine Vorstellung von der Umgebung bekam. Sie erzählte gern. Ich bekam alle Anekdoten und Sticheleien aus der Verwandtschaft zu hören. Und nicht nur die Großmama erzählte, sondern auch der Großpapa, er berichtete vom Leben im Kirchspiel und im ganzen Land. Aus vielen Jahren Arbeit im Landtag und in verschiedenen Komitees hatte sich bei ihm ein reiches Wissen um die Geschichte unseres Landes angesammelt, und er erzählte gern davon. Seine eigenen Kinder kannten bereits von klein auf alle seine Erlebnisse, aber ich lauschte mit gespitzten Ohren, besondes bei der jüngeren Geschichte Finnlands. Es war eben der Großpapa, der mir von Snellman, Yrjö-Koskinen und Agathon Meurman erzählte, und zwar ein wenig anders als die Lehrer in der Schule. Die ganze finnische Geschichte von den achtziger Jahren an, die damals noch gar nicht in den Büchern stand, bekam ich also von einem Mann zu hören, der sie selbst mitbestimmt hatte. Natürlich kann ich nicht behaupten, er hätte Yrjö-Koskinen vergöttert, aber er sprach dennoch mit großer Hochachtung von ihm. Snellman kannte er weniger, verehrte ihn aber um so mehr. Die jungfinnischen Kagalen hingegen haßte der Großpapa, vor allem Jonas Castrén, den er dauernd am Wickel hatte. Aber von Kivekäs sprach er mit großer Hochachtung, ganz besonders aber von Leo Mechelin, wobei er fast vergaß, daß Mechelin zu den Schweden gehörte. – Und dann kamen alle seine Standesgenossen: Kiipula, Värri und Favén aus Kylmäkoski (Anttis und Perttis Vater) sowie Idänpää-Heikkilä und die anderen großen Gutsbesitzer. Ich bekam auch Ständetagswitze zu hören: Wie zum Beispiel Probst Hedman, der eine sündige Sauftour gemacht hatte, am Montagmorgen seine Rede mit den Worten begonnen hatte: »Weil jetzt Sonnabendabend ist ...«, oder wie ein Mitglied des Bauernstandes gesagt hatte, der Vorredner habe sich »blangmanschiert«, was der Dolmetscher, Lektor Almberg, aus Spaß übersetzt hatte mit »hat sich mit dem Nachtisch bekleckert«. Und ich hörte noch vieles andere von den Beziehungen zwischen den Ständen und der Innenpolitik. Ich wurde in Hauho neu geboren und fühlte mich danach mehr »in Finnland geboren« als manch einer der Asphaltherren.

Das Haus Wuolijoki selbst ist nicht schön und auch nicht besonders schön gelegen. Damals, als ich dort hinkam, gab es keinen Garten und auch keine großen Bäume. Vor dem Hauptgebäude waren nur Großmamas Blumenbeete, und die Veranda hatte natürlich farbiges Glas. Im Gästehaus befand sich das Bibliothekszimmer, das zumindest den Jungen viel bedeutete: Dort konnte man in Ruhe lesen. In jener Zeit war das Gästehaus noch nicht einmal vollständig eingerichtet. Und dann waren auf dem langen Hof die Backstube, die Molkerei und die Wagenremise, und völlig getrennt von den anderen Gebäuden stand ein gewaltiger, aus Stein gebauter Kuhstall, der die Gebäudereihe abschloß. Ein kleiner See war in etwa einem Kilometer Entfernung zu sehen, daneben ein recht hoher Berg. Rings um das Haus breiteten sich offene Felder, fruchtbar und üppig, und am Seeufer, unter Bäumen versteckt, stand eine kleine Sommervilla für die Kinder. Ich weiß nicht mehr, wann sie gebaut wurde, aber dort wohnte selten jemand, manchmal Väinö, manchmal eine der Töchter. Es gibt in Hauho viel schönere Stellen, so am Ufer des Ilmoilanselkä und Hauhonselkä, ganz zu schweigen von den Dörfern um den Roine, vor allem das Museumsdorf Miehola, von wo man über Ruumissalmi weiter bis zu den Seen von Luopioinen kommt. Nein, besonders schön gelegen ist Wuolijoki nicht. Mein eigenes Haus in Iitti am Kymi war einer der schönsten Orte in ganz Südfinnland, und ich lebte dort zwanzig Jahre. Marlebäck war wirklich schön. Aber es ist sonderbar, daß mir Wuolijoki noch nach vierzig Jahren so vertraut ist, ohwohl ich schon Jahrzehnte nicht mehr dort gewesen bin. Auf irgendeine schicksalhafte Weise wurde es mir zum Heim, obwohl ich es nie besessen habe. Es ist mir vertrauter als die Stadt Helsinki, in der ich schon seit fast fünfzig Jahren (1904–1953) wohne. Vielleicht kommt es daher, daß ich kein geborener Städter, sondern eine Bauerntochter bin. Wuolijoki erinnerte an die Stätten meiner Kindheit in Estland. Und Wuolijoki bedeutete Ruhe nach dem Leben in Helsinki. Damals, als ich mich dort aufhielt, war keines der Kinder mehr im Haus. Dort lebten nur Großmama und Großpapa, die mit Freuden jedes ihrer Kinder aufnahmen, das zu Besuch kam. Im Winter fuhr ich manchmal allein hin, ich war auch im Frühjahr dort, im Sommer waren wir allerdings meistens in Kukkia. Ich half der Großmama bei den großen Gesellschaften und Feiern, und weil mir alle Menschen in der Umgebung so vertraut waren, wurden mir auch das Haus und sein Geist vertraut.

Der Großpapa Wuolijoki war wohl schon über siebzig, als ich ins Haus kam. Er war ein hochgewachsener Mann, bereits ein wenig gebeugt, und ging auf seinen Stock gestützt sehr forsch, genau wie mein Vater. Er führte mich überall hin, nahm mich mit auf die Felder, wo gearbeitet wurde, auf die Höfe und sogar in die Wälder. Und bei Tisch sprachen wir über Politik und die finnische Geschichte und diskutierten. Der Großpapa hatte es gern, wenn er einen Zuhörer fand, der mit offenen Augen und Ohren alles in sich aufnahm.

Abends, wenn die Arbeit getan war, kamen oft Roope Juntula aus Miehola, ein Vetter meines Mannes, oder

Akusti Joensuu oder Jalmari Kuisema, um Karten zu spielen, jenes uralte Kirves, das einzige Spiel, das der Großpapa spielte. Alle auf Wuolijoki spielten Kirves, das gehörte einfach dazu. Auch mir wurde es gleich bei meinem ersten Besuch beigebracht. Das Spiel wurde stets mit Zitaten aus den »Sieben Brüdern« gewürzt. Überhaupt las und kannte man auf Wuolijoki die »Sieben Brüder« mehr als die Bibel. Und die Söhne hatten für jede Lebenssituation ein Zitat aus den »Brüdern« parat. Die Lebensweise der sieben Brüder spiegelte sich auch in der Sprache der Menschen dort wider. Sogar die Großmama hatte ihre eigene, rhythmische Sprechweise, sehr urwüchsig und mit vielen treffenden Bemerkungen. Die Großmama schalt uns der Ordnung halber wegen des Kartenspiels, aber mit dem Schalk in den Augen, wenn sie uns zum Essen rief. Sie freute sich, wenn wir Spaß hatten. Es war eine ihrer Eigenheiten, daß sie glücklich zuschaute, wenn andere lustig waren. Oft, wenn wir lärmend Kirves spielten und ich Großpapas lustigen Geschichten lauschte, kam es mir vor, als hätten die Großmama und wir eine Arbeitsteilung. Wir spielten, wobei Großpapa und seine Söhne auch zuweilen einen Schnaps tranken, aber die Aufgabe der Großmama war es, das fröhliche Zusammensein zu genießen …

Die Bettrandgespräche mit der Großmama

»Holla holla he,
die Fische rascheln im See.
Holla holla ho,
die Mäuse schwimmen im Stroh.«

Dieses tavastländische Kinderlied, das ich später meinem finnischen Kind vorsang, lernte ich von der Großmama, ebenso wie »Ta-Ta-Tabakrolle« und so weiter. Auch Großmama brauchte einen Zuhörer. Sie erzählte von der Zeit, da sie als Schwiegertochter ins Haus kam, von ihrer Schwiegermutter und den Schwägerinnen, die noch unter die Haube gebracht werden mußten und mit denen sie so lange auszukommen hatte. Sie plauderte von ihren Kuhstallmägden und der Flößerplage, von den Gemeindepfleglingen und den anderen Bewohnern des Backhauses, vor allem vom alten neunzigjährigen Kalle, den ich gleich bei meinem ersten Besuch auf Wuolijoki begrüßen mußte und der mir vorsang: »Sehet den Akkersmann...« und »Auf dem Harjumäki-Felsen«. Noch heute habe ich die dünne und brüchige Stimme des alten Kalle im Ohr. Ungefähr einen Kilometer vom Gut Wuolijoki entfernt lag das Dorf Wuolijoki in Pälkäne. Dort kannte die Großmama jedes Haus. Da waren die zänkische, kleine und runde Penttilä-Bäuerin, in deren Hafer die Wuolijokischen Pferde immer gingen, sowie die Bäuerin von Nikkilä, außerdem die beiden dazugehörigen Bauern, die nur eine Nebenrolle im Leben ihrer Höfe spielten. Im Umkreis von Wuolijoki gab es also recht viele selbständige Frauen. Und die Großmama erzählte mir von den Frauen der Verwandtschaft, von allen Schwestern ihres Mannes, unter denen es eine gab, die ein wenig für die Heta Modell gestanden hat. Großmama erzählte Geschichten aus der Familie, von glücklichen wie auch unglücklichen Menschen, und sie erzählte von ganz Hauho, von Lehtimäki, von Lautsia und Hovi und von Kalle und Linda Mäkinen, den Besitzern Lautsias. Allmählich entstand vor meinen Augen ebensolche Menschenkavalkade, wie ich sie aus Estland mitgebracht hatte. Da waren die Gutsbesitzer und Pröbste, das ganze Kirchspiel mit seinen Telefon-Sandras, den

Häuslern und Instleuten ... »Greif nur hinein ins volle Menschenleben, und wo du's packst, da ist es interessant ...« Diese Goethe-Worte kommen mir in den Sinn, wenn ich an die Vielzahl von Menschen denke, denen ich dort begegnete und die mir alle so vertraut wurden. Akusti Joensuu, der seinerzeit bei einem Onkel meines Mannes in Kuisema erzogen worden war, erinnerte stark an Verwandte von mir, nämlich meine Vettern Rogger in Estland. Jalmari Jokinen war das totale Ebenbild von Paul Rogger, und die beiden wurden zu meinen Spielkameraden auf Wuolijoki so wie seinerzeit die Roggers auf Tindi in Karksi. Ich erkannte, wieviel Würde all die Menschen hatten, die mich auf Wuolijoki umgaben, angefangen von den beiden Alten Juse und Penna.

Juse war klein und verhutzelt, ungefähr der Typ, den Martta Kinnunen im Volkstheater als Telefon-Sandra verkörpert. Sie hatte eine dünne Stimme und war sehr hilfsbereit: Sie kam, um Großpapa und Großmama zu massieren, und schließlich mußte auch ich ihr erlauben, meine Füße zu massieren, die damals in Wirklichkeit noch gar keine Massage nötig hatten. Aber es war einfach unmöglich, ihr dieses Vergnügen zu verweigern. Dabei stellte ich fest, daß Juse eine Wasserflasche bei sich hatte und mit Wasser massierte, mit anderen Worten, sie befeuchtete die Stellen erst mit Wasser und sprach dazu einzelne »Worte«. Ich habe nie herausgefunden, was sie sagte, aber sie behauptete jedenfalls, Massieren allein genüge nicht, sondern Sprechen und Wasser und bestimmte Tropfen würden die Wirkung verstärken. Juse kannte alle Angelegenheiten im Dorf Wuolijoki sowie auch im ganzen Kirchspiel. Und so abgelegen wir auch wohnten, weit entfernt vom Kirchdorf, dem Herzen des Kirchspiels, mit Juse kamen die Geschichten zu uns. Ja, und dabei verging natürlich schön die Zeit, und man trieb Juse auch nicht zur Eile, wenn sie bei der Massage noch die Funktion einer Dorfzeitung ausübte. Für die Großmama war Juse ein regelrechtes Nachrichtenbüro im besten Sinne.

Und dann Penna. Ich habe ihn bereits in meinen Erinnerungen aus Kukkia, in meinem Buch »Gespenster und Möwen«, beschrieben, denn Penna und Kukkia gehören zusammen. Ich erinnere mich jedenfalls noch, wie Penna, nachdem er von der neuen Schwiegertochter gehört hatte, aus Alvettula herbeikam, um mich zu begrüßen, zu begutachten und zu billigen. Und aus allem zu schließen, billigte er mich auch, obwohl er im Backhaus zunächst ernste Zweifel an dem fremden Estenmädchen geäußert hatte. Erst in Kukkia wurden wir dann richtige Freunde, als ich ihn so viel Butter essen ließ, daß er sich gleich für den ganzen Winter mit ernähren konnte. Der Weg zumindest zu Pennas Herzen führte über den Magen, und so verzieh er mir schließlich auch, daß ich im Boot bei starkem Wind Angst hatte.

Zu den bemerkenswertesten Menschen gehörte auch Schusters Mari, eine sehr würdige und sympathische Frau, Iskas Mutter, die ihren Sohn hin und wieder besuchen kam, und vor allem Iska selbst gehörte dazu, einer der allerreizendsten und verständigsten Menschen. Er hatte keine Schulen besucht, aber er besaß in seinem Wesen eine solche Kultur, wie sie manchmal sogar Leuten mit Universitätsbildung abgeht. Mein Mann mochte Iska wie einen Bruder. Und schließlich Roope Juntula, ein Vetter meines Mannes, der sich einen Ruf als größter Raufbold von Tavastland erwarb. Roope hatte in das Haus Juntula in Miehola geheiratet und den Namen Juntula angenommen. Ein zweiter Bruder heiratete eine Parkku aus Vanaja und nannte sich fortan Parkku, und nur der dritte blieb zu Hause auf Puntila. Auf diese Weise hatte auch J. R. Wuolijokis jüngerer Bruder nach seinem Hof den Namen Jokinen angenommen.

Roope Juntula war ein gewaltiger Mann, gewaltig im Guten wie im Bösen. Auf Wuolijoki erzählte man sich noch, wie er auf der Hochzeit meiner Schwägerin Tyyne die Elli Tompuri herumgewirbelt hatte, und nicht nur sie. Im Dorf Miehola gab es vermutlich von Roope Juntula ebenso viele Geschichten wie von dem ganzen alten Dorf selbst. Roope trank gern, aber er hatte außer einem großen Haus auch zwei Töchter, die beide wie Puppen aus Meißner Porzellan aussahen. Es war ganz unbegreiflich, wie ein so großer, riesenhafter Mann derartig zarte und feine Töchter haben konnte; sie hatten sicherlich unter den Eigenarten ihres Vaters viel zu leiden. Im »Bauern von Iso-Heikkilä« habe ich bis zu einem gewissen Grad Roope Juntulas Ausflug verwendet. Den Roope packte nämlich während der Prohibition einmal die Wut, weil er legal keinen Schnaps bekam, und so machte er sich eines Nachts auf, um welchen zu beschaffen, nicht von Schwarzhändlern, sondern vom Tierarzt, denn Roope hielt sich an das Gesetz. Er erlebte mancherlei Abenteuer, auf deren Grundlage der »Bauer von Iso-Heikkilä« entstand.

Einmal fuhr Roope Juntula mit seinem neuen Studebaker in den Roine, bis das Auto im Wasser stehenblieb. Das dürfte dann auch einer seiner letzten unerlaubten Ausflüge gewesen sein, denn später entsagte er dem Alkohol und wurde leider ein ernster und griesgrämiger Mensch. Aber ich habe immer noch die frühere Gestalt des Roope Juntula vor Augen, die sich fast gewaltsam in eins meiner Schauspiele drängte.

Die Anfangszeiten einer jungen Familie

Als wir im August 1908 unsere Wohnung eingerichtet hatten, mußte ich sofort als Sommerredakteur in der Rußland-Abteilung des »Työmies« anfangen. Auch mein Mann arbeitete in der Redaktion. Wir gingen zusammen hin und kamen gemeinsam zurück. Zu Hause arbeiteten wir an demselben Schreibtisch, einander gegenübersitzend. Es war niemand da, der gesagt hätte, daß diese Methode unsinnig ist und aus der Arbeit nichts wird, auch wenn man den Schreibtisch mit dem liebsten Menschen teilt. Es ging durchaus eine Zeitlang, so lange, bis die Parlementsarbeit meinen Mann an die Schreibtische des Landtags rief. Aber dieser jüngste Landtagsabgeordnete war noch Student, und er mußte für sein Kandidatenexamen lernen, das er dann im folgenden Frühjahr ablegte. Zur damaligen Zeit waren es die Professoren nicht recht gewöhnt, Landtagsabgeordnete zu prüfen, so daß viele seiner Prüfungen lockerer als gewöhnlich gehandhabt wurden. Aber da ich wußte, daß die Studien für ihn nur eine Nebenbeschäftigung waren, war ich bei den Prüfungen aufgeregter als er selbst. Außerdem erachteten es einige Professoren für notwendig, diesen »Landtagsgrünschnabel« den Ernst des Lebens spüren zu lassen, und so behielt man ihn in einer Prüfung nahezu acht Stunden, währenddessen ich einen ganzen von Ilona Jalava gezeichneten Eulenkopf auf die Türvorhänge stickte. Das war natürlich eine Art Daumenhalten und zugleich Selbstpeinigung, wenn man meine bekannte Kunst des Nadelhaltens bedenkt. Aber sowohl der Eulenkopf als auch die Prüfung gelangen.

Wir waren nicht lange allein in unserem kleinen Heim. Meine Schwester Mimi kam nach Helsinki, um das russische Gymnasium zu besuchen, und ich nahm sie bei uns auf. Ein paar Monate später brachte mein Vater meine Schwester Salme, die in der Heilanstalt Nummela behandelt werden sollte, und ich mußte auch sie noch betreuen. Das bedeutete für mich, statt nur an meiner Dissertation zu arbeiten, Übersetzungen zu machen, Artikel für verschiedene Parteizeitungen zu schreiben und Vorlesungen zu halten. Ich fühlte mich als Verräter gegenüber meinem früheren Zuhause und meinem Heimatland und mußte helfen, soviel ich irgend konnte. Ich hatte keine weiteren Studienschulden als meine Ehrenschuld zu Hause, und mein Elternhaus brauchte jetzt Hilfe. Meine Dissertation bedeutete die Möglichkeit, im Rahmen der Universität regelmäßig zu arbeiten, aber da ich hart verdienen mußte, war ich gezwungen, mir die Zeit für meine Dissertation zu stehlen. Als ich die Aufgabe bekam, Hurts Volksliedsammlungen zu katalogisieren, war ich glücklich, weil diese Arbeit immerhin mit meiner Dissertation zusammenhing, die das estnische Volkslied »Am Grab der Mutter« behandelte und unvollendet und ohne Lorbeerkranz immer noch in meinem Archiv begraben liegt.

Mein erster Gast aus der estnischen Heimat war also mein Vater, der meine Schwester Salme nach Finnland in die Lungenheilanstalt brachte. Die Mode, Lungenkranke vor allem nach Davos in die Schweiz zu schicken, war bereits vorbei, und auch die Esten bevorzugten mehr und mehr den Norden. Ich brachte meine Schwester also nach Nummela zu Doktor Bonsdorff. Sie war sehr schwach und hatte ständig Fieber, neununddreißig Grad. Sie mußte lange Zeit im Bett liegen, unter einem geöffneten Fenster. Ihr Aufenthalt in Nummela wurde für mich recht anstrengend, denn sie verlangte, daß ich fast jeden Sonnabendabend hinkam und bis Sonntag dort blieb. Ich mußte ihr vor allem Bücher bringen – und Zigaretten. Das Rauchen war streng verboten, aber sie verkündete mir, wenn ich ihr nicht wenigstens ein paar Zigaretten beschaffte, werde sie Maßnahmen ergreifen, die noch viel schlimmer seien. Gleich bei meinem ersten Besuch traf ich meine Schwester an, wie sie vor dem Ofen kniete und den Zigarettenrauch in den Ofen blies, aus dem ihr aber nach kurzer Zeit anderer Rauch entgegenkam. Im Nachbarzimmer, am selben Balkon, wohnte Edith Södergran, und die beiden hatten miteinander ausgemacht, gleichzeitig zu rauchen und den Rauch in den Ofen zu blasen, damit sie nicht erwischt würden. Ich war in einer äußerst schwierigen Situation, denn ich wußte, daß das Rauchen allen beiden schadete, aber ich konnte unmöglich hingehen und Doktor Bonsdorff Meldung machen. Als ich zusammen mit den anderen anwesenden Gästen im Speisesaal Mittag aß, kam ich mit Doktor Bonsdorff ins Gespräch, und er sagte mir, daß er ahne, was mich quäle. Aber er sagte gleich dazu, daß man nichts machen könne. Das Konfiszieren der Zigaretten würde noch schlimmere Folgen haben. Die einzige Möglichkeit sei, die Zigarettenlieferung einzuschränken. Es war mir eine große Erleichterung, daß ich jedenfalls nicht als einzige die Regeln gebrochen hatte, und ich versprach, meine Lieferung auf eine sehr kleine Menge zu begrenzen. Da meine Schwester in der Heilanstalt kein Geld zur Verfügung hatte, bestand Hoffnung, daß die Einschränkung Erfolg hätte, und das war auch der Fall. Ich weiß nicht, wer Edith Södergrans Lieferer war und ob er geiziger war als ich.

Meine Schwester blieb ein ganzes Jahr in Nummela, und ihr Gewicht erhöhte sich um genau vierhundert Gramm, aber es war immerhin besser als gar nichts. Die Hauptsache ist, daß sie immer noch lebt und Nummela sie damals rettete, wenngleich es nicht vermochte, Edith Södergran zu retten, die tragischste Gestalt unter unseren Dichterinnen. Ich traf die Nachbarin meiner Schwester leider nur im Vorübergehen. Die Mädchen lasen gemeinsam Lyrik und stritten sich darüber, und meine Schwester kritisierte ihre Nachbarin damals sehr scharf, verspottete sie allerdings nicht, wie es die gesamte schwedische Presse tat. Heute schreibt meine Schwester selbst Gedichte in englischer Sprache und stark im Stile Södergrans.

Eines Tages, als ich in der Literaturgesellschaft Material für meine Dissertation holte, traf ich Professor Kaarle Krohn, diesen wunderbaren, guten und fröhlichen Menschen, wie es heute keinen mehr gibt. Er erinnerte in seinem Aussehen und seiner Art sehr an meinen Vater, wie ich es bereits in den vorigen Bänden meiner Memoiren beschrieben habe. Der Professor freute sich, mich zu treffen. Er hatte schon mehrere Tage nach mir gesucht, und die Sache war sehr wichtig. Doktor Hurts estnische Volksliedersammlung wurde hier in Finnland kopiert, und diese Arbeit wurde ausgeführt von estnischen Flüchtlingen, vor allem Studenten und Künstler, die nach den schweren Verfolgungen des Jahres 1906 nach Finnland entkommen waren. Sie hatten kein Geld, und da dachte sich Professor Krohn für sie diese ausgezeichnete Arbeit aus: das Kopieren der Volksliedsammlung für die Finnische Literaturgesellschaft. Ich glaube, die Gesellschaft bezahlte nach Zeilen, und das Honorar war sehr gering, aber es war immerhin etwas. Die jungen Männer schrieben, und als sie fertig waren, entstand die Frage, was mit ihren Kopien geschehen sollte. Es mußte unbedingt ein Verzeichnis angefertigt werden, und nach Meinung des Professors war ich am besten für diese Arbeit geeignet, da ich Volksdichtung studiert hatte und darüber eine Dissertation schrieb. Und weil ich Estin war und gleichzeitig Finnisch konnte, war der Professor ganz sicher, daß die Vorsehung mich geschickt hatte, die Dichtung Estlands zu retten. Hurts Sammlungen, nach meiner Erinnerung sind es etwa hundert dicke Bände, enthalten insgesamt an die siebzigtausend Lieder. Sie wurden in den Kellergewölben der Nationalbank in großen Metallkästen aufbewahrt, und es durfte niemand anders an sie heran außer Professor Krohn selbst. Dann kam der Tag, da wir mit der Droschke zur Nationalbank fuhren und in die Gewölbe hinabstiegen, wo wir etwa zehn Bände mitnahmen, nachdem ich dem Professor zuvor geschworen hatte, diese mit Leben und Blut zu beschützen. Der Professor und ich beförderten die schweren Wälzer gemeinsam zu mir nach Hause in den dritten Stock, da er sie nicht einmal dem Droschkenkutscher anvertrauen wollte. Ich bekam von der Literaturgesellschaft einen Vertrag, und dann begann ich zu schreiben – mit der Hand. Maschineschreiben war damals in Helsinki noch recht selten. Auch die Literaturgesellschaft besaß kaum Maschinen. Und da ich sowieso nicht maschineschreiben konnte, mußte die Arbeit mit der Hand gemacht werden. Es war ein seltsames Gefühl, als ich die dicken Bücher aufschlug, die ziemlich schwer lesbar waren. In Estland waren die Lieder zum Teil von Sängern und zum Teil vom Volk selbst gesammelt worden, und die Handschrift war häufig außerordentlich schlecht. Manchmal dauerte es einen halben Tag, bis ich mit einigen Liedern klarkam. Aber mir fiel zufällig gleich als erstes Südestland in die Hände, und plötzlich fand ich darin Lieder aus meinen Heimatkirchspielen Karksi und Helme, die vor allem von einer Cousine meiner Mutter, Leeni Körgemäki, eingeschickt worden waren. Ich fühlte mich gleich zu Hause. Leeni Körgemäki war kreuz und quer durch die Kirchspiele gezogen, und überall, wo alte Menschen waren, hatte sie diese singen lassen und die Lieder mit guter, deutlicher Handschrift notiert. Sie hatte einst die erste estnische Mädchenschule, die

Schule von Lilli Suburg in Viljandi, besucht. Die Menschen, deren Lieder sie aufschrieb, liebten sie, und jeder war bereit, ihr soviel wie möglich zu diktieren. Wenn Leeni irgendwo erschien, holte man alle zum Singen herbei, die irgend kommen konnten. Tatsächlich sind von den in Südestland gesammelten Liedern die von Leeni Körgemäki am anschaulichsten und reichsten. Körgemäki war damals ein großes Haus, und der Großvater Körgemäki war genauso geachtet wie mein Großvater. Seine Tochter Leeni, die ihm den Haushalt führte, war eine der Persönlichkeiten, die nicht nur das eigene Haus beherrschen, sondern auch das ganze Kirchspiel. Sie war gut befreundet mit Carl Robert Jakobsson. Jakobsson besuchte Körgemäki und traf dort mit meinem Großvater zusammen. Koidula war ebenfalls dort, ganz zu schweigen vom alten Kreutzwald. Es war ein Fest, wenn wir nach Körgemäki fuhren, und es war noch lange hinterher ein Fest, wenn Tante Leeni uns besucht hatte. Leeni und meine Mutter nahmen teil an der nationalen Politik, und sie gehörten zu den wenigen jungen Frauen, die Koidula vergötterten und ihren Spuren folgten. All das kam mir wieder in den Sinn, als ich die von Leeni Körgemäki eingeschickten Lieder sah. Ich dachte an all jene, die gesungen hatten, all die alten Menschen, auf deren Bettrand Leeni, ebenso wie meine Mutter, gesessen und jedes Wort aufgezeichnet hatte, ganz als wäre es Gottes Wort. Ich erinnere mich, wie ich als Kind versucht hatte, die Verse zu lernen. Lieder bekam ich ja in der großen Stube von Luppe ganz umsonst von den vielen alten Leuten, und sonderbarerweise sind mir gerade die Lieder besser im Gedächtnis geblieben als Gedichte. Jedenfalls waren die Sammelreisen von Körgemäki in die Umgebung nach Halliste ein Fest, etwas, das ich als Kind immer mit Spannung erwartete. Außer Liedern lernte ich auch eine Menge Märchen kennen, so das vom »Betrügerischen Hansu« und vom Teufel, der die Gutsherrinnen und Barone vom Friedhof holte, nachdem der Pfarrer sie gesegnet hatte und die Gräber zugeschaufelt worden waren. All das kehrte gleichsam wieder zurück, als ich mir die unzähligen Lieder in den Hurtschen Sammlungen ansah. Zu meinem Bedauern hatte ich nicht soviel Zeit, mir die schönsten Versionen abzuschreiben, nur von den Leibeigenenliedern besitze ich einige und wollte sie gelegentlich zu einer Anthologie zusammenstellen.

Die Katalogisierungsarbeit war sehr schwierig. Es gibt wenig Lieder, die nur ein einziges Thema behandeln. Ich merkte bald, daß so ein Lied wie ein Schneeball war, den man über den Hof rollt, wobei er immer größer wird. Der Liedersänger sang seine Verse ja in der Reihenfolge, wie er sie kannte und in Erinnerung hatte, und nicht nach einem fertigen Schema. Professor Krohns Absicht war, daß ich jedem Lied auf der Grundlage der Anfangsstrophe eine Art Überschrift geben sollte. Aber je mehr ich in den Liedern las und mit ihrem Inhalt vertraut wurde, desto deutlicher erkannte ich, daß ein Lied zuweilen Strophen aus zehn anderen Liedern enthielt und ich mit einer einfachen Betitelung einmal den Sängern unrecht tun würde, ganz besonders aber auch den Forschern, zu deren Unterstützung der Katalog geschaffen wurde. Der Professor verstand das auch so und war dankbar, als ich ihm sagte, daß ich versuchen würde, in den Überschriften alle die Elemente aufzuzählen, die der Sänger aus anderen Liedern in sein eigenes mit aufgenommen hatte. Auf diese Weise bekam mein Katalog einen gewaltigen Umfang. Ich bedaure nur, daß ich nie die Zeit hatte, die Betitelung der Lieder zu vereinheitlichen, da ich die verschiedenen Liedtypen erst während der Arbeit erkannte. Und so blieb der erste Teil der Betitelungen lückenhaft.

Obwohl ich die Erarbeitung des Katalogs als eine sehr angenehme Tätigkeit empfand, war sie recht anstrengend, denn ich mußte fast acht Stunden täglich daran sitzen, um wenistens etwa dreihundert Mark im Monat zu verdienen. Und während dieser Zeit konnte ich nichts anderes machen. Ich schrieb also fleißig mit der rechten Hand, während ich mit der linken in den Bänden der Sammlung blätterte. Eines Tages blieb meine Hand ohne weitere Vorwarnung – außer daß ich am Tag vorher das Gefühl von Nadelstichen in den Fingerspitzen gehabt hatte – einfach auf dem Schreibtisch liegen, und der Stift entfiel ihr. Ich versuchte die Hand zu bewegen und sie zu heben, aber der Arm war gelähmt und kalt bis zur Schulter. Blankes Entsetzen packte mich. Es gelang mir, mit der linken Hand das Telefon abzuheben. Ich bekam auch meinen Mann an den Apparat, und er kam nach Hause und brachte einen Arzt mit. In meiner Hand hatte ich einen sogenannten Schreibkrampf. Sechs Wochen Massage, die Hand in der Binde und keine Arbeit – aber ich hatte ja Lektüre. Der Arzt versicherte dem Professor, daß meine Schreibfähigkeit wiederkommen werde, empfahl mir aber, unbedingt entweder eine Schreibmaschine zu benutzen oder mit der linken Hand zu schreiben. Das Ergebnis war, daß mir Großpapa Wuolijoki eine Smith-Brothers-Schreibmaschine schenkte, die damals in Mode war und auf der ich zu üben begann, sobald sich die Bewegungsfähigkeit meiner Hand besserte. Aber ich hatte sowohl Zeit als auch Einkünfte verloren. Professor Krohn war unglücklich. Später erzählte er mir, er habe Angst gehabt, meine rechte Hand müsse amputiert werden. Unter solchen Qualen ist also der Katalog der Hurtschen Sammlung entstanden. Das einzig Gute an meiner zwangsweisen Untätigkeit war, daß ich öfter nach Nummela zu meiner Schwester fahren konnte.

Der Reichstag

Sehr bald wurde mir klar, daß ich mich mit dem Reichstag verheiratet hatte, so wie die Großmama Wuolijoki gesagt hatte, daß sie mit dem Ständetag verheiratet gewesen sei. Mein ganzes Familienleben konzentrierte sich auf den Reichstag und seine Ausschüsse. Einen großen Teil unserer Zeit verbrachten wir im Reichstag, wo ich auf der Pressetribüne saß und sehr oft auch im Saal selbst, denn damals im Haus der Feuerwehr durften die nächsten Angehörigen der Abgeordneten mit in den Saal, und ich hatte ja sogar noch mehr Verwandte dort. Beide Wuolijoki-Söhne waren da, und allmählich kamen auch noch mein Schwager Eino Pekkala und sein Bruder Mauno hinzu, außerdem in den zwanziger Jahren Valto Tuomioja, der später zum Großvater meiner Enkelkinder wurde, nachdem die Trauung unserer Kinder im Rathaus durch Bürgermeister Ehrnrooth vollzogen worden war, der zu jener Zeit im Reichstag neben dem inzwischen verstorbenen Schybergson saß. Er traute also damals die Reichstagskinder, während wir beiden Reichstagsehefrauen, Laina Tuomioja und ich, die Zeugen waren. Später sammelte sich dann noch mehr Verwandtschaft sowohl im Reichstag als auch in der Regierung an, und in den Anfangszeiten des Reichstags hatten wir dort auch noch unsere engen Freunde Sirola, Gylling, Kuusinen und Kotonen.

Ich verfolgte gespannt die Entstehung und Behandlung des ganzen Landpachtgesetzes. Die für Häuslerfragen zuständigen Vertreter und Kommissionen der Partei versammelten sich oft bei uns zu Hause, und es wurden Einsprüche und eigene Vorschläge aufgesetzt. Allerdings waren die Häuslermitglieder jener erwähnten Kommissionen bei der Abfassung der Einsprüche oft der Meinung, »ein Magister weiß das am besten, der

Chef schreibt also«. Und der Chef schrieb. Mich machten sie entsprechend zur Chefin, da auch ich nicht umhin konnte, an den Einsprüchen Anteil zu nehmen. Als ich Anfang der dreißiger Jahre nach Petrowskoje fuhr, fand dort gerade eine Versammlung der karelischen Forstaufseher statt, zu der ich als Waldkäufer auch geladen wurde, und dort traf ich einen Teil meiner alten Häuslerfreunde, die nach dem Jahre achtzehn in die Sowjetunion gegangen und in Karelien Forstaufseher geworden waren. Und sie ihrerseits erkannten und begrüßten die Chefin des Landpachtgesetzes.

Ja, die Einsprüche. In jener Zeit war der Klassenkampf noch so jung und scharf, daß er sich auf jeden Gesetzesparagraphen erstrecken mußte, den die bürgerliche Mehrheit durchzusetzen versuchte. Ach, und wie schwierig war es oft, sich etwas auszudenken, was in dem Einspruch stehen sollte. Und so mußte man sich auf den Klasseninstinkt der Häusler verlassen, denn für sie war klar, wenn der Bourgeois und der Landbesitzer etwas wollten, so war es unbedingt zum Schaden der Arbeiterschaft. »Welcher Hund mag da wohl wieder begraben liegen«, sagten die Männer.

Und so wuchs unsere Isolierung von den anderen Volksschichten. Die Partei gestattete uns nicht, für die bürgerlichen Zeitungen zu schreiben, und das Bürgertum seinerseits wurde von Tag zu Tag ablehnender uns gegenüber. Wenn wir ein paar Jahre nach dem Generalstreik noch an der Universität mit dem Marxismus, dem historischen Materialismus und unseren neuen Ideen glänzen konnten, so begann uns jetzt auch die Universität schief anzusehen, ebenso wie wir die Universität. Und je stärker die Arbeiterschaft im Reichstag und in der Gesellschaft wurde, desto scheeler sah man uns an, die bürgerlichen Abtrünnigen, die sich den Reihen der Arbeiter angeschlossen hatten. Es gab unter uns einige, die aus verschiedenen Gründen der bürgerlichen Welt sehr genehm gewesen wären und auf der anderen Seite der Barrikade eine glänzende Zukunft zu erwarten gehabt hätten. Aber ohne Zweifel kamen in unsere Reihen auch solche, die nicht die Fähigkeiten hatten, in den regierenden Kreisen hochzukommen, sich aber unter den Arbeitern eher hervortun konnten, denn dort bestand Mangel an Intellektuellen. Der größte Teil von ihnen fiel relativ schnell wieder von der Partei ab; die anderen, denen es tatsächlich gelang, bedeutende Politiker zu werden, hielten zu den Arbeitern, solange es nicht gefährlich war, ließen aber die Arbeiterbewegung wie eine glühende Kohle fallen, sowie diese tatsächlich glühend und gefährlich wurde. Aber das geschah ja nicht allein bei den Intellektuellen, sondern auch bei einem bedeutenden Teil der Beamten, die sich aus der Arbeiterschaft entwickelt hatten. Wenn unter den Arbeitern gegen die Intelligenz gemurrt wurde, habe ich immer denken müssen, daß jener Teil der Intelligenz, der seine Zukunft und seinen Erfolg in der bürgerlichen Welt geopfert hatte, der Arbeiterbewegung oftmals besser die Treue hielt als viele aus der Arbeiterschaft aufgestiegene Intellektuelle, die nichts zu verlieren, sondern alles zu gewinnen hatten.

Ja, jener erste Reichstag. Ich kann mir nicht helfen, aber er war interessanter als viele Reichstage danach. Ich hatte übrigens damals häufig das Gefühl, ich würde selbst einmal im Finnischen Reichstag sitzen. Doch als das dann eintraf, war ich müde vom Spiel mit dem Tiger, und im Laufe der Jahre war der Reichstag zu einer grauen Masse geworden, die von Jahr zu Jahr immer gleich blieb. Ich selbst war genauso grau geworden. (Die einzigen, die nicht grau waren, waren Urho Kekkonen und Hertta Kuusinen.) All jene, die mir nahegestanden hatten, waren nicht mehr da, so Sirola und die Wuolijoki-Söhne, desgleichen Kuusinen, Valpas und Taavi Tainio, die alle drei scharfsinnige und scharfzüngige große Persönlichkeiten gewesen waren. Es fehlten auch af Ursin und Voionmaa. Nur die alte Miina Sillanpää und ein paar alte Bekannte waren noch da und begrüßten mich. O. V. Kuusinens Tochter führte mich zu meinem Platz neben Eino Pekkala. Aber es fehlten auch Schybergsons Gruppe bei den Schweden und Lagerlöfs Gruppe bei den Konservativen, die einsamen scharfzähnigen Wölfe mit dem Lächeln in den Augenwinkeln, die nicht nur Volksvertreter, sondern auch äußerst interessante Persönlichkeiten gewesen waren. Es fehlte Jonas Castrén, der Gentleman Jonas, und es fehlten Alkio und der Barfüßige Pykälä. Auch Anton Kotonen war nicht mehr da, dem man gern verzieh, daß er die Arbeiterpartei im Stich gelassen hatte. Und ich selbst saß auf dem Platz K. H. Wiiks, eines großen, ehrlichen und prinzipienfesten Menschen, und wußte, daß ich diesen Platz niemals ausfüllen konnte, ich, die ich müde war vom Rundfunkkrieg, ständig von den »Rundfunkhörern« gebeutelt, während ich darum kämpfte, den Finnischen Rundfunk zu einem Rundfunk des ganzen Volkes zu machen, zu einem Rundfunk, den auch ein Arbeiter als den seinen ansehen konnte.

Aber kehren wir zu den Anfangszeiten des Reichstags zurück. Ich lebte alle Sorgen und Kämpfe des Reichstags mit, vor allem sämtliche großen und kleinen Streitigkeiten im Zusammenhang mit dem Landpachtgesetz. Gegenüber vom Haus der Feuerwehr befand sich ein gefährlicher Ort, das Restaurant »Central«, in dem die Abgeordneten zu essen pflegten. Und an den Tischen des »Central« wurden die Reichstagsdebatten bei Schnaps und Bier fortgesetzt. Da ich oft im Reichstag saß, ging ich selbstverständlich mit meinem Mann und seinen Genossen zusammen essen, hörte alles mit an und nahm

Anteil an »unserer Einspruchsindustrie« und den anderen Debatten. Am Nachbartisch saßen häufig zwei junge Männer von der Universität und unterhielten sich bei einer Flasche Wein über Nietzsche, Mach und Avenarius. Später hörte ich, daß es Svante Dahlström und Bertel Nyberg waren. Und da geschah etwas mit mir, das mich veranlaßte, während der Häuslertagung in Tampere ein paar Stunden in der Johanneskirche zu sitzen. Auf einmal mochte ich Bier, Schnaps und Kognak nicht mehr sehen und die alltägliche praktische Politik und Taavi Tainios Witze nicht mehr hören, denn am anderen Tisch sprach man über die Bücher, die ich gelesen hatte und über die bei einem Glas Wein zu diskutieren ich mich prädestiniert fühlte. Auch heute noch, vierzig Jahre später, nagt es an meinem Herzen, daß mich meine gute Erziehung damals hinderte, aufzustehen und an den Tisch zu gehen, wo ich mich richtig hätte aussprechen können. Svante Dahlström habe ich nie getroffen, aber Doktor Nyberg lernte ich nach mehr als dreißig Jahren kennen. Jedenfalls merkte ich, wie das Trickspiel der Anfangszeiten des Reichstags meinen revolutionären Geist anzuöden und die Einsamkeit sich über mich zu senken begann. Die Arbeiterschaft sich erheben zu sehen und diesen tötenden Alltag und das Trickspiel ihrer Abgeordneten zu erleben waren eben zwei ganz verschiedene Dinge.

Die Arbeiterschaft als Lehrer

Ich weiß selbst nicht mehr, wie es kam, jedenfalls wurde ich für ein paar Monate zum Referenten der Sozialdemokratischen Partei. Sirola hatte mich wohl mal irgendwo etwas über den historischen Materialismus vortragen hören. Und so bat man meinen Mann und mich, in Forssa und Kymenlaakso Vorträge zu halten; ich glaube, wir waren auch noch in anderen Orten Uusimaas. Ich erinnere mich, daß wir in Kymenlaakso, vielleicht in Myllykoski oder Kymi oder irgendwelchen kleineren Orten dazwischen, manchmal am selben Tag an zwei verschiedenen Stellen sprechen mußten. Wir sprachen im Arbeiterhaus, wenn eins vorhanden war, und wenn nicht, irgendwo in der Wohnstube eines Häuslers. Zuhörer hatten wir stets die ganze Stube voll und noch mehr, denn das Volk verschlang den Sozialismus damals regelrecht.

Physisch waren diese Veranstaltungen ausgesprochen mörderisch. Es waren so viele Leute versammelt, daß man gezwungen war, die Türen offenzuhalten, und das mitten im Winter. Während ich dort stand, war mir so heiß, daß der Schweiß mir über das Gesicht lief, aber meine Füße froren. Ebenso erging es den Zuhörern. In jener Zeit wurden solcherart Vorträge eines Magisters wie Gottes Wort angehört. Viele Frauen waren da, vor allem ältere (genau wie in der Kirche), und bärtige Männer. Und am Beginn der Veranstaltung sang man ernst wie in der Kirche »Unseren Schwur der Freiheit«. Ich erinnere mich noch an die kleinen, verhutzelten Großmütter und auch an all die jungen Leute, die auf den Fensterbrettern, den Kommoden und Tischen saßen, todernste Männer und Frauen. Niemals habe ich einen Betrunkenen gesehen, nie Radau, Geschrei oder grobe Worte gehört. Je niedriger die Hütte war, desto mehr kam sie mir wie eine Kirche vor. Und, gütiger Himmel, *ich* sollte diese ernsten alten Menschen etwas lehren, sollte ihnen das Evangelium des Sozialismus predigen, ihnen das alte Evangelium rauben und ein neues dafür geben. Und natürlich mußte man mit Adam beginnen, mit der Erschaffung der Welt, was damals für einen Sozialismusprediger, der noch nicht den Leninismus und Stalinismus zu kennen brauchte, ziemlich einfach war. Man brauchte nicht Mach und Avenarius zu kritisieren, sondern es genügte, wenn man mit Hilfe des »Anti-Dühring« erklärte, der Sozialismus sei der Hilferuf der Menschheit gegen das Elend. Jahrtausendelang hätten die Menschen Gott angerufen und um seine Hilfe gefleht, aber er habe nicht geholfen oder nicht helfen wollen, oder es gebe ihn nicht. Und so sei die Menschheit gezwungen, sich Hilfe zu suchen bei jemandem, der helfen könne und näher sei, nämlich bei der Menschheit selbst, bei den anderen leidenden Menschen, den Genossen. Der Kapitalismus habe zur Folge, daß die Menschen, die Arbeiter, zusammengeführt werden und ein gemeinsames Ziel haben, nämlich einander zu helfen. Wenn der Staat in die Hände der Arbeiter übergehe, würden die Arbeiter die Welt retten und der Menschheit helfen, ihr Leben so zu regeln, daß alles Elend von der Welt verschwinde. All dies begriff meine Zuhörerschaft natürlich ohne weiteres (ich pries im stillen sowieso jene vom seligen Engels im »Anti-Dühring« gegebene Darstellung, daß die ganze Kraft im Pulver, nämlich in der Menschheit, im Volk, liege und die Führer nur die Streichhölzer seien, die diese Kraft in Gang setzten), und auch, daß die Menschheit gezwungen gewesen sei, in ihrer Not Gott zu erfinden und ihn zu fürchten, bis im Katechismus Gott zu einem regelrechten Gespenst gemacht worden sei. Die Starken und Großen, die sich im Verlaufe der Entwicklung der Menschheit allmählich Grund und Boden aneigneten, hätten aus Gott eine Peitsche gemacht, um die armen Leute im Zaum zu halten, wogegen die Lehre Christi eine Lehre der Liebe sei.

So ungefähr sprach ich, und die Großmütter wischten sich die Tränen ab, und die Männer lauschten gespannt, wenn ich davon sprach, daß sich die Arbeiterklasse organisieren müsse. Und in meinem Herzen hatte ich ein warmes Gefühl, und warm waren die Hände, die mir gereicht wurden. Ich fühlte mich zugehörig zu diesen Menschen, die um ihre Existenz kämpften und denen die Zukunft gehörte. Und wenn ich dann in irgendeinem dunklen Hinterzimmer schlief, wo das Heimchen hinter dem Ofen sang, war ich glücklich, weil es mir vergönnt war, diesen Menschen den Weg zu zeigen, an dessen Ende sich anstelle der dunklen Hütten riesige Marmorsäle auftaten. Die Arbeiter ermöglichten auch mir, durch diese Säle zu gehen, die sie sich mit eigenen Händen errichteten. Als junger Mensch ist man kühn und glaubt, alles zu wissen, doch allmählich wurde mir klar, wieviel ich mir vom historischen Materialismus noch aneignen mußte, um bestehen zu können vor den ernsten Männern, die eine Anleitung erwarteten, was nun zu tun sei, damit das Leben bald besser würde. Und schließlich merkte ich, daß nicht ich der Lehrer war, sondern die Arbeiter mich lehrten.

Es war, glaube ich, in Forssa, wo ich zu richtigen Industriearbeitern sprach. Ich übernachtete in einer kleinen Hütte, wo die fünfköpfige Familie in der winzigen Küche schlief, weil man die Stube mir zur Verfügung gestellt hatte. Abends nach meinem Vortrag saßen wir in der Küche beisammen und unterhielten uns über den Kampf für die Freiheit, den aktiven und passiven Widerstand, warum man gegen Seyn und den Zaren kämpfen mußte und wie wichtig die politische Freiheit für die Arbeiter war. Da sagte mein Gastgeber, ein Arbeiter, dessen Namen ich nicht mehr weiß, daß die Befreiung vom Zaren und vom Generalgouverneur eine gute Sache sei, daß das arbeitende Volk dadurch aber trotzdem nicht frei werde. Was nütze Freiheit, wenn sie in Forssa festgenagelt seien? »Unsereiner kommt hier sowieso nicht mehr raus.« Er war nie in Helsinki gewesen. Eine Erhöhung des Stundenlohns um fünf Pfennig machte es möglich, für die Kinder ein Pfund Butter mehr zu kaufen. Streik? Aber die erbärmliche Hütte gehörte der Fabrik, und die Fabrik konnte ohne weiteres die ganze Familie aus Forssa wegjagen. Bücher? Um die von der Partei herausgegebenen Bücher zu kaufen, müßte am Brot gespart werden. Schuhe für die Kinder? Sie mußten Holzpantoffeln tragen, weil das Geld nicht für richtige Schuhe reichte. Das Leben war immer gleich, von Tag zu Tag, von Woche zu Woche und all die Jahre hindurch. »Die Welt ist so voller Freiheit, wenn doch auch für mich wenigstens so viel davon abfiele, daß ich mir die Stadt Helsinki ansehen könnte! Aber ich habe nichts zu erwarten«, sagte der Mann, »unser Leben ist bis auf den Pfennig genau vorausberechnet.« – »Wie ein Staketenzaun, über den man nicht rüberkommt«, sagte die Hausfrau lachend, »dabei ist der Matti in seiner Jugend so viel mit Flößen unterwegs gewesen.« – »Und hier bin ich nun gelandet«, sagte der Mann, »als Sklave in der Fabrik von Forssa. Was unterscheidet mein Leben von dem eines Sklaven?«

Als ich dann unter der von der Hausfrau gewebten Decke lag, fand ich auch keinen Unterschied zwischen dem Leben eines Sklaven und dem dieses Mannes. Was half ihm die Freiheit? Es war trotzdem kein Geld da, daß er fahren konnte, wohin er wollte, keine Möglichkeit, daß er sehen und lesen und sprechen konnte, was er wollte. Und wie konnte ich einem Menschen Freiheit predigen, der mir sagte, ihm sei es egal, ob Finnland konstitutionell oder altfinnisch beherrscht werde, solange nicht sein Lohn steige und sich die Lebensbedingungen verbesserten. Gebt den Menschen Luft unter die Flügel!

Ich konnte danach lange Zeit nicht mehr von Freiheit reden. Ich war ja selbst nicht frei. So endeten also meine

Parteivorträge, nachdem ich den finnischen Arbeiter kennengelernt hatte. Aus dem Lehrer war ein Schüler geworden.

Die Villa im Wald

[...]
An den Abenden saß ich allein auf der Veranda und lauschte dem Rauschen der Bäume in den Wäldern von Mäkkylä, und in stillen Nächten kam von irgendwoher der Klang von Kirchenglocken. Merkwürdig, daß ich während meines ganzen Aufenthalts in der Villa immer Glocken läuten hörte. Dabei konnte das gar nicht sein, wahrscheinlich spielte mir die Einsamkeit einen Streich. Mein Mann kam oft erst spät nachts nach Hause und fuhr am Morgen entweder in den Reichstag oder in die Redaktion, er brachte mir Bücher, und wieder war ich allein und las oder arbeitete im Garten, zusammen mit unserem Mädchen. Mein Mann hatte beschlossen, Jura zu studieren, als er Magister geworden war. Er fuhr im Herbst nach Lappe, um die Gerichtssitzungen zu verfolgen, bei denen Svinhufvud den Vorsitz führte. In Lauritsala war es Richter Kyander. Mein Mann nahm mich mit nach Imatra und zum Saimaa-Kanal; gleichzeitig mußte ich mir auch die Gerichtsverhandlungen mit anhören, und die waren für mich ein Erlebnis, das auch mich allmählich auf juristische Pfade führte.

Als ich zu Beginn des Herbstregens wieder nach Hause kam, empfand ich meine Einsamkeit noch mehr, auch wenn ich schon zum März auf ganz andere Gesellschaft hoffen konnte. Mein Arzt und meine früheren Kommilitoninnen, junge Frauen, die schon Kinder hatten, belehrten mich gern, wie ich mich auf dieses große

Ereignis vorzubereiten hätte. Einige von ihnen waren der Meinung, während man ein Kind erwartet, solle man geistige Arbeit meiden. Ich sprach darüber besorgt mit Augusta af Heurlin, die sich mit ihrem Sohn Mauno beriet und mir den im nächsten Kapitel abgedruckten Brief schrieb. Jedenfalls hatte Mauno gesagt: Soll sie nur an ihrer Dissertation schreiben, umso klüger wird das Kind. So ganz stimmte das wohl nicht, aber ich war jetzt ruhiger und setzte die Arbeit an meiner Dissertation fort, versuchte sogar, mich zu pflegen. Der Winter kam in jenem Jahr relativ zeitig. Ich lief Ski. Aber die Stille rings im Wald! Auch die Vögel waren fort, nur die Krähen leisteten mir Gesellschaft. Manchmal kam ein Hase über den frischen Schnee gehoppelt, um mich zu begrüßen. Die Eichhörnchen gar waren ganz dreist, sie erwarteten anscheinend, ich solle sie füttern. Es störte mich, wenn auf dem Bahnhof eine Lokomotive pfiff. Ich verstand einfach nicht, was mit mir geschehen war. Ich hatte in der Politik mitgemacht, sowohl in Estland als auch in Finnland, hatte am Universitätsleben teilgenommen, Vereine und Versammlungen besucht, und jetzt saß ich ganz allein in einer Villa am Waldrand, angewiesen auf Zeitungen und die letztlich recht knappen Informationen, die mir mein Mann brachte. Natürlich wurden mir besonders die Abende lang und unheimlich. Ich las viel und gab auch meine Dissertation nicht auf, aber es war das völlig Unglaubliche eingetreten, daß das Leben mich aufgegeben, mich allein in den Wald verbannt hatte, und die Frage: was nun? plagte mich schwer. Wo waren die Versammlungen und Vorträge, wo die Menschen, mit denen ich über spannende Fragen diskutiert und an deren Leben ich Anteil genommen hatte? Sollte mein Leben plötzlich auf diese weiße Villa und das tägliche Brot beschränkt sein? War es möglich, so zu leben?

Vor Weihnachten kam meine Schwiegermutter, um

mich nach Wuolijoki zu holen. Dort waren Menschen, dort war der Großpapa mit seinen Geschichten, und Politik und Gesellschaft kamen mir wieder näher. Aber die Hauptsache war trotzdem der kleine Gast, auf den ich dort wartete. Ich nahm alle Ratschläge an, die ich von meinen Freundinnen und meinen Verwandten erhielt. Und ich war froh, als ich wieder in mein Waldhaus zurückkehren und allein auf den kleinen Ankömmling warten konnte.

[...]

Es kam der Frühling. Es kam das Kind. Und die Blumen in unserem bescheidenen Garten begannen ihre Köpfe unter dem Schnee zu recken, vor allem die Tausendschönchen, die ich mit dem vielempfohlenen warmen Wasser behandelte. Meine Dissertation blieb liegen. Aber ich trauerte nicht darum, denn ein Kind ist schließlich interessanter als eine Dissertation und sämtliche Bücher. Außerdem bedeutete das Kind Ruhe vor allen Sorgen, Kümmernissen, Nöten und aller Hetze. Irgendwie fand ich, daß man in der nächsten Zeit nichts weiter von mir erwarten könne. Ich wollte an nichts anderes denken als an mein Kind. Ich machte mir keine Sorgen um Verdienstmöglichkeiten, ich wollte nicht daran denken, woher ich Arbeit bekommen würde.

Es kam der Frühling, es kam das Kind, und es kam die Großmama aus Hauho, die mir Geschichten von allen ihren fünf Kindern erzählte, die sie zur Welt gebracht hatte. Auch meine Mutter aus Estland kam, um mich in Kinderpflege zu unterweisen. Es war ein äußerst beängstigendes Gefühl, so ein kleines Wesen auf dem Arm zu halten und zu versuchen, es mit der freien Hand zu waschen. Genau wie die heutigen jungen Mütter fürchtete ich, das Kind könnte fallen und in der Wanne ertrinken – ich meine die Mütter, die keine geschulten Pflegerinnen zur Seite haben. Ich hatte sie nicht, abgesehen von meiner Mama, die ungefähr vier Wochen bei mir blieb, bis sie den dauernden Streit mit ihrer eigensinnigen Tochter satt hatte. Die Mama hatte fünf Kinder großgezogen und wußte, wie man mit ihnen umgeht. Sie hatte sie in Windeln gewickelt wie kleine Mumien, hatte sogar die Arme auf der Brust oder an der Seite mit eingewickelt, damit sie sich nicht im Gesicht kratzen konnten, und sie waren alle am Leben und gesund. Ich war boshaft und wunderte mich laut darüber, daß wir tatsächlich am Leben und gesund seien, obwohl Mama uns so unbarmherzig daran gehindert habe, zu strampeln und mit den Armen zu rudern. Das war zuviel für Mama, und es ist leicht zu erraten, was ich darauf zu hören bekam. So stritten wir uns über die Babypflege. Aber als dann später meine Enkelkinder geboren wurden und ich sah, wie sie im Alter von ein paar Monaten nackt in die Sonne gelegt wurden und frei strampeln konnten, wie man ihren kleinen Kopf ohne Mütze ließ und nicht fürchtete, sie könnten sich erkälten, und wie bald ihnen fremde Milch gegeben wurde, da schwieg ich in Erinnerung an meine eigene Mutter wohlweislich still und dachte mir, daß sie sicher in Ohnmacht gefallen wäre und mich beschuldigt hätte, ich ließe zu, daß man meine Nachkommen zu Krüppeln macht.

Meine Tochter wäre beinah Tänzerin geworden, obwohl ich ihre Beine ständig im Strampelsack gehalten und diesen bis zu den Achseln zugeknöpft hatte, wie es damals Mode war. Mama hatte dazu in Estland erklärt, sie würde sich wundern, wenn das Kind tatsächlich diese Methode vertrüge, mit der ich und die komischen finnischen Ärzte es behandelten. Erst nach mehreren Jahren hatte sie sich endgültig davon überzeugt, daß die Glieder des Kindes alle gesund waren, beruhigte sich und hörte auf, mir Vorwürfe zu machen.

Als ich mich nach dem Klinikaufenthalt und Mamas

Besuch im ländlichen Frieden der Villa häuslich eingerichtet hatte, kam ein harter Schlag. Mein Schwiegervater erlag einem Herzversagen. Krachend stürzte der herrschende Stamm von Wuolijokis Wäldern. Es war ganz so, als wäre mein eigener Vater gestorben.

Leb wohl, Villa, leb wohl, Dissertation

Unsere Villa wurde samt Kaninchenstall und allen sonstigen Tiergehegen verkauft. Wir waren gezwungen, sie zu verkaufen. Ich weinte nicht mehr, sondern sah dem Tiger, den man Leben nennt, gerade ins Auge. Als ich abfuhr, schaute ich mich kein einziges Mal um, obwohl meine Tausendschönchen und meine im Herbst gepflanzten Erdbeeren zurückblieben. Aber ich hatte ja mein Kind und das Manuskript meiner Dissertation.

Wir hatten gehofft, durch den Auszug aus der Villa ein paar Kobolde, schwarze Kummermaulwürfe und graue Sorgenmäuse loszuwerden, doch als der Möbelwagen vor der Tür der neuen Wohnung hielt, sprangen die Kobolde von der Fuhre und wisperten fröhlich: »Willkommen! Wir sind auch hier.«

»Ach, wie könnt ihr nur!« sagte ich.

Ich dachte damals, daß ich die Villa irgendwann zurückkaufen würde, schließlich war auch mein Erdbeerbeet noch dort. Doch als die Zeit kam, da ich sie hätte kaufen können, paßte ich nicht mehr in solche kleine Villa, und an ihre Stelle trat das Gutshaus Marlebäck und viel Überflüssiges.

Wir zogen in eine Wohnung mit drei Zimmern und Küche nahe der Apotheke von Sörnäinen. Es tat gut, nach Sörnäinen zu kommen, möglichst weit weg vom früheren Freundeskreis. Raj kam zum Tierarzt nach Siltasaari. Ich trauerte um unseren Hund Raj mehr als um unsere Villa, bis auch er in Vergessenheit geriet, abgesehen von seinem vorhin geschilderten unerwarteten Besuch. Und meinen Zoo vergaß ich ganz und gar. Inzwischen war mein Mann in von Quantens Zoo im »Kappeli« geraten, dem eine Anzahl reiner Bohemiens wie auch wirklicher Künstler angehörte, vor allem Eino Leino.

Ich steckte meine Dissertation möglichst tief in die Schublade, nahm eine Stelle als Auslandskorrespondentin im Anwaltsbüro von Castrén & Snellmann an, wurde Aushilfs- und Sommerredakteur im »Työmies« und außerdem vereidigte Übersetzerin. Ich brauchte Geld, sowohl für mein altes als auch für mein neues Heim, und saß fast Tag und Nacht an Übersetzungen, sofern es mir gelang, welche zu bekommen. Ich übersetzte vor allem Jahresberichte von Großfirmen ins Russische, auch mal eine Dissertation ins Deutsche und anderes. Abends versuchte ich an meinem Buch »Die im Nebel« zu schreiben, und in den langen Herbstnächten grämte ich mich wegen meiner Dissertation. Ich teilte Professor Krohn mit, daß ich sie nicht zum Abschluß bringen könne, da mir die theoretischen Grundlagen fehlten. Nur in Dijon gab es einen Professor, der mir hätte helfen können, aber ich sah keine Möglichkeit, mir Geld für eine Reise dorthin zu beschaffen. Ich war so weit gekommen, daß mir klargeworden war: Die folkloristische Forschung müsse sich, um eine Wissenschaft zu werden, darauf konzentrieren, wissenschaftlich exakt das gesamte Material zu untersuchen, das die Tausende von Liedersängern hinterlassen hatten. Es durften nicht mehr nur willkürlich irgendwelche Verse genommen und mit ihnen Entstehungszeit und -ort sowie der Weg des Liedes nachgewiesen werden. Ich war zu der Überzeugung gelangt – die ich immer noch für die richtige halte –, daß das Volkslied mit seinen verschiedenen Versionen die Aussage Hunderter von Menschen zum selben Thema ist, ähnlich den Zeugenaussagen vor Gericht, und daß es außerdem eine großartige Schatzkammer mit Material für wissenschaftlich-theoretische Untersuchungen darstellt. Die psychologische Forschung fehlte gänzlich in unserer Volksliedforschung. Sie war ein ungenutzter Schatz, und auch ich konnte an diesen Schatz nicht herankommen, da mir die wissenschaftliche Grundlage fehlte. Wer sollte mir in jener Zeit ein Stipendium geben, damit ich mit meinem kleinen Kind nach Dijon fahren konnte? Ich begrub meine Dissertation, und nur der alte Professor Krohn fragte danach und trauerte; er glaubte an mich, obgleich ich mich anschickte, seine Theorien umzustürzen. Ihm bedeutete die Folklore als Wissenschaft mehr als sein eigener Ruf; deshalb werde ich ihn immer achten.

Es kam eine Zeit, da ich selbst die Mittel hatte, nach Dijon zu gehen, aber da war jener Professor dort bereits gestorben, und hier lebten wir im Jahre achtzehn, und ich konnte nur noch vor Verzweiflung und Mitleid wimmern. Wie sollte man Wissenschaft betreiben und ein normales kultiviertes Leben führen, wenn Menschen getötet wurden!

Ich machte meine Übersetzungen mit dem Mut der Verzweiflung und mit meiner ganzen Energie, dabei merkte ich nicht, daß ich in eine tödliche Einsamkeit geraten war. Ich erinnere mich an eine Nacht, in der ich über meiner Schreibmaschine eingeschlafen war. Ich erwachte von Schmerzen. Der Rand der Schreibmaschine hatte einen tiefen roten Streifen in meine Stirn gedrückt. In einem estnischen Volklied sagt die Mutter:

> »Fand auf deiner Stirn das Sklavenzeichen,
> auf deinem Hals das Elendszeichen.«

Als ich ins Büro ging, band ich mir ein Tuch um die Stirn, damit man das Zeichen nicht sah. Allmählich verschwand es, und niemand merkte etwas.

Ich brauchte damals dringend Geld, um meine Schulden an Estland bezahlen zu können, und auch hier gab es zahlreiche Geldlöcher. Ich war gezwungen, meinen Tag genau einzuteilen: von der Redaktion ins Büro, vom Büro in die Redaktion, danach mit dem Kind spazieren- und auf den Spielplatz gehen, dann die Übersetzungen, und abends, wenn es ruhiger war, schrieb ich unverzagt an meinem ersten Roman »Die im Nebel«. Wenn ich müde wurde, sagte mir meine innere Stimme: Mach weiter und jammere nicht! Und ich jammerte nicht, das tue ich erst jetzt.

Herrn Pans struppiger Bohemienkopf erhob sich aus dem Sumpf der Menschheit und zeigte seine Zunge.

Noch über die Gerichtsfälle

Ich faßte also den Entschluß, Rechtswissenschaft zu studieren, und schrieb mich deshalb in der juristischen Fakultät ein.

Ich arbeitete damals im Anwaltsbüro von Castrén & Snellman, deren Inhaber zu jener Zeit Amtsrichter Lassenius und die Gebrüder Fröjdman waren, als Mitarbeiter hatten sie Richter Haveri, Schwager meines Mannes, und Akseli Pellinen. Eines Tages ließen sie sich beim Kaffeetrinken über die großen Schwierigkeiten der juristischen Kandidatenprüfung im Vergleich zur philosophischen aus, und da begann mich dieses ungeheure Eigenlob der Juristen zu ärgern. Nicht nur junge Männer können dreist sein, ich bewies, daß auch eine junge Frau dazu in der Lage ist, und ging kaltblütig eine Wette ein, daß ich die juristische Kandidatenprüfung innerhalb von anderthalb Jahren ablegen würde. Richter Pellinen, ein vermögender Mann, erklärte sich bereit, mir fünftausend Mark zu zahlen, falls ich Erfolg hätte. Fünftausend Mark waren zu jener Zeit eine riesige Summe Geld, und deshalb wurde ein richtig offizielles, von Zeugen unterschriebenes Dokument angefertigt.

Ich meldete mich also an der Fakultät an und absolvierte umgehend die Präliminarien, das Lesen alter Handschriften und so weiter. Mein Studienplan wurde aufgestellt, und ich begann mich nach einem Ort umzusehen, wo ich die Gerichtssitzungen verfolgen könnte. Der amtierende Richter des Gerichtsbezirks Asikkala, Oberlandesgerichtsrat Olavi Rasinen, war bereit, eine Frau zum Protokoll zuzulassen. Damals sträubten sich die Richter noch gegen Frauen bei Gerichtssitzungen.

Ich durfte also zu den Herbstgerichtssitzungen, die der Richter persönlich in Asikkala leitete. Als Gerichtsgebäude diente die Gastwirtschaft des Ortes. Ich wohnte ungefähr einen Kilometer entfernt bei der Oma Kuoppala, in einem großen, alten Gebäude, in dem weiland Gustav III. übernachtet haben sollte. Das Haus war lang und schmal. Mein Zimmer befand sich an dem einen Ende, und am anderen wohnte meine alte Wirtin. An den dunklen, unfreundlichen Herbstabenden hatte ich, offen gesagt, regelrecht Angst. Amtmann Mittler, dessen Name später im Zusammenhang mit gewissen häßlichen Geschichten in den Spalten der Zeitungen erschien, lieh mir einen Revolver und erklärte mir, wie man damit umgeht.

Ich hatte Angst vor dem Ding, so daß es unbenutzt blieb. Einmal allerdings hörte ich nachts vor meinem Fenster Schritte und Männerstimmen. Starr vor Entsetzen hielt ich die Waffe in der Hand und wartete auf das, was da kommen sollte, bis ich plötzlich hörte: »Schöne Jungfrau, die du wuchsest ...« Die Jungen kamen vom Skruuvi-Spiel, um mir ein Ständchen zu bringen. Ich dankte nach klassischem Vorbild und winkte mit meiner weißen Hand; erst am nächsten Tag erzählte ich ihnen, in welch großer Gefahr sie sich befunden hatten, da sie vergessen hatten, daß ich Mittlers Revolver besaß.

Wir waren viele Referendare und Studenten, die die Gerichtssitzungen verfolgten. Ich war die einzige Frau, so daß ich nicht oft zu Protokoll mußte, dafür aber umso öfter an den Skruuvi-Tisch im Zimmer der Rechtsanwälte, aus dem einem beim Öffnen der Tür immer entgegentönte: Fünf Pik und sechs Herz! Zu den Referendaren gehörten unter anderen die späteren Bankdirektoren Eero Ilves und Toivo Hukkinen, bei den Studenten erinnere ich mich noch an Richter Kindt und einen gewissen Helander, ich selbst war einfach nur Magister. Aus dem Arbeiten wurde nicht allzuviel. Sonntags machten wir Ausflüge in Tiirismaa und so weiter, wobei wir uns unter der väterlichen Obhut des netten Richters in keiner Weise langweilten.

Richter Rasinen war einer der angesehenen Richter vom alten Schlag, und er pflegte sowohl die Leute aus dem Volk als auch seine Anwaltskollegen zu duzen, genau wie Svinhufvud. Zuerst war ich verwundert, bis ich feststellte, wie ausgezeichnet sich das mit den richterlichen Normen vereinbarte und zum Richter-Begriff paßte. Der Richter trug keine Amtsrobe, aber sein Wesen war feierlich und erweckte Vertrauen und Ehrfurcht.

Damals stand der Richter noch mehr oder weniger über den Widersprüchen der Gesellschaft, versuchte es zumindest, auch war jene Richtergeneration, wie ich zugeben muß, erzogen in einem stark ausgeprägten Bewußtsein der Bedeutung und der Traditionen dieses Amtes.

Ich fragte einmal einen Richter, der während der Prohibition sein Richteramt aufgegeben hatte und Bankdirektor geworden war, warum er auf sein ehrenvolles Amt verzichtet habe. Er sagte mir unumwunden, daß ihm eines Morgens ein Mann zur Aburteilung vorgeführt worden sei, mit dem er am vergangenen Abend zusammen gezecht hatte. Außerdem möge er die politischen Fälle nicht. Er gehörte zu den gewissenhaften Menschen. Aber er war keineswegs der einzige unter unseren Richtern, der wegen der politischen Fälle litt; die politischen Leidenschaften haben schon so oft einen Richter verblendet und die alten goldenen richterlichen Normen aus seinem Gedächtnis verdrängt. Auch der Richter ist ein Mensch, und wenn in ihm die gesellschaftserhaltenden Instinkte erwacht sind, kann man schwerlich von ihm verlangen, daß er gerecht gegenüber denjenigen ist, die seine Gesellschaft vernichten wollen. Das moderne Leben hat diese Situation geschaffen, aber es wäre immerhin ehrlicher, es zuzugeben und nicht die politischen Instinkte hinter dem Vorhang des Rechts zu verstecken ... »Kein Recht im Land bekommt, wer dies nicht selbst erringet.«

Aber vor vierzig Jahren war das »Hohe Gericht« noch ein hoher Begriff. An den Gerichten, wo in würdiger Weise alte Traditionen aufrechterhalten wurden, spürte man immer noch, daß sich ein freies nordisches Volk freiwillig der feierlichen Macht des Trägers von Justitias Waage unterwarf, besonders, wenn diese Macht so menschlich ausgeübt wurde, wie Olavi Rasinen es damals tat.

Leider erinnere ich mich nicht mehr an viele Fälle aus jenen Gerichtstagen. Es handelte sich wohl zum größten Teil um kleine Eigentumsdelikte. Mordfälle waren nicht dabei, auch kaum Nachbarstreitereien und Beleidigungen zwischen »Weibsleuten«, Alptraum und Farce aller

Gerichtstage. Messerstechereien mußten oft verhandelt werden. An einen dieser Fälle erinnere ich mich noch, es ging um eine typische Rauferei nach der abendlichen Feier. Der schöne, stattliche Angeklagte hielt mit seinen kalten Augen die ganze Zeugenschar in Schach, so daß jemand schließlich nicht einmal aus einer Elle Abstand bemerkt haben wollte, daß ein Mann mit dem Dolch angegriffen worden war und wer das getan hatte. Und wegen Mangels an Beweisen mußte der offensichtliche Täter freigelassen werden.

Aber an einen Fall erinnere ich mich besonders gut.

Es wurde eine sogenannte Unterhaltssache aufgerufen. Klägerin war ein junges, schönes Mädchen. Und der Mann, von dem der Unterhalt verlangt wurde, ein gutaussehender Bursche. Er stand an die Wand gelehnt und betrachte mit eisigem Blick die ganze übrige Welt, nur das Mädchen sah er nicht an. Sie hatte einen Anwalt. Und zur Ehre der damaligen Anwälte muß gesagt werden, daß es für den Jungen wahrscheinlich schwer war, einen zu finden. Trotzdem nahm sich zu meiner großen Verwunderung einer der anwesenden Anwälte der Sache des Jungen an, der von einem wohlhabenden Bauernhof stammte.

Nun, das Mädchen forderte also den Unterhalt für ihr Kind, einen gesunden und schönen Jungen, den die Mutter des Mädchens auf dem Arm trug. Sie hatte es wahrscheinlich für sicherer gehalten, das Kind mit aufs Gericht zu bringen. Ich war zufällig gerade Protokollant und mußte die Sache von Anfang bis Ende aufschreiben. Es war qualvoll, die vom Anwalt des Mädchens vorgetragenen Beweise anzuhören. Und seine Zeugen waren alte Großmütter und Großväter. Die finnische Landschaft, Seen und Wälder und Sommernacht, all das erstand vor unseren Augen. Da war eine Alte, die gesehen hatte, wie das Paar mit dem Boot ans Ufer gekommen war und der

Junge das Mädchen geküßt hatte. Andere hatten gesehen, wie die beiden im Wald gelegen hatten. Schließlich kam noch die Frau des Stallknechts, die dem Hohen Gericht schwor, sie habe sowohl gesehen als auch gehört, wie der Junge das Mädchen besucht habe. Und das Mädchen stand da und schaute mit bitterem Blick abwechselnd zum Fenster hinaus und zu dem Jungen hinüber. Der verzog keine Miene, als ob ihn die Sache nichts anginge. Und sein Anwalt log das Blaue vom Himmel herunter und behauptete, der Junge habe nichts mit dem Mädchen zu schaffen gehabt. Angeblich hatte ein anderer Mann die Hauptrolle gespielt. Zu jener Zeit sah das Gesetz noch vor, daß der Mann nicht zu zahlen brauchte, wenn bewiesen werden konnte, daß noch andere Männer im Spiel gewesen waren.

Die Reihe der Zeugen war endlos. Der finnische Sommer wurde vor unseren Augen lebendig, und sogar der Richter blickte über den Kopf des Mädchens hinweg irgendwohin in die Ferne. Der Junge legte einen Eid über seine Unschuld ab. Wir alle, einschließlich des Richters, wußten, daß der Eid falsch war. Aber der Junge hatte sich freigeschworen. Das Mädchen lehnte an der Wand und sah ihn an. Er rührte sich nicht. Dann sagte der Anwalt des Mädchens, er werde dafür sorgen, daß der Villehard wegen Meineids sitzen müsse, und zwar gehörig. »Nun denn! Ich darf jetzt dem Gericht Briefe dieses jungen Mannes übergeben, die die Sache aufklären, weil er darin selbst zugibt, der Vater des Kindes zu sein.« Der Anwalt übergab dem Richter einen dicken Stapel Briefe und bat ihn, diese öffentlich zu verlesen. Der Richter öffnete sie und begann zu lesen. Es waren wunderschöne Liebesbriefe, solche, wie wir sie alle einmal bekommen haben. Das Mädchen stand mit zitternden Händen da. Der Junge wurde abwechselnd rot und blaß. Das Mädchen schaute ihn an, und plötzlich kam sie fast im

Laufschritt an den Richtertisch und erbat ihre Briefe zurück. Der Anwalt zischte: »Was tun Sie da? Torheit!« Die Mutter des Mädchens weinte. Aber das Mädchen griff nach den Briefen und sagte: »Ich kann nicht. Ich kann ihn nicht ins Gefängnis bringen.« – »Bedenken Sie die Sache noch«, sagte der Richter. Doch das Mädchen schüttelte den Kopf. Der Richter faltete die Briefe zusammen und gab sie ihr. Der Junge rührte sich nicht. Ich sah ihn an: nicht die kleinste Regung in seinen eiskalten Augen.

Die Sache wurde damit hinfällig, und der Junge wurde freigesprochen, weil das Mädchen zurücktrat. Er schritt stolz hinaus. Ich konnte nicht mehr ruhig sitzen bleiben und ging dem Jungen nach; in meinem Innersten hatte ich den Wunsch, ihm die Augen herauszureißen. Das Mädchen kam mit ihrer weinenden Mutter, sie gingen mit dem Kind auf dem Arm zum Tor, wo ihr Pferd wartete. Der Junge bezahlte den Anwalt. Und nun geschah das, was mich immerhin ein wenig tröstete. Der Anwalt steckte das Geld nicht ein, sondern ging zum Tor und bot es dem Mädchen an. Da sie das Geld nicht nehmen wollte, gab er es schließlich ihrer Mutter.

Weinend ging ich in das Zimmer der Anwälte, ich glaubte an das Leben. Nicht wegen jenes Anwalts, sondern weil die Liebe die Menschen doch nicht verlassen hat.

Die nächsten Gerichtstage waren in der Stadt Lahti. Dort führte nicht Richter Rasinen selbst den Vorsitz, sondern Aarne Wuorenheimo, dessen Vater der altfinnische Senator Bergbom und dessen Mutter eine Idman aus Hatanpää war. Er hatte vom finnischen Volk, wie er selbst sagte, nur gelegentlich einen Häusler oder Gärtner auf Hatanpää und die Dienstboten des Senatorhauses in Helsinki getroffen, das war alles.

Die Schöffen waren ernste Bauern aus Hollola, und Protokollant war ich, die gebürtige Estin. Die Referendare und Studenten und Anwälte spielten im Nebenzimmer Skruuvi. Wenn die Tür aufging, hörte man: Fünf Pik und sechs Karo und so weiter, auch hin und wieder erzürnte Ausrufe, woraufhin der Richter und ich sehnsüchtig zur Tür blickten, denn wir waren alle große Skruuvispieler vor dem Herrn.

Das war also die Inszenierung der Bühne, und auf dieser Bühne geschah etwas, woran ich mich noch heute, nach vierzig Jahren, erinnere.

Viele Fälle mußten verhandelt werden, langweilige, unbedeutende Forderungsklagen und kleine Diebstähle, und ein Villehard oder Aaretti nach dem anderen wurden aufgerufen. Ich hatte den Eindruck, daß es in ganz Lahti überhaupt keine anderen Namen als Villehard und Aaretti gab. Und die Reihe dieser grauen, gewöhnlichen Aarettis riß den ganzen Tag nicht ab. Wir waren alle schon etwas müde, als ein alter, wie ein Häusler aussehender Aaretti aufgerufen wurde, er hatte einen Ziegenbart und lange Haare und trug einen Drillichanzug. Es handelte sich um irgendeine Forderungsklage – der Nachbar Villehard oder irgendein Gutshof hatte ihm unrecht getan.

Aaretti begrüßte das Hohe Gericht mit einer tiefen Verbeugung. Der Richter herrschte ihn sofort an: »Nun, tragen Sie schnell Ihre Sache vor!« Der Mann steckte die Hand in die Tasche, um irgendwelche Papiere vorzuholen. Seine Hände waren vom Hackenstiel so steif und vom Pflugsterz so krumm geworden, daß er die Papiere und Dokumente einfach nicht zu fassen bekam. Der Richter schaute ihm zu, klopfte mit seinem Stift auf den Tisch und herrschte den Mann wieder an: »Sagen Sie schnell, worum es sich handelt! Welche Forderungen haben Sie?« Aaretti wühlte in seinen Taschen und wiederholte immer nur: »Hohes Gericht, wart mal, gleich hab ich es, es ist ja hier drin.« Und das Hohe Gericht schimpfte und wetterte: »Tempo! Wir haben nicht den ganzen Tag nur für Sie Zeit!«

Der Mann schwitzte und beteuerte, daß ihm ein Unrecht angetan worden sei. Es gebe das und das Dokument, einen Vertrag, aber der Nachbar kümmere sich überhaupt nicht um Verträge und so weiter. Die Schöffen kannten den Mann und hörten geduldig zu, aber der Richter wurde immer ungehaltener und klopfte mit seinem Stift auf den Tisch. Wir hatten uns angewöhnt, über Skruuvi oder andere interne Dinge auf deutsch oder französisch zu sprechen. Ich hielt es nicht mehr aus und zischte: »Imbécile!«, was ein sehr schlimmes Wort im Französischen ist, aber ich benutzte es, und schließlich fauchte ich noch in deutlichem Finnisch, so daß die Schöffen mithörten: »Laß doch den Mann in Ruhe reden! Du siehst ja, daß er ein Anliegen hat, und er möchte es erklären.« Aber der Richter fauchte zurück: »Ich verstehe kein Wort. Weshalb spricht der so? Daraus kann ich nicht klug werden. Sprechen Sie deutlicher!« Und ich zischte noch wütender: »Der Mann versteht dich schon, aber du ihn nicht!« Es ging weiter damit, daß der Mann dauernd ganz ehrerbietig sagte: »Hohes Gericht, wart einen Augenblick! Gleich hab ich es.« Und das Hohe Gericht schimpfte und warf seinen Stift auf den Tisch und breitete die Hände vor den Schöffen aus: »Verstehen Sie etwas? Verstehen Sie?« Da sagte ich zu den Schöffen, daß ich zwar nicht in Finnland geboren sei, aber trotzdem das finnische Volk und auch noch ein anderes Volk an der Südküste des Meeres kennengelernt habe, und: »Jetzt sehen Sie, daß ich Aaretti und Villehard besser verstehe als der Richter, der in Finnland geboren, aber weit weg vom Volk auf Hatanpää und in einem großen, reichen Haus in Helsinki aufgewachsen ist.« Doch das traf den Richter überhaupt nicht, er empfand es nicht als Kritik, sondern freute sich noch, daß es ihm im Leben so gut gegangen war und er sich nicht mit dem Pöbel hatte befassen müssen.

Endlich hatte der Aaretti oder Villehard dann seine Papiere parat und erklärte lang und breit seinen Streitfall. Und seine Hände – ich habe sie niemals vergessen – waren wie Eisenpranken, und in sein Gesicht hatte das Leben zahlreiche Furchen gezogen. Gebeugt, knorrig, zusammengeschrumpft vom Dreschen, Säcketragen Bäumefällen und anderen schweren Arbeiten, zusammengedrückt wie eine alte, vom Wind gebeutelte Kiefer, stand er vor uns.

Und als ich mich dann als Dolmetscher zwischen dem finnischen Richter und dem finnischen Arbeitsmann betätigte, konnte schließlich mit großer Mühe Einvernehmen zwischen dem Hohen Gericht und Aaretti hergestellt werden. Aber auch für die Schöffen klärte sich die Sachlage. Es war nicht direkt mein Verdienst, aber wenigstens geschah es ein paarmal, daß die Schöffen den Richter überstimmten.

Ich habe diesen Fall nicht vergessen können. Und später, als ich den Skruuvitisch verlassen hatte und in mein Zimmer im »Seurahuone« von Lahti kam, setzte ich mich ans Fenster, schaute auf den leeren Marktplatz und sprach zu jemandem, den es vielleicht gibt, vielleicht auch nicht: »Lieber Gott, falls du existierst, hilf mir, daß ich lerne, dieses Volk zu verstehen, das wie eine vom Sturm gepeitschte alte Kiefer ist und dessen Hände schwielig von der Arbeit sind. Laß mich dieses Volk verstehen und laß das Volk mich verstehen, denn ich kann nicht anders, als dieses Volk zu lieben, so wie ich jenes liebte, aus dem ich komme.«

Albert Engström veröffentlichte seinerzeit in »Strix« eine Karikatur, in der ein rotnasiger ewiger Student, der endlich nach zwanzig Jahren sein juristisches Examen abgelegt hat, auf den Stufen vor der Universität steht und feierlich verkündet: »Nu skall svenska folket dömnas« – also: Jetzt wird das schwedische Volk verurteilt!

Albert Engström kannte sein Volk.

Das »Kriegslied«

Es war meine letzte literarische Arbeit vor einer sechzehnjährigen Pause. Es wurde im Dezember 1914 herausgegeben und erschien beim Verlag »Maa«.

Dann folgten sechzehn Jahre Import- und Exportgeschäfte, Politik, Landwirtschaft und Sägeindustrie in buntem Durcheinander, sowohl Geldgewinne wie auch Geldverluste, und erst 1930 kehrte ich nach all meinen Irrfahrten in die Literatur zurück, vierundvierzigjährig, als einsamer Wolf. Natürlich begann ich meine neue Laufbahn mit den boshaften Schauspielen »Der Minister und der Kommunist« und »Gesetz und Ordnung«. Ich hatte auf meinen Irrfahrten nicht etwa gelernt, der Gesellschaft zu schmeicheln, und sie fletschte sofort die Zähne. Ich genoß es damals unleugbar ein wenig, daß es mir gelungen war, die Bourgeois zu ärgern.

Aber nun zum »Kriegslied«, das zu meinem Abschied von der Literatur wurde. Ich habe es in meinem Kukkia-Buch erwähnt, weil Eino Leino damals begann, es ins Finnische zu übertragen, doch hat es danach noch merkwürdige Schicksale erlebt, und zwar bis zum heutigen Tag.

Während meiner Arbeit an der Katalogisierung der Hurtschen Sammlungen hatte ich angefangen, von vielen Liedern die schönsten Variationen für mich zu sammeln. Meine Absicht war, im Laufe der Zeit eine Anthologie daraus zusammenzustellen. Ich hatte mir Variationen vieler Leibeigenenlieder abgeschrieben, außerdem von einem merkwürdigen Sehnsuchtslied der Frauen, das »Wunderland« genannt wurde, und natürlich auch die besten Versionen des Liedes »Am Grab der Mutter«, weil ich über eben dieses Lied meine Dissertation schrieb und auch ansonsten den dazugehörigen Stoff beherrschte. (In Wahrheit beherrschte ich am Ende der Katalogisierungsarbeit so ziemlich den gesamten Stoff der estnischen Volksdichtung, denn ich war ja gezwungen, jedes einzelne Lied zu lesen, um ihm einen Titel geben zu können.) Nach Ausbruch des Krieges hatte ich den Einfall, zu prüfen, was die estnische Volksdichtung vom Krieg wußte. Der Krieg war eine furchtbare Tragödie, vor allem für ein kleines Volk, dessen Männer gewaltsam in die Armee des Zaren gesteckt wurden. Der erste Weltkrieg war den Esten immerhin noch einigermaßen verständlich, da man gegen die Deutschen, die jahrhundertelangen Unterdrücker, kämpfte. Aber den davor geführten Japanischen Krieg, in dessen Verlauf in der Mandschurei viele estnische Männer ihr Leben ließen, haßten die Esten ebenso sehr wie das russische Volk.

Ich begann mich näher mit dem Kriegsthema zu beschäftigen und merkte, wie selten in der estnischen Volksdichtung der Krieg vorkam. Gleichzeitig erkannte ich, daß es nicht schwierig war, alles Material, das den Krieg behandelte, zusammenzufassen. Ich wählte die schönsten Versionen der entsprechenden Lieder aus, und allmählich reifte in mir der Plan, all dieses Material zu einer epischen Einheit zu verbinden, auf die gleiche Weise, wie Lönnrot die Runen des »Kalevala« geschaffen hatte. Allerdings hatte ich es leichter als Lönnrot, da mir zu einem begrenzten Thema im Verhältnis viel mehr Variationen zur Verfügung standen als seinerzeit Lönnrot beim Zusammenstellen der epischen Runen des »Kalevala«.

Als ich mein Material genauer betrachtete, stellte ich fest, daß einige Versioen das Schicksal eines Mannes besangen, der im Krieg fiel, in anderen wiederum kehrte ein Mann aus dem Krieg heim. Das gab mir schon einen deutlichen Hinweis, welche Richtung ich einschlagen mußte. Das Skelett sollte also sein: zwei Brüder ziehen in den Krieg. Unter den verschiedenen Versionen gab es auch eine kleine Anzahl humoristischer Lieder, in denen zum Beispiel die Schwester in den Krieg mußte, da die Brüder noch zu jung waren. Das Volk hatte dann zu diesem Stoff Teile von allen möglichen anderen Liedern hinzugefügt, vor allem aus der »Klage der Mutter«, aber sogar aus Leibeigenenliedern und Hochzeitsliedern. Und weil das Volk so verfahren war, hatte ich auch das Recht, das Material zu benutzen, nicht so, wie es war, sondern auch von den hinzugefügten Liedern mußte ich natürlich die schönsten Versionen heraussuchen.

Gleichzeitig bemerkte ich, daß das Kriegslied, wie zumeist alle lyrischen Volkslieder Estlands, von Frauen gesungen wurde. Es behandelte nur Familiendinge: die Familie, wenn der Mann in den Krieg zog, die Familie, wenn der Mann heimkehrte, den Schmerz im ersteren und das Glück im letzteren Falle, es erzählte vom Warten der Angehörigen und von ihren Tränen. Wo vom Krieg die Rede war, wurden nur Schmerz, Not, Kälte, Blut, Hunger und vor allem Heimweh beschrieben. Nirgends fand sich auch nur der geringste Kriegseifer. Die Männer hatten ja noch kein Vaterland, es gab nur die Angehörigen, den Heimatort. Der estnische Mann wußte nicht einmal immer, gegen wen er Krieg führte.

Ich machte mich begeistert an die Arbeit, an das Zusammenfügen der einzelnen Teile, und versuchte lönnrotscher zu sein als Lönnrot selbst. Ich nahm keinen einzigen eigenen Vers in dieses Lied auf. Und so entstand ein episch-dramatisches Gedicht. Vielleicht wagte man sogar in Estland zu flüstern: die ersten Strophen des künftigen estnischen Volksepos.

Der geniale Dichter Doktor Kreutzwald, der von Lönnrots »Kalevala« begeistert war, meinte seinerzeit, wenn das »Kalevala« in Finnland einen so großartigen Erfolg als Erwecker des Volkes erzielt hatte, so könne man für Estland das »Kalevipoeg« schaffen. Das tat er auch, und das Ergebnis war großartig. Das »Kalevipoeg« wurde zum Nationalepos, zu einem Buch, das in Estland fast ebenso heilig ist wie in Finnland das »Kalevala«, auch wenn es nur höchstens fünf Prozent Volksdichtung enthält und fünfundneunzig Prozent Kreutzwald. Die hunderttausendstrophige Volksdichtung Estlands kennt das Wort »Kalevi« gar nicht, nicht einmal als Dorfname, auch die alte Märchendichtung nicht. Festen Lodenstoff nennt man im Volksmund »Kalevi«, aber möglicherweise ist diese Bezeichnung erst durch das »Kalevipoeg« zustande gekommen. Ein »Kalevipoeg« als Epos, das sich ebenso auf die Volksdichtung stützt wie das »Kalevala«, ist noch nicht entstanden.

Es ist also kein Wunder, daß ich mit diesen ketzerischen und umstürzlerischen Gedanken hinsichtlich des Nationalepos nicht in Estland bleiben konnte, sondern geradewegs nach Finnland kam, wo die große Dichtung der Finnen im »Kalevala« rein bewahrt ist, obwohl heutzutage einige behaupten, es sei westfinnisch.

Mit Schrecken denke ich an die Zeit, da die Wissenschaftler – die Folkloristen – anfangen zu untersuchen, wann und wo mein »Kriegslied« entstanden ist und von welchem Krieg gegen wen es berichtet.

Die Sängerinnen haben es in ihrer Herzensqual hervorgebracht, vielleicht am Beginn der Zeiten, als sich die Stämme untereinander noch bekämpften. Wenn darin

Deutschland oder Rußland oder Polen namentlich genannt wurden, geschah das wohl vielfach deshalb, weil das jeweilige Land wegen seines Anfangsreims in das Lied paßte, wie »Sattel aus dem Sachsenland« oder »am Schwert klebte mancherlei Blut: Blut des Herrn von Hiidenmaa und Blut des Königs von Kurland.« Herr und König waren dabei am wichtigsten – und daß am Schwert Blut klebte. Die Herren und Könige waren Begriffe der ewigen Unterdrückung, und dem Volk, seinen Sängerinnen, den Frauen und Müttern, war es gleichgültig, um welchen König es sich jeweils handelte – der Anfangsreim bestimmte ihn als den König von Kurland. Aber dann nach Jahrhunderten kommt irgendein Nachfahre und fängt an, die Kriege geographisch und historisch einzuordnen, den »geopolitischen Gedankengehalt« in den Liedern der Maia und Malle und Madli zu bestimmen. Verzeiht ihnen, liebe Stammütter, die Professoren wissen nicht, was sie tun!

Mein »Kriegslied« wurde im November 1914 fertig. Ich übersetzte es mündlich Leino, der begeistert war und es ins Finnische zu übertragen begann. Als ein gedrucktes Exemplar aus Estland eintraf, gab ich es ihm. Und danach war es natürlich aus mit seiner Übersetzung, so wie es mit vielen anderen Arbeiten in Leinos Leben ging. Und auch mich führte das Leben andere Wege, fort von der Volksdichtung und der Dissertation und auch von den Schauspielen. Professor Krohn bedrängte mich natürlich sehr, das »Kriegslied« zu übersetzen, er versuchte auch andere zu überreden, diese Arbeit für die Finnische Literaturgesellschaft zu übernehmen, aber es blieb liegen. Und so gingen der erste Weltkrieg und Estland aus meinem Leben, und allmählich vergaß ich die Existenz des Kriegsliedes ganz und gar. Der zweite Weltkrieg mußte erst kommen und es mir wieder in Erinnerung rufen.

Damals war Bertolt Brecht bei mir zu Gast. Ich erzählte ihm von meinem »Kriegslied« und davon, daß es mir gelungen war, alle in der estnischen Volksdichtung vorkommenden Strophen, die sich mit dem Krieg befaßten, zu einem einheitlichen Ganzen zu verbinden. Ich erzählte ihm auf deutsch den Inhalt in seinen Hauptzügen. Brecht sagte, es sei das pazifistischste Kriegslied der Welt, und übertrug es nach meiner mündlichen Übersetzung ins Deutsche, so daß im Jahre 1941 die deutsche Übersetzung vor der finnischen fertig war.

Als Brecht abgereist war, machte ich mir wieder über das Problem der finnischen Übersetzung des »Kriegsliedes« Gedanken. Es gelang mir, Elvi Sinervo für die Sache zu gewinnen, und gemeinsam machten wir uns an die Arbeit. Ich überwachte die Übersetzung des Estnischen, da Elvi diese Sprache nicht beherrschte, und gemeinsam versuchten wir dann die entsprechenden finnischen Ausdrücke zu finden. Ich stöberte sogar noch Teile der Leinoschen Übersetzung auf, die wir mit einarbeiteten, soweit ich weiß. Wir gerieten in Eifer, stritten sogar miteinander, aber im Ergebnis entstand dann auch etwas, das dem Geist der estnischen Volksdichtung entsprach. Als Professor Tarkiainen unsere Übersetzung in die Hände bekam, meinte er, unser Kalevala-Rhythmus sei erbärmlich schlecht, das Lied müsse aber unbedingt übersetzt werden. Mein Manuskript befand sich damals bei der Finnischen Literaturgesellschaft. Als ich im Gefängnis war, beschloß ich, es mir zur Durchsicht geben zu lassen. Sylvi-Kyllikki Kilpi holte es von der Literaturgesellschaft ab und nahm es mit nach Hause. Da kam ein Bombenangriff und zerstörte ihre Wohnung, und anscheinend ist das Manuskript verbrannt. So wie meine erste, gemeinsam mit Leino angefertigte Übersetzung im ersten Weltkrieg verlorenging, so ging die mit Elvi Sinervo erarbeitete im zweiten Weltkrieg verloren, außerdem kamen in dem ganzen Durcheinander sowohl Leinos als auch Elvis und mein Konzept abhanden.

Während meiner Krankheit im letzten Jahr kam mir wieder das »Kriegslied« in den Sinn, weil noch ein dritter Weltkrieg zu drohen schien. Ich wandte mich an Doktor Väinö Kaukonen, der ebenfalls Interesse gewann und das Lied mit der großen Genauigkeit eines Wissenschaftlers und unter Beachtung des richtigen Rhythmus' ins Finnische übersetzte, wenn auch nach vielen Streitereien, denn ich machte mich für die estnischen Sängerinnen stark. Aber jetzt liegt das Lied also in der Übersetzung eines kompetenten Wissenschaftlers in finnischer Fassung vor und wird hoffentlich auch gedruckt. Und vielleicht bleibt der dritte Weltkrieg aus, wenn ein so pazifistisches »Kriegslied« seinen Weg zum finnischen Volk findet!

Der Krieg beginnt

Wie ich den Anfang des ersten Weltkrieges erlebte, habe ich in meinem Kukkia-Buch »Gespenster und Möwen« beschrieben.

Wir konnten den Krieg nicht ernst nehmen, er war ja so weit weg. Es schien uns einfach, als seien die Menschen irgendwie verrückt geworden. Die ersten Kriegsmonate vergingen in Kukkias glücklicher Atmosphäre. Das ganze Grauen wurde uns erst bewußt, als wir aus Kukkia zurückgekehrt waren und erfuhren, daß anderswo in Europa Hunderttausende von Menschen in Schützengräben starben. Die Zeit war voller Tod und Verzweiflung. Die großen sozialdemokratischen Parteien in Deutschland und Frankreich, besonders in Deutschland, forderten die Arbeiter auf, ihre Genossen zu töten. Wir hatten uns alle schon an den Gedanken gewöhnt gehabt, die Arbeiterschaft, eingeschworener Stützpfeiler des Internationalismus, sei in der Lage, Kriege zu verhindern. Zumindest hier bei uns hatten wir das Säbelrasseln des deutschen Wilhelm nicht ernst nehmen können. Und dann starb in Frankreich als Opfer eines Meuchelmordes Jaurés, ein großer und interessanter Mensch, interessant besonders für mich, für die Jaurés' Bücher wie die Bibel waren. Niemand konnte mir diesen Krieg erklären. Ich verlor den Boden unter den Füßen, und am allerschwersten fiel es mir, zu begreifen, daß solche Revolutionäre wie Sternbeck und später auch Kingisepp als Freiwillige in die Armee des Zaren gingen. Nicht, daß ich Deutschland nicht genauso gehaßt hätte wie sie, aber ich konnte die zaristische Armee nicht ausstehen und erkannte nicht, welche wichtige Rolle die Revolutionäre bei der Erziehung und Zersetzung der Armee spielten.

Als wir aus Kukkia zurückgekehrt waren, wurde mir außerdem auch klar, daß die »force majeure« des Krieges mein juristisches Studium beendete. Ich mußte mir Arbeit suchen. Mit Beginn des Krieges war es für Angehörige der Intelligenz immer schwieriger geworden, Erwerbsmöglichkeiten zu finden. Die Arbeit, die mir von der Literaturgesellschaft zugesagt worden war, nämlich die Vervollständigung des Katalogs der Hurtschen Volksliedsammlungen, wurde wegen fehlender Mittel wieder abgesagt. Ich mußte mir endlich eine ständige Arbeit suchen, denn auf zufällige Aufträge als vereidigte Übersetzerin und andere gelegentliche Übersetzungen oder Beiträge für sozialdemokratische Zeitungen konnte ich mich nicht mehr verlassen. Auf meiner früheren Stelle als Auslandskorrespondentin im Anwaltsbüro von Castrén & Snellman hatte ich nur noch für zwei Stunden täglich Arbeit, denn der Krieg beendete die verhältnismäßig zahlreichen ausländischen, vor allem deutschen Kontakte des Büros.

Eines Tages entdeckte ich, daß eine junge, unbekannte Agentur einen Auslandskorrespondenten suchte. Ich bewarb mich und bekam die Stelle. Sicherheitshalber gab ich meine Arbeit im Anwaltsbüro nicht auf, meine Arbeitszeit auf der neuen Stelle dauerte anfangs von zwölf bis siebzehn Uhr, bis die Menge der anfallenden Arbeit mich zwang, alle Verbindungen zur juristischen Welt abzubrechen. Während des Sommers arbeitete ich nach wie vor von halb acht bis zehn Uhr morgens als Aushilfsredakteur in der russischen Abteilung des »Työmies«, und somit dauerte meine gesamte Arbeitszeit fast von halb acht Uhr morgens bis sechs Uhr abends. Danach holte ich mein Kind aus dem Kindergarten ab und beschäftigte mich mit ihm bis ungefähr sieben Uhr abends; der Vorrat an Märchen reichte ja aus. Erst nach zwölfstündiger Arbeit kam auch für mich die sogenannte eigene Zeit, und dann versuchte ich, eine Fortsetzung zu meinem Roman »Die im Nebel« zu schreiben. Mein Arbeitstag war ein wenig lang. Wenn ich aus dem Büro kam, war ich manchmal so müde, daß ich mich im romantisch dämmrigen Licht der blauen Laternen, die während des Krieges benutzt wurden, auf dem Senatsplatz verirrte, den ich immer überqueren mußte, um in die Snellmanstraße zu gelangen.

Auch Gustaf Mattson floh vor dem Krieg. Er starb im November. Damit endete der Dialog zwischen uns, der so voller Leben gewesen war. Nur Krieg und Tod blieben um mich herum.

Meine ersten Schritte auf dem Parkett des internationalen Handels

Man kann schon in so allerlei hineingeraten als junger weiblicher Magister! Aber ich muß gestehen, daß internationaler Handel im Vergleich zu Volksdichtung prachtvoll klingt. Das Leben packte mich und schleuderte mich wider meinen Willen in den Handel.

Ich trat also in den Dienst einer Importagentur, deren Eigentümer zwei junge Männer aus Karelien waren. Beide hatten eine gute geschäftliche Ausbildung in Hamburg und teilweise in Stockholm erhalten. Sie hatten in Hamburger Großfirmen gearbeitet und dort Hamburgs Überseehandel kennengelernt.

Wie bekannt, war Hamburg vor dem ersten Weltkrieg ein großes clearinghouse, über dessen Freihafen der größte Teil des nordeuropäischen Kolonialhandels abgewickelt wurde. Hamburg kaufte aus den Überseeländern große Mengen Kolonialwaren, klarierte und sortierte sie im Freihafen und verschiffte sie dann nach Skandinavien, Finnland, Rußland und in andere Länder. Die südamerikanischen Exportländer weigerten sich sogar, in direktem Kontakt mit Skandinavien zu stehen. Als der Krieg begann, kamen zwischen Südamerika und den nordischen Ländern direkte Schiffsverbindungen zustande, vor allem die Johnson-Linie, die »Nordstjerna«, deren Schiffe nicht mehr Hamburg anlaufen durften, sondern die Ware aus Südamerika direkt in die nordischen Häfen brachten: nach Stockholm, Göteborg und in die norwegischen Häfen. Es war natürlich, daß die nordischen Länder die Situation nutzten und direkte Kontakte nach Südamerika anknüpften, jetzt, da der Krieg dessen Verbindungen nach Hamburg unterbrochen hatte. Und es war ebenso natürlich, daß auch Finnland in Südamerika Waren kaufte, die von den Schiffen der Johnson-Linie entweder direkt hergebracht oder im Freihafen von Stockholm auf kleinere Schiffe nach Finnland umgeladen werden konnten.

Eigentlich waren es gerade meine jungen Chefs Kontro & Kuosmanen, die als erste in Finnland diese Situation erkannten und spornstreichs direkte Kaufangebote nach Brasilien und in die mittelamerikanischen Staaten telegraphierten. Und wunderbarerweise hatten unsere Telegramme, die wir an mehrere südamerikanische Exporteure geschickt hatten, Erfolg, und bei uns begannen Kaffeeangebote einzugehen. Der nächste Schritt war, die Exporteure um feste Agenturen zu bitten, für die wir dann auf Provisionsbasis verkaufen konnten. Es bestand die Möglichkeit, Rembours unserer Käufer in Londoner Banken einzurichten, und so begann dann die Ware über den Ozean zu schwimmen.

Anfangs war es sehr ungewiß, ob die Exporteure einwilligen würden, uns das feste Alleinverkaufsrecht für ihre Produkte einzuräumen. Ich erinnere mich, wie einer meiner Chefs mir einen Brief an eine südamerikanische Großfirma zu diktieren versuchte, worin er alle die Punkte erklären wollte, deretwegen es für die betreffende Firma vorteilhaft wäre, ihren Kaffee gerade über uns zu verkaufen. Wir schwitzten ein paar Stunden über dem Brief, bis ich meinen Chef bat, den Brief allein schreiben zu dürfen, er solle mir nur sagen, worum es gehe. So schrieb ich dann also. Und die Antwort kam, und mit der Antwort kamen die Verkaufsrechte, wir bekamen eine Agentur in Rio und sogar in den Ländern Mittelamerikas. Meine beiden Herren Direktoren begannen zu verkaufen. Zuerst waren die Warenposten recht klein, aber sie wuchsen allmählich, und zum Schluß war unsere Firma, glaube ich, die größte Kaffeeagentur des Landes.

Damit war in den Handel Finnlands unerwartet ein ganz neuer Faktor getreten, nämlich direkte Beziehungen nach Übersee. Hamburg hat später im Handel unseres Landes nie wieder die Position erlangt, die es vor dem ersten Weltkrieg gehabt hatte, ganz abgesehen davon, daß seit dem zweiten Weltkrieg dann Hamburg als Zwischenstation unseres Überseehandels überhaupt keine Rolle mehr spielte.

Das Suchen nach Agenturen war eine äußerst interessante, eigentlich beinah journalistische Tätigkeit, die mir regelrecht Spaß zu machen begann.

Der Handel mit Rußland – und seine Strapazen

Auch auf Rußland begann unsere Firma ihre Aufmerksamkeit zu richten. Es mußte ja von irgendwoher Getreide beschafft werden. Und wenn man schon Kaffee verkaufte, warum dann nicht auch Getreide, zumal die Firma mit dem Kaffeehandel eine gefestigte Stellung und gute Beziehungen zu den Käufern erlangt hatte. Da ich Russisch konnte, wandten wir uns schriftlich an die entsprechenden russischen Exportfirmen. Einer der größten Getreideverkäufer Rußlands war die Russische Außenhandelsbank, die die großen Getreideexporteure im Wolgagebiet, also in Rybinsk, Samara und Saratow finanziell absicherte und mit der man gute Beziehungen anknüpfen mußte. Allmählich gelang uns das auch.

Der Rußland-Handel unserer Firma wurde recht umfangreich. Man fuhr nach Petersburg, um die Verkäufer persönlich kennenzulernen, und wegen meiner Sprachkenntnisse spielte ich eine recht wichtige Rolle bei diesen Gesprächen. Dabei sah und hörte ich dieses und jenes. Ich war bei sehr interessanten Geschäftsabschlüssen mit russischen Getreidehändlern anwesend, wenn auch nur als Notnagel, im Innersten jedoch vor allem als Beobachter. Später fand ich Typen, wie ich sie kennengelernt hatte, in Gorkis Werken wieder und lächelte vor mich hin: gute alte Bekannte.

Das Verhalten der Geschäftsleute mir gegenüber war ein Problem für sich. Eine junge Frau, die bei ganz großen Abschlüssen mitwirkte, war natürlich gerade in Rußland ein ausgesprochen »weißer Rabe«, und oft schien es den Herren zunächst schwerzufallen, mich ernst zu nehmen: Als Männer von Welt versuchten sie, mir die Hand zu küssen. Ich erkannte jedoch, daß ich es in dieser Gesellschaft, in der man keine selbständigen Frauen kannte, unbedingt vermeiden mußte, weibliche Mittel anzuwenden. Instinktive Lebensklugheit ließ mich als sehr strenge und sachliche Geschäftsfrau auftreten, die sich so verhielt, daß ihr keiner der Herren zu nahe kam. Oft hätte ich gern einen Spaß gemacht und gelacht und auch ein wenig kokettiert, aber mein Selbsterhaltungsinstinkt war doch so stark, daß ich alle Klippen vermied. Ich war häufig in Versuchung, eine dunkle Brille aufzusetzen, denn immerhin war ich jung, und den russischen Herren war es ganz und gar ungewohnt, im »Medwed« oder »Dononi« in Gesellschaft einer jungen Frau zu sitzen und sie zu behandeln, als wäre sie eine gerade ins Kloster aufgenommene Nonne. Natürlich wagte ich mit keinem Wort zu erwähnen, daß ich seinerzeit auch die Luft der Petersburger Universität geschnuppert hatte und eine »Studierte« war.

Besonders schwierig und gefährlich war es damals, allein im Hotel zu wohnen. Ich reiste häufig nach Petersburg mit großen Summen Geld, um auf den Banken dort Frachtbriefe einzulösen; denn Geld zu überweisen war während des Krieges äußerst kompliziert. Auf Schecks bekam man in Petersburger Banken erst dann Geld, wenn der Paß und die Adresse registriert waren, und das konnte einen ganzen Tag oder sogar mehrere Tage dauern, so daß wir gezwungen waren, beim Einlösen der Frachtbriefe Banknoten zu verwenden. Ich erinnere mich, welche große Angst ich hatte, wenn ich allein nach Petersburg fahren mußte, den Koffer voller in Finnland eingetauschter Rubel, mit denen ich zur Bank mußte, ehe ich mich ins Hotel wagen konnte. An der Grenze sahen natürlich die Gendarmen das viele Geld, und deshalb wagte ich in Petersburg nicht, mir am Bahnhof ein Auto zu nehmen, sondern fuhr mit einer Droschke zur Bank, wobei ich in der feuchten Kälte der Stadt mächtig fror. Die Droschke war sicherer als ein Mietauto, das mich mit meinem Geld leicht in irgendeine unbekannte Höhle hätte bringen können, wo man mich dann ausgeraubt hätte. Ich meinte, in einer Droschke wäre es mir eher möglich, Hilfe herbeizurufen.

Ich erinnere mich an eine schreckliche Reise im Dezember des Jahres 1916; damals ereignete sich auf dem Bahnhof Kausala ein Unglück, als der Schnellzug mit einem Güterzug zusammenstieß. Es dürfte eins der größten Zugunglücke gewesen sein, die es in Finnland gegeben hat. Ich schlief im Schlafwagen zweiter Klasse, und bei dem Zusammenstoß fiel ich vom oberen Bett herunter und verletzte mir den Arm. Auf dem unteren Bett schlief eine alte Dame, die ohnmächtig wurde. Das Licht war gelöscht. Ich war davon erwacht, daß der Waggon irgendwie ins Endlose aufgesogen und dann mit schrecklicher Kraft dröhnend zurückgeschleudert worden war; in diesem Moment war ich vom Bett heruntergefallen, ohne mich irgendwo festhalten zu können. In der Dunkelheit herrschte zunächst unheimliche Stille, dann begannen die Hilferufe und Klagen. Unsere Abteiltür war verbogen und ließ sich nicht öffnen. Ich begriff, daß wir irgendwie hinaus mußten. Ich hatte etwas rufen hören von der Möglichkeit einer Gasexplosion, und ich verstehe bis heute noch nicht, warum das Gas nicht explodierte. Ich erinnere mich, daß ich anfing, mit meinem Schuhabsatz an das Fenster zu schlagen, aber ich bekam es nicht entzwei. Schließlich ertönten Rufe hinter unserer Tür. Russische Offiziere brachen mit ihren Säbeln unsere Abteiltür auf und befahlen uns, uns sofort aus dem Waggon zu stürzen; man befürchtete Explosionen und Feuer. Ich hatte gerade meine Galoschen angezogen und den Pelz über das Nachthemd geworfen, als mich auch schon jemand auf den Bahndamm in den Schnee stieß. Vom anderen Ende unseres Waggons ertönten furchtbare Schreie. Ich kann gar nicht all das Grauen schildern. Der erste Waggon hinter der Lokomotive war voller Soldaten gewesen. Von ihnen hat wohl kein einziger überlebt, aber während des Krieges durfte man davon ja nicht reden. Soweit ich mich erinnere, starben außerdem im Zug sechs Menschen, davon einige in unserem Waggon, in dessen vorderem Teil außerdem mehrere Personen eingequetscht waren und herzzerreißend schrien.

In unserem Nachbarabteil reisten zwei Seeoffiziere, Admirale. Ich hatte sie vor dem Schlafengehen gesehen. Aber die Tür dieses Abteils war immer noch geschlossen, als man uns wieder in den Zug hob, damit wir uns anziehen konnten. Die Tür war ebenfalls verbogen, und als man sie mit großer Mühe geöffnet hatte, sah man beide Admirale ganz ruhig schlafen. Sie hatten keine Ahnung, was geschehen war, und waren recht ungehalten, daß man sie grundlos weckte – daß man sich sogar erdreistete, die Tür aufzubrechen! Diese beiden Brüder waren seinerzeit in der Seeschlacht vor Tsuschima dabeigewesen und hatten auch dort geschlafen, bis sie von den Japanern geweckt worden waren. Das jedenfalls erzählten sie mir, als wir später durch den tiefen Schnee zum Bahnhof Kausala gingen, wo nach vielen Stunden ein Rettungszug eintraf.

Der Schnellzug hatte morgens in Petersburg eintreffen sollen. Aber wir saßen morgens hungrig auf dem Bahnhof von Viipuri, wo man nichts mehr zu essen bekam, und waren erst abends in Petersburg. Im Hotel »Europa« hatte man das für mich bestellte Zimmer bereits vergeben, und ich zog todmüde bis Mitternacht mit meinen Rubeln von einem Hotel zum anderen, auf der Suche nach einem Schlafplatz, den ich nirgends fand. Schließlich kam ich bei einer fürstlichen Schulkameradin unter, bei der gerade ein Ball stattfand. Man zwang mich dazu, mich anzukleiden, und ich mußte mich zum Essen zu den Gästen gesellen. In der vergangenen Nacht hatte ich Tod und Blut gesehen und Entsetzensschreie gehört, und ich glaube, ich habe fröhliche, tanzende Menschen niemals so gehaßt wie an jenem Abend. Der größte Teil der anwesenden Herren waren Gardeoffiziere auf Fronturlaub. Der Champagner schäumte, und die Sporen klirrten. In den Petersburger Fabriken drohten die ausgehungerten Arbeiter mit den Fäusten, der ferne Donner der Revolution begleitete das Sporenklirren ... Jene unbekannten Soldaten im ersten Waggon ...

In Stockholm

[...]

Ich reiste über Tornio und Haaparanta. Als der Zug in Nordschweden über schwindelerregende Brücken brauste, stand ich auf der Plattform und summte ein altes deutsches Lied:

»Wem Gott will rechte Gunst erweisen,
den schickt er in die weite Welt ...«

Ich war ganz allein. In Stockholm kannte ich keinen Menschen. Im Hotel »Regina«, wo für mich ein Zimmer bestellt worden war, hatte man natürlich keins, weil Stockholm während des ersten Weltkrieges noch mehr einem Ameisenhaufen glich als während des zweiten Weltkrieges. Mit großer Mühe bekam ich ein Zimmer im Hotel »Auditorium«, einem kleinen Hotel in der Vaasastraße, das heute sicher nicht mehr existiert. Nachdem ich meine Sachen geordnet hatte, setzte ich mich an den Tisch und sagte zu mir: Und nun?

Zuallererst mußte ich die Firma Otto Dahlström finden, eine alte Stockholmer Importfirma, die mit den großen Firmen in Hamburg Verbindungen hatte und bei der Kontro und Kuosmanen früher gearbeitet hatten. Die Firma Dahlström verkaufte über unsere Agentur einen großen Posten Kaffee an finnische Geschäfte, konnte aber nicht liefern, weil die Engländer den Kaffee beschlagnahmt hatten. Die Dahlströms waren wegen ihrer Beziehungen nach Deutschland fast automatisch bei den Engländern auf die schwarze Liste gesetzt worden.

Für die Hamburger Importfirmen hatte der Krieg zu einem sehr ungünstigen Zeitpunkt begonnen. Sie hatten große Mengen Kaffee und andere Kolonialwaren auf dem Atlantik, wo die Engländer sich die Sachen schnappten und nach Schottland in den Hafen von Kirkwall brachten; dort befand sich damals anscheinend ein riesiges Clearinglager. Den Deutschen blieb als einzige Möglichkeit, die Waren an irgendein neutrales Land zu verkaufen, also vor allem an Schweden, um sie auf diese Weise frei zu bekomen, vielleicht sogar in der Hoffnung, daß sie über Schweden doch noch nach Deutschland gelangten.

Auch der fragliche Posten Kaffee war eindeutig in dieser Absicht an Schweden verkauft worden, aber die schwedische Firma hatte ihn sicherheitshalber an Finnland weiterverkauft, das immerhin zum verbündeten russischen Reich gehörte. Doch England war anderer Meinung und gab die Ware für den Weitertransport nach Finnland nicht frei, so daß man uns also den Kaffee nicht liefern konnte. Und die schwedische Firma, die den Posten ohne Lieferklausel verkauft hatte, war verpflichtet, uns Schadenersatz zu zahlen. Zumindest forderten wir eine Entschädigung für unsere große Enttäuschung.

Meine Hauptaufgabe in Stockholm war, einen Prozeß gegen die Firma Otto Dahlström anzustrengen, entweder bei einem normalen Gericht oder bei einem Schiedsgericht.

Meine Widersacher waren zwei feine alte Herren, und ich war nur eine junge, vorwitzige Frauensperson. Ich sollte mich nun mit den beiden anlegen. Als ich sie kennenlernte, war mir bei jedem Schritt, als hätte ich Blei in den Füßen. Aber ich mußte meine Pflicht erfüllen.

Um einen öffentlichen Prozeß zu vermeiden, schlug ich ein Schiedsgericht vor, und ich dankte dem Himmel, daß mir die kaufmännischen Gepflogenheiten immerhin nicht ganz fremd waren. Aber ich kannte in Stockholm keinen Rechtsanwalt, ich kannte niemanden, an den ich mich hätte wenden und den ich hätte um Rat fragen können. Ich wählte also aus dem Verzeichnis der Anwälte den ersten unter dem Buchstaben A, und das war Alexandersson. Und zufällig war meine Wahl auf das Büro eines äußerst angesehenen und geschätzten Juristen gefallen. Alexandersson empfahl mir als Vorsitzenden des Schiedsgerichts Eliel Lövgren, der später schwedischer Justizminister und schwedischer Botschafter in Moskau wurde und eine der interessantesten, klügsten und liberalsten Persönlichkeiten ganz Schwedens war. So hatte mich also meine Dummheit und Unerfahrenheit in die Gesellschaft der interessantesten Menschen im damaligen Schweden geführt, Menschen, die mehr kannten als nur den Kaffeehandel. Ich konnte mit ihnen über Politik sprechen und über die Auseinandersetzungen in der Welt. Ein Mann wie Eliel Lövgren war gewissermaßen fast ebenso spannend wie Gustaf Mattson. Daß einem in der allerdunkelsten Kaffeebohnenwelt ein solcher Mensch begegnen konnte! Als wir einmal nach der Sitzung des Schiedsgerichts ein paar Stunden geredet und diskutiert hatten, faltete ich am Abend meine Hände und fragte mich, womit, um alles in der Welt, ich die Bekanntschaft eines Menschen wie Lövgren verdient hätte. Von seinem späteren Aufstieg ahnte ich damals noch gar nichts.

Ich weiß nicht mehr, wie sich mein Prozeß entwikkelte, aber meine Firma, die mindestens eine halbe Million Kronen gefordert hatte, ging jedenfalls in ihrer Forderung auf vierhunderttausend zurück, während die Schweden ungefähr dreihundertfünfzigtausend boten. Trotzdem hatte ich mir für alle Fälle den Rücken gedeckt und aus Helsinki die Erlaubnis erbeten, auf dreihundertfünfzigtausend einzugehen, falls sich die Schweden nicht zu mehr bewegen ließen. Ich bekam die Erlaubnis sofort, aber gleichzeitig betrieb ich unsere Sache bei dem Prozeß so gut, daß meine Widersacher doch mit vierhunderttausend einverstanden waren. Ich war verlegen und beschämt, als ich meine per Telegramm eingetroffene Vollmacht zeigen mußte, daß ich auf dreihundertfünfzigtausend Kronen eingehen solle, falls ich die vierhunderttausend nicht bekommen könne. Aber die beiden kultivierten alten Herren lächelten, als ich ihnen mein Telegramm zeigte, und versprachen, meine Chefs zu ihrer Mitarbeiterin zu beglückwünschen, die mit unschuldiger Pokermiene und kaufmännischen Fähigkeiten alle beide getäuscht hatte. Dann aßen wir zusammen auf »Hasselbacken« ein herrliches Mittagessen.

Dank erhielt ich von zu Hause nicht für diese zusätzliche Einnahme, aber ich hatte das Gefühl, ein »Geschäftsmensch« geworden zu sein. Ich mußte daran denken, wie in Hauho beim Kirvesspielen gesagt wurde: »›Hier hört die Freundschaft auf‹, sagte der Junge, als er seinen Vater bête machte.« Außerdem hatte ich bei dieser Geschichte vier interessante Menschen für mich gewonnen, so daß ich in Stockholm nun nicht mehr ganz allein war.

Als ich zwei Monate später zu Weihnachten nach Hause fuhr und bei den Dahlströms einen Abschiedsbesuch machte, bekam ich von Otto Dahlström einen Briefumschlag, den ich erst Heiligabend öffnen sollte. Und jetzt folgt eine echte Sonntagszeitungsgeschichte über die Belohnung des ehrlichen Aschenbrödels.

Als ich den Umschlag dann öffnete – ich saß am Schreibtisch meines Mannes im Büro von Ritavuori, wo er damals aushalf –, befand sich darin ein Scheck über zehntausend Kronen. Ich weinte und lachte vor Freude, denn ich konnte das Geld nötig gebrauchen. Bei dem Scheck lag ein Brief von den Dahlströms, worin sie schrieben, sie nähmen an, daß meine jungen Chefs mich für die Erledigung der Angelegenheit sicher nicht gebührend zu belohnen wüßten, und deshalb möchten sie beide mir gern ein Erinnerungsgeschenk überreichen.

Ich hatte mit Ritavuori eine Wette abgeschlossen, daß ich für mein erfolgreiches Wirken in Stockholm, das Millionen eingebracht hatte, von meiner Firma zu Weihnachten mindestens einige Hunderttausend bekommen würde. Ritavouri hatte behauptet, ich würde nicht mehr als zehntausend bekommen, und hatte diese Behauptung mit seiner Kenntnis der Menschen und der Geschäftswelt begründet.

Als ich dann meinen Briefumschlag aus dem Kontor bekam, war dieser sehr dick. Ich frohlockte gegenüber Ritavuori, und wir öffneten feierlich den Umschlag. Darin lagen sechstausend Mark in Hundertmarkscheinen …

Ritavuori war generell ein Pessimist – und mit gutem Grund, wie sein Schicksal bewies. Die Narbe des Schusses, der einen der anständigsten, mutigsten und ehrlichsten Menschen unseres Landes tötete, ist auch in meinem Herzen noch nicht verheilt.

Einer unserer Kunden, für den ich im Auftrag der Firma in Stockholm erfolgreich gearbeitet hatte, vergaß mich jedoch nicht. Natürlich war er einer unserer kleineren und weniger bedeutenden Kunden, einer von denen, die am wenigsten Profit machten, nämlich der alte Oskari Parkkinen aus Sörnäinen.

Ich pflegte im allgemeinen keinen näheren Umgang mit den hiesigen Kunden unserer Firma. Zum einen legten die Besitzer der Firma anscheinend keinen großen Wert darauf, unseren Abnehmern meinen Anteil bei der Warenbeschaffung zu erklären – sicherheitshalber, und zum anderen interessierte mich die ganze Seite des Verkaufs auch nicht. Ein Kaufmann glich mehr oder weniger dem anderen, sie hatten alle die gleiche Art, so daß ich das alles bald auswendig kannte. Aber dieser eine Kunde war ein wenig anders.

Oskari Parkkinen hatte sich aus Arbeiterkreisen von Sörnäinen hochgearbeitet, er war ein einfacher, gutmütiger Mensch, immer frohgelaunt, freundlich und vertrauenerweckend. Irgendwie war er in den Großhandel hineingeraten und betrieb diesen neben seinem Einzelhandelsgeschäft, befriedigte die Bedürfnisse der Menschen und diente der Allgemeinheit ohne die Gesten und strengen Stirnfalten eines Kommerzienrats. Und wie es schien, kannte der Oskari Parkkinen aus Sörnäinen auch ein wenig die Arbeiterpolitik und die Wuolijokis, so daß wir gelegentlich ins Gespräch kamen und über den Lauf der Welt plauderten. Es wurde zwar nie direkt erwähnt, aber ich gewann den Eindruck, daß er den jungen Inhabern unserer Firma eine regelrechte Stütze war, und zu deren guten Seiten gehörte, daß sie sich Oskari Parkkinen gegenüber stets achtungsvoll verhielten.

So kam es dann, daß auch der alte Oskari Parkkinen mich nicht vergaß, sondern sich, wie die Gebrüder Dahlström, bei mir bedankte und mir einen »spürbaren« Briefumschlag zur Belohnung für meine Arbeit übergab, obwohl er dazu nicht im geringsten verpflichtet war.

Es gibt im Englischen eine sehr treffende Redensart: »Handsome is who handsome does« – schön ist, wer schön handelt.

Pfeifenträume

In Finnland drohte großer Zuckermangel, da seit Beginn des Jahres 1917 aus Rußland kein Zucker mehr gekommen war. Ähnlich sah es in Schweden aus. Amerika schwamm im Zucker, und Rußland hatte auch gar nichts dagegen, daß sich Finnland seinen Zucker anderweitig beschaffte, Hauptsache, Rußland brauchte England oder Amerika keine Kompensation dafür zu leisten.

Wir beschlossen, verschiedene Kombinationen auszuprobieren, um an Zucker heranzukommen. Aber da zwischen der Idee und ihrer Ausführung viel Zeit vergehen konnte und jederzeit das Risiko der Beendigung des Krieges berücksichtigt werden mußte, brauchten wir eine staatliche Risikogarantie.

Meine Firma schickte mich deshalb zu einer Unterredung mit dem stellvertretenden Senatsvorsitzenden Borowitinow. Er war bekanntlich von Hause aus Professor der Rechtswissenschaft an der Universität Tartu, stammte also sozusagen aus meiner Heimat. Und da ich Russisch konnte, hatten wir beschlossen, uns mit unserem Zuckergeschäft an den Senat zu wenden.

Borowitinow empfing mich freundlich. Ich trug mein Anliegen vor, und der Senator erkannte sofort, daß der Senat und er sich große Verdienste erwerben würden, wenn sie Finnland bei der Zuckerbeschaffung behilflich wären. Ein großer Dienst an Finnland, und der Senator war zu Diensten bereit.

Ich mußte ihm natürlich ausführlich erklären, wie ich dazu kam, mich mit solchen Angelegenheiten zu befassen, und noch dazu in gutem Russisch. Ich erzählte ihm also, daß ich Absolventin des Puschkin-Gymnasiums von Tartu sei, und der Senator taute endgültig auf. Aus dem lieben Tartu, wo er Studenten zu betreuen gehabt habe und nicht dieses widerspenstige finnische Volk, das den Admiralssenat nicht anerkennen wolle! Die Pflicht gegenüber dem Zaren habe ihn in dieses leidige Amt nach Finnland geführt, und hier sitze er nun, direkt gegenüber der Universität, und kenne keinen der finnischen Juristen, die außerdem sowieso nicht die untergeordnete Stellung Finnlands gegenüber Rußland anerkennen wollten. Ich hielt meinen Mund über meine Ansichten zur finnischen Verfassung und versuchte daran zu denken, daß es um 11000 Tonnen Zucker ging und nicht um eine politische Diskussion mit einem zaristischen Beamten. Alles endete gut, und ich bekam die gewünschte Preisgarantie. Der Staat garantierte, daß wir den Zucker verkaufen und auf den Preis zehn Prozent Gewinn und alle unsere tatsächlichen Kosten aufschlagen durften. Das war ein kostbares Stück Papier für die Inhaber unserer Firma.

Jetzt mußten wir uns also den Zucker und vor allem die entsprechenden Lizenzen beschaffen. Sicherheitshalber hatte ich den Senator noch um Fürsprache beim russischen Außenministerium gebeten. Er gab mir außerdem die Zusage, uns bei eventuell auftretenden Schwierigkeiten im Labyrinth des russischen Außenministeriums in jeder Weise behilflich zu sein.

Zucker gab es bei Grace & Co. Amerika erteilte die Ausfuhrgenehmigung, aber das schlimmste war, die Transitlizenz von Schweden einzuholen. Ich bot in Stockholm den Schweden 2000 Tonnen Zucker an mit der Bedingung, daß wir von ihnen die Transitgenehmigung für 9000 Tonnen bekämen. Die Lebensmittelkommission akzeptierte diesen Vorschlag nicht, und ich war gezwungen, das Verhältnis auf 4000 Tonnen für Schweden und 7000 Tonnen für Finnland zu verändern. Damit war Schweden schließlich einverstanden, und jetzt mußte auch noch England dazu gebracht werden, für diese Menge die Lizenz zu erteilen. Wir selbst konnten nichts ausrichten, sondern mußten das russische Außenministerium bitten, die Angelegenheit mit England zu klären. Ich fuhr nach Petersburg und wurde dank der Empfehlung Borowitinows beim Leiter der Handelsabteilung des Außenministeriums, Fürst Urussow, vorgelassen.

Fürst Urussow war keiner der gewöhnlichen Diener des zaristischen Rußlands und auch kein Freund Borowitinows. Er hegte sehr warme freundschaftliche Gefühle für Finnland, wie ich bemerkte. Und als ich ihm dargelegt hatte, daß uns der totale Zuckermangel drohe, da die russische Eisenbahn während des Krieges nicht in der Lage sei, uns Zucker aus der Ukraine zu bringen, und Rußland außerdem selbst nicht mehr genügend habe, wurde das Herz des Fürsten weich. Er versprach, alles in seinen Kräften Stehende zu tun, um von England die Genehmigung für unsere über Schweden zu transportierenden Schiffsladungen einzuholen.

Nun begann ein ungewöhnlicher Dialog zwischen England und meiner Firma. England teilte dem Petersburger Außenministerium mit, es billige den Plan zum Zuckertransport über Schweden. Aber da dort in großem Umfang aus England und Amerika per Schiff eingetroffenes Kriegsmaterial auf dem Schienenweg nach Rußland weitertransportiert werde, sei es ausgeschlossen, die schwedische Eisenbahn noch mit dem Transport des finnischen Zuckers zu belasten.

Ich erhielt diese Information in Petersburg, wohin ich inzwischen erneut gereist war. Ich teilte Fürst Urussow mit, wir würden den Zucker ab Göteborg über die schwedischen Kanäle transportieren und dadurch nicht die Eisenbahn belasten. Urussow versprach, dies England mitzuteilen, und stolz auf meinen Einfall, kehrte ich nach Helsinki zurück. Nach ein paar Tagen kam ein Telegramm, worin das Außenministerium mitteilte, Englands Antwort sei weiterhin verneinend. Es heiße darin, daß man eventuell auch noch über die Kanäle Kriegsmaterial transportieren müsse und daß die Kanäle außerdem bis zum Eintreffen des Zuckers bereits vereist seien. Ich fuhr erneut nach Petersburg und begab mich zornig zu Fürst Urussow. Die Zuckerkrise wurde von Tag zu Tag bedrohlicher. Ich erklärte dem Fürsten, der Unternehmergeist der finnischen Kaufleute würde gegebenenfalls sogar die schwedischen Kanäle vom Eis befreien, außerdem wies ich darauf hin, daß Schweden eine selbständige Nation sei. Von da an nannte mich Fürst Urussow »Privatunternehmergeist der finnischen Kaufmannschaft«, war aber so freundlich, auf meine großpolitischen Betrachtungen nicht weiter einzugehen. Inzwischen war die Angelegenheit in London anscheinend einem Mann mit Sinn für Humor übertragen worden, denn England billigte unseren Plan. Und so bekamen Finnland und Schweden Zucker, wenn auch erst nach der Märzrevolution.

Zu guter Letzt war auch noch die amerikanische Ausfuhrgenehmigung ungeklärt. Auf Grund bestimmter Devisenüberschreibungen lieferte Rußland Zucker an Persien – über Archangelsk –, und in diesem Rahmen mußten wir unsere amerikanische Ausfuhrgenehmigung klären lassen, da Rußland ja letztlich für Finnlands Zuckerversorgung verantwortlich war. Aber Amerika verlangte von Rußland als Kompensation die Ausfuhrgenehmigung für Zuckerrübensamen, den es vor dem Krieg aus Magdeburg gekauft hatte. Schließlich regelte sich das alles, wobei allerdings die Vertretung von Grace & Co. in Petersburg den Zuckerrübensamen unter etlichen Schwierigkeiten kaufen mußte, doch dazu später. Jedenfalls begann der Zucker zu uns zu schwimmen, und ein zufälliger Opiumtraum von mir wurde Wirklichkeit.

Natürlich lief das alles nicht so glatt ab. Es kostete viel Mühe und Nerven, Reisen in der Winterkälte und Hotelleben in Petersburg, was für eine allein reisende Frau keineswegs ein Tanz auf Rosen war. Im Rußland der Zarenzeit konnte eine Frau nicht allein im Restaurant essen und sich auch sonst kaum gefahrlos bewegen, nicht einmal auf den Gängen des Hotels, das von Gardeoffizieren, großen und kleineren Fürsten bewohnt war. Die Memoiren Fürst Jussupows vermitteln einen Eindruck davon, was Petersburg damals für die russischen Aristokraten war: ihr Hofplatz, auf dem nur sie allein sich aufhalten und austoben durften. Nicht einmal ins Theater konnte eine junge Frau allein gehen, ohne gleich die Begleitung irgendeines betrunkenen Offiziers zu riskieren. Es war ja Krieg. Ich hatte eine leichte Hand oder richtiger gesagt: Faust, und ich bekam viele Male Gelegenheit, sie zu benutzen, wenn irgendein Offizier seinen Fuß in meine Zimmertür stellte, Hotelangestellte mir zu Hilfe eilten und dann das Zittern bekamen, wenn sie sahen, daß es sich um einen Gardeoffizier handelte. Der Direktor des Hotels gab zu verstehen, daß man nichts machen könne gegen herumsaufende Gardeoffiziere, die in den Petersburger Nobelkneipen ihr Frontleben führten.

Ich, eine selbständige Frau, war gezwungen, in meinem Hotelzimmer ein Einsiedlerleben zu führen, ich mußte dort essen und auch meine wenigen Freundinnen zum Essen auf mein Zimmer bitten. Meine einzige Freude war, daß der Besitzer des »Hotel de France« mein Beschützer wurde und auch dafür sorgte, daß das Essen, das ich aufs Zimmer bekam, warm war. Ins Theater ging ich nicht oft, denn wenn man selbst im Welttheater mitspielt, interessiert einen das andere Theater nicht mehr. Außerdem war ich auch zu müde. Ich kann nicht leugnen, daß mich das ganze Spiel allmählich gründlich ermüdete. Ich konnte mir natürlich die Ohren verstopfen, um nicht den Geschützdonner und die Todesschreie von der fernen Front hören zu müssen. Aber es war unmöglich, nicht zu bemerken, daß in Rußland etwas geschah, bei dem auch ich hätte dabeisein müssen. Und ich spielte nur.

Es war eine Zeit, da jeder Handelsplan, den man realisierte, Gold bedeutete. Die Welt war damals so beschaffen, daß man seine nach Geld riechenden Traumbilder, Opiumträume, ohne weiteres verwirklichen konnte, wenn man nur ein wenig Phantasie besaß. In den Wirrnissen des Krieges waren kein Platz und keine Zeit für normalen Handel. Jeder noch so tollkühne Plan ließ sich realisieren, wenn man nur die richtigen Leute und das entsprechende Kapital fand. Und beides fand sich immer dann, wenn große Gewinnchancen vorhanden waren.

Aber bei der Verwirklichung der Geldträume gab es

einen Unterschied zwischen mir und den Männern. Ich konnte beim besten Willen keinen Ernst aufbringen bei diesem Spiel mit dem Geldtiger. Da ich mir niemals ausrechnete, wieviel ich bei einem Handel gewinnen würde, blieb ich wohl oder übel immer die Reporterin, Zuschauerin. Offen gestanden, rieb ich mir vor Vergnügen die Hände, wenn ich sah, mit welcher Ernsthaftigkeit die Geldmänner meine Pfeifenträume behandelten. Und ach, diese Sorgen und Befürchtungen, der Krieg könnte zu Ende gehen!

Als ich merkte, daß meine Projekte immer mehr Erfolg hatten, wurde ich dreist und übermütig. Genauso, wie mich in der Rechtswissenschaft der sogenannte offizielle erste Kurialstil der Juristen anödete, so und noch mehr ödete mich der altertümliche, vornehme Stil der Geschäftsbriefe an. Also beschloß ich kurzerhand, mich nicht mehr danach zu richten. Anstelle der herkömmlichen, starren Stilmuster schrieb ich übermütig meinen eigenen Stil. Ich fand, wenn ich den Herren schon helfe, Geld zu kassieren, so könne ich dabei wenigstens ich selbst bleiben und brauche mich nicht noch ihren Gebräuchen und ihrem Stil unterzuordnen. So schrieb ich dann nicht nur an unser eigenes Kontor in meiner übermütigen Art, sondern erdreistete mich, auch an Grace & Co., eine alte, halb deutsche, feierlich steife Großfirma, in einem Stil zu schreiben, der in Graces Hauptkontor große Aufmerksamkeit und Heiterkeit unter den Direktoren und Ohnmachtsanfälle unter ihren Korrespondenten hervorgerufen hat. Dort, wo in einem anständigen Geschäftsbrief zum Beispiel steht: »Betrifft: 11 000 Tonnen Zucker nach Finnland« oder »Betrifft: 6 000 Säcke Kaffee«, schrieb ich: »re: pipedream N:r 3 in the coffee-series« (betr. Pfeifentraum Nr. 3 in der Kaffeeserie) oder »re: pipedream N:r 1 in the sugarseries« (Pfeifentraum Nr. 1 in der Zuckerserie). Vermutlich mußten sie erst überlegen, aber sie antworteten in korrekter, üblicher Weise. Als ich jedoch meinen Stil beibehielt, bekam ich eines Tages einen höflichen Brief, der »Ihren Pfeifentraum Nr. 3 in der Kaffeeserie« betraf …

Ich muß zu meiner Schande gestehen, daß ich unverschämt zufrieden war, weil es mir gelungen war, ernste Männer, denen die Kaffee- und Zuckerserie Gewinn und Einkommen bedeuteten, zu zwingen, auf meinen übermütigen Stil einzugehen. Aber 11000 Tonnen Zucker waren immerhin eine so süße und profitable Angelegenheit, daß es dafür sogar lohnte, auf tief verwurzelte Gewohnheiten zu verzichten.

Als Geschäftsfrau in Petersburg

[…]

Das große Kaffeegeschäft war geklärt, und ich mußte nach Petersburg reisen, um Kunden zu beschaffen. Dieser Kaffee war mit der letzte, der nach Rußland kam, bevor die Sowjetunion entstand. Wir besaßen damit faktisch das Kaffeemonopol, und die russischen Importfirmen waren sich darüber völlig im klaren. Trotzdem zogen sie gemeinsam an einem Strang, was zu dem Ergebnis führte, daß sie nicht den Preis bezahlen wollten, den die Schweden forderten. Mir widerstrebte es, als Vertreter des Verkäufers aufzutreten, bisher war ich ja immer Käufer gewesen. Aber zum Glück schickte man mir aus Stockholm jemanden zu Hilfe, der seine Sache besser machte als ich. Im Endergebnis wurde der Kaffee an eine dänische Firma verkauft, die ihn dann in kleinen Mengen auf den russischen Markt brachte; ein Teil davon ist wohl auch nach Finnland gekommen.

Inzwischen hatte ich auch schon mit der Petersburger

Vertretung von Grace & Co. zusammengearbeitet. Ihr Leiter war der Amerikaner Mr. Eliot, ein fähiger und fairer, außerordentlich gebildeter, halb europäischer Herr, der auch von anderen Dingen als Import und Export etwas verstand.

Damals ging es noch um unseren Zucker, den wir von Grace & Co. kauften, und ich mußte auch diese Angelegenheit mit dem Außenministerium der neuen Regierung, also der Regierung Kerenski, klären. Aber dort saß immer noch Fürst Urussow, obwohl viele andere Beamte gewechselt hatten. Insgesamt war im Außenministerium von der Revolution, die kürzlich stattgefunden hatte, nicht viel zu spüren. Schon vorher war die englische Richtung tonangebend gewesen.

Ich unterhielt mich mit Fürst Urussow noch über einiges andere als nur den Zucker. Der Fürst war äußerst pessimistisch im Hinblick auf Rußlands Möglichkeiten, den Krieg weiterzuführen. Von allen Männern, die ich damals in Petersburg traf, war, abgesehen von meinem Vetter Julius Rogger vielleicht, Urussow sich eigentlich am meisten darüber im klaren, was kommen würde. Er fragte mich, ob ich im Haus der Krzesińska Lenin gehört habe, und forderte mich auf, unbedingt hinzugehen, wenn ich wissen wolle, was in Rußland geschehen werde.

Ich wohnte im Juli 1917 im »Hotel de France«, und als ich von der Moika zum Newski ging, hatte ich mit Fürst Urussow noch einmal eine denkwürdige Begegnung. Zu jener Zeit gab es überall auf den Straßen Petersburgs spontane Meetings. Wenn sich zwei Personen miteinander unterhielten, kamen sofort ein dritter und vierter hinzu, und fertig war eine Versammlung, auf der die Anhänger der verschiedenen Parteien ihre Meinungen darlegten, und zwar mit Mund und Händen. Wenn eine offene Schlägerei drohte, sagte ein Milizionär beruhigend:

»Gospoda, gospoda!« Dort fielen Schwarzhunderter und Anarchisten über die Bolschewiki her, irgendein Kadett wagte laut zu denken, und ein Menschewik wetterte. Diese Straßenmeetings symbolisierten ganz Rußland, das so lange hatte schweigen müssen und sich nun endlich nach Herzenslust gegen den Krieg und für Brot und Frieden aussprechen konnte. Es traten dabei keine Berufsredner auf, sondern ein jeder sprach über seine Nöte und Hoffnungen oder legte seine Überzeugung dar, die Marktfrau genauso wie der Milizionär, der alte General wie der Aristokrat, der bereit war, den Krieg mit dem Blut des Volkes und zum Ruhme des Vaterlands fortzusetzen.

Urussow sprach nicht, hörte aber um so mehr zu. Wir gingen gemeinsam den ganzen Newski hinunter und blieben bei fast jeder Gruppe stehen. Nur einmal, als irgendein Schwarzhunderter rief, Lenin sei ein Handlanger der Deutschen, machte mein Begleiter den Mund auf und sagte, auch die Bolschewiki seien Russen. Wir hätten beinah Prügel bezogen, da in der Runde zufällig eine bürgerliche Mehrheit herrschte.

Jede freie Stunde verbrachte ich in jenen goldenen Sommertagen auf den Meetings und versuchte mir ein Bild davon zu verschaffen, was geschehen war. Ich betrachtete die Menschen, starrte mir die Augen aus dem Kopf, in der unsinnigen Hoffnung, wenigstens ein paar meiner früheren Freunde zu entdecken, die ihr bürgerliches Leben der Revolution geopfert hatten und die ich in der Verfassunggebenden Nationalversammlung Rußlands, die in Vorbereitung war, treffen wollte.

[...]

Eines Tages erhielt ich eine Einladung zu einem Essen in der amerikanischen Botschaft, das sich zu einem denkwürdigen Erlebnis gestalten sollte. In Petersburg war, von Sibirien kommend, Mr. Robbins eingetroffen, den Präsident Wilson als Leiter oder vielleicht auch nur Vertreter des amerikanischen Roten Kreuzes nach Rußland geschickt hatte. Er kam aus Sibirien und brachte eine Zugladung Lazarettbedarf für die Front mit. Sein Eintreffen war ein großes Ereignis, und das Essen fand ihm zu Ehren statt. Ich weiß nicht mehr, wer alles anwesend war, vor allem natürlich Amerikaner und Mitarbeiter der Botschaft. Beim Essen wurden – wie auf allen Essen zu jener Zeit – Mutmaßungen darüber angestellt, wann Kerenski die Bolschewiki und ihre Arbeiter- und Soldatenräte vernichten und wann Rußland wieder an allen seinen Fronten angreifen würde. Der größte Greuel für die Amerikaner waren nämlich diese Räte, die in ganz Rußland gebildet worden waren und die sie als bedrohliche Herde des Umsturzes ansahen. Einige Anwesende erzählten rührende Geschichten vom Erwachen des Patriotismus in der Armee und wie die Soldatenräte ihre Bedeutung verloren.

Aber plötzlich nahm Mr. Robbins das Wort. Er war gerade über Sibirien und quer durch ganz Rußland gereist. Er äußerte sein Erstaunen, daß man in Petersburg von Kerenskis Macht spreche, ganz als ob dieser in der Lage wäre, das Land zu beherrschen und den Krieg weiterzuführen. Er sagte, daß in Rußland nicht Kerenski herrsche, sondern die Räte. Er sei mit seinem Zug eine weite Strecke durch Rußland gereist, und wenn er Hilfe gebraucht habe, um mit seinem Zug vorwärtszukommen, oder wenn es sonst nötig gewesen sei, sich an die Behörden zu wenden, so habe das bedeutet, daß er sich an die Räte wenden mußte. Alle Macht in Rußland gehöre den Räten. Kerenski sei nur ein Petersburger Aushängeschild, das die Räte entfernen könnten, wann immer sie wollten.

Das war eine ziemliche Bombe und verursachte einen Sturm in der Tafelrunde. Man entgegnete Robbins, daß die örtlichen Räte keinerlei Bedeutung hätten, daß sie der Zentralregierung gehorchen würden, wenn es darauf ankäme, und daß einzig die Zentralregierung im Land bestimme. Man verstehe nur nicht, warum Kerenski nicht Lenin und die ganze Räuberbande rechtzeitig inhaftiert habe. Oberst Robbins schaute ein wenig spöttisch in die Runde und sagte, daß er den Tag erleben möchte, da Kerenski den Räten in Saratow oder Samara Befehle gebe – mit diesen beiden Räten hatte Robbins hauptsächlich zu tun gehabt –, und er könne gar nicht verstehen, wie es Kerenski gelungen sei, die ganze Welt irrezuführen. Kerenskis Seifenblase werde auf jeden Fall zerplatzen, und nur ein feuchter Fleck werde zurückbleiben, wenn überhaupt.

Ein kalter Hauch fuhr in die versammelte Gesellschaft. Die wenigen anwesenden Russen verließen beleidigt die Tafel. Ich hatte gespannt gelauscht und zwinkerte Mr. Bailey zu, der damals schon John Reed getroffen hatte und vielleicht gerade durch dessen Verdienst allmählich zu der Auffassung gelangt war, Kerenski sei nur ein Bild, das die Verbündeten hochhielten in der Hoffnung, es werde ihm gelingen, Bewegung in die russische Front zu bringen und die Bolschewiki zu vernichten. Genau das versuchte man ja auch Ende Juli, als auf dem Newski zum erstenmal auf Arbeiter und Soldaten geschossen wurde. Ich befand mich zufällig an der Ecke des Litejny. Ich war entsetzt und verwundert.

Ich habe es immer bereut, daß ich mich nicht schon damals über Bailey mit John Reed bekannt machte, einem Mann, der einer der größten Journalisten unserer Zeit war und eines der großen Bücher unserer Epoche über die Oktoberrevolution in Rußland geschrieben hat: »Zehn Tage, die die Welt erschütterten«. Das Buch wurde, mit einem Vorwort Lenins, in der ganzen Welt veröffentlicht. Ein junger amerikanischer Zeitungsmann sah und begriff all das, was wir, Rußlands nächste Nachbarn und angebliche alte Revolutionäre, nicht begriffen …

Als John Reed im Jahre 1919 eines Nachts mit einem Brief von Gylling aus Stockholm bei mir erschien – er war auf die damalige Art der Bolschewiki, nämlich im Kohlenraum, gereist, war halb erfroren, ausgehungert und hatte fast das Sprachvermögen verloren –, da nahm ich ihn auf wie einen älteren Bruder. Er wohnte bei mir, paß- und namenlos, sowohl auf seinem Weg nach Rußland als auch von dort zurück, ehe man ihn in Turku festnahm.

Aber all dies gehört schon in meinen nächsten Memoirenband, in dem ich die vielleicht bedeutendste Zeit meines Lebens behandle, die Jahre 1918 bis 1920.

Als Hicks in den zwanziger Jahren John Reeds Biographie veröffentlichte, bat er mich, über Reeds Aufenthalt bei mir in Helsinki und seine schicksalschwere Verhaftung zu schreiben. Ich mochte damals nicht darüber schreiben und hätte sowieso nicht wahrheitsgemäß berichten können. Vielleicht ist es heute, nach fünfunddreißig Jahren, eher möglich, und vielleicht findet dies jetzt seinen Weg in das große, demokratische Amerika, das McCarthy nicht beherrscht.

Ein Kriegsmärchen aus unserer Zeit

Ich hatte viel Geld verdient, die Schulden meiner Familie und meiner Verwandten bezahlt und mir ein schönes Haus gekauft, aber ich konnte mich über all das nicht freuen, nicht einen einzigen Augenblick.

Ich saß in meinem »Seeschloß« und schaute durch meine Fenster auf das verminte Meer. Dort irgendwo in der Ferne war Estlands Küste, waren die Ruinen des Klosters Pirita, die Spitzen der Türme von Oleviste und Niguliste ..., jenseits des verminten Meeres.

Es war ein Märchen geschehen. In den Wirren des Krieges hatte eine dreißigjährige Sozialistin Vermögen erworben, genau wie die anderen Kriegshaie. Aus Aschenputtel war eine Prinzessin geworden, wenn auch ohne Prinz, und außerdem eine sehr müde und erschütterte Prinzessin, weit weg von Politik und Gesellschaft. Mich hat immer geärgert, daß im Märchen nicht erzählt wird, ob Aschenputtel sich später daran erinnerte, daß sie einst vor dem Küchenherd Linsen verlesen hatte. Ich war ein Aschenputtel, das sich erinnerte, und ich schämte mich derjenigen meiner Schwestern, denen man Zehen und Fersen mit dem Messer verkürzt hatte, und bedauerte sie.

Meine Geschäfte gingen im Spätherbst 1917 zu Ende, ebenso wie der Krieg. Ich hatte keine finanziellen Sorgen mehr, und überhaupt hatte ich zum erstenmal in meinem Leben Zeit. Das war gräßlich. Plötzlich war Zeit, stehenzubleiben und nachzudenken. Ein amerikanischer Freund sagte mir, jetzt solle ich mein Leben genießen, »have a good time«. Ich habe niemals etwas so gehaßt wie diesen amerikanischen Begriff »to have a good time«. Deshalb bin ich nie nach Amerika gefahren, obwohl meine zahlreichen guten Freunde mich oft dorthin eingeladen haben. Dabei habe ich tatsächlich die besten Vertreter des amerikanischen Volkes gekannt, wunderbare, goldene Menschen, ganz zu schweigen von John Reed, außerdem habe ich nahezu mein ganzes Vermögen bei amerikanischen erstklassig fairen Firmen und Menschen verdient und stehe bei so vielen Amerikanern in Dankesschuld.

Solange ich mit der Einrichtung meines neuen Hauses beschäftigt war, verging mir die Zeit noch irgendwie. Ich überließ mein altes Heim mit allem Zubehör meiner Schwester Mimi, die heiraten wollte. Ich nahm nur meine persönlichen Dinge, meine Bibliothek und meine Kobolde, mit, die wieder als erste vom Möbelwagen sprangen und mich im Salon des »Seeschlosses« begrüßten.

Vor Weihnachten feierten wir im »Seeschloß« die Hochzeit meiner Schwester Mimi. Ihr Mann war ein estnischer Marinekapitän, und auf der Hochzeit versammelten sich zum erstenmal fast alle estnischen Seeoffiziere der russischen Flotte. Aus Tallinn kamen auch noch weitere Gäste: Martta Lepp und ihr Mann, Richter Artur Beek, Doktor Luiga, und auch die gerade in Helsinki eingetroffenen Tönissons waren anwesend. Die finnischen Gäste stammten vor allem aus der Wuolijokischen Verwandtschaft. Auf der Treppe des »Seeschlosses« bildeten die Offiziere nach alter militärischer Sitte mit gekreuzten Schwertern ein Ehrenspalier, unter dem das Brautpaar hindurchschritt. Später zog eine Polonaise durch alle Räume, und es wurde die ganze Nacht getanzt, bis morgens früh um sechs. Die weitgereisten Gäste blieben am nächsten Tag noch zur Nachfeier, und es wurde eine zweite Nacht getanzt, so daß meine weißen Seidenschuhe völlig hinüber waren. So etwas spielte sich nicht nur bei uns ab. Zügellose Vergnügungen waren zu der Zeit gang und gäbe, sowohl in Helsinki als auch in Petersburg. Für die Linken war die Freiheit angebrochen, und die bürgerlichen Kreise wußten, daß sie auf einem Vulkan tanzten.

Der Vulkan brach Ende Oktober aus, und es begannen die »zehn Tage, die die Welt erschütterten« und deren Herannahen ich schon seit Juli geahnt hatte. In Rußland war die Arbeiterklasse an die Macht gelangt, und die Weltrevolution hatte begonnen – nicht in Deutschland und nicht in Frankreich, sondern ausgerechnet in

Rußland. Wir konnten nicht fassen, daß die Neuordnung der Weltwirtschaft gerade von Rußland ausgehen sollte, das sich in einem Zustand des Chaos befand. Wir hatten Marx und Engels sehr wenig gelesen.

Ich hatte mit meinen jungen revolutionären Freunden, die nach dem Mißerfolg des Sveaborger Aufstands von hier fortgegangen waren, vereinbart, daß wir uns alle in der Verfassunggebenden Nationalversammlung Rußlands treffen würden – ihre Einberufung stand für uns fest. Auf der Nationalversammlung würde ich natürlich Estland vertreten, und meine Freunde Kursk oder Kaukasien oder Petersburg. Sie sind dann alle in den unendlichen Weiten Rußlands verschollen. Ich beschloß, nach Petersburg zu fahren und mir die Nationalversammlung wenigstens anzusehen. Aber als diese dann zusammentrat und ungehorsam war, löste Lenin die ganze Einrichtung fast unbemerkt auf, und nur wenige Tränen wurden ihr nachgeweint. Auf meinem späteren Lebensweg habe ich dann doch noch, wie ich bereits erzählte, viele jener Freunde getroffen. Tatsächlich waren die meisten von ihnen Mitglieder der Nationalversammlung gewesen, und gemeinsam lachten wir über unsere damalige Überzeugung, in Rußland werde sich eine echte bürgerliche Revolution nach klassischem französischem Vorbild vollziehen.

Ich wischte mir den Schlaf aus den Augen und schaute, was um mich herum geschah. Innerhalb weniger Jahre hatte ich mich weit von der Sozialdemokratischen Partei und ihren Führern entfernt und wußte auch von Zimmerwald nicht viel mehr als das, was mir mein Mann erzählte. Ich traf Sirola nicht, und Kuusinen schon gar nicht. Tokoi suchte mich einmal in Sachen Getreideversorgung auf. Die Getreidebeschaffung war ja eine lebenswichtige Frage für die Regierungen aller Farben. Ich versuchte verzweifelt, Getreidelieferungen zu organisieren. Aber in Amerika wußte man von unseren Beziehungen zu Deutschland, und so zeigte sich, daß es für uns nur noch zwei Getreidequellen gab: Rußland, das selbst hungerte und in dem die »bösen Bolschewiken wüteten«, und Deutschland, das den Herrschenden unseres Landes zahlreiche Versprechen gegeben hatte.

Allerdings war man in den Kreisen, in denen ich mich in Finnland bewegte, überzeugt davon, daß entweder Kornilow die Bolschewiki vernichten würde oder daß diese in ein oder zwei Wochen die Flucht ergreifen würden. Und dann?

Es war mir immer unbegreiflich und ist es bis heute geblieben, daß zu jener Zeit, da in Rußland ganz offensichtlich alle, von den Schwarzhundertern bis zu den Kadetten, sogar bis hin zu den Sozialrevolutionären, an ein einiges und unteilbares heiliges Rußland glaubten und daran, daß nur Lenin und die Bolschewiki den Völkern Rußlands das Selbstbestimmungsrecht geben würden, daß also damals das finnische Bürgertum trotzdem mit ganzem Herzen auf der Seite der Weißen in Rußland stand, gern an ihren Sieg glaubte und sie und überhaupt alle konterrevolutionären Kräfte schützte. Ritavuori war hier einer der wenigen, die die Situation erkannten. Auch V. A. Lavonius konnte mir die Frage nicht beantworten, warum Finnlands herrschende Kreise die russische Reaktion unterstützten. Blut ist dicker als Wasser, und natürlich stellte der Verlust der Unabhängigkeit eine kleinere Gefahr dar als die gesellschaftliche Revolution.

Man machte sich keine Gedanken darüber, welche organisierte Kraft damals in Rußland Ordnung und ein neues Staatssystem schaffen und dem Volk Frieden und Brot geben könnte. Man kannte Rußland bei uns damals genausowenig wie heute. Das russische Volk wär angeblich von Natur aus faul und träge und dazu geschaffen, von fremden baltischen Baronen, von Vertretern der hohen Beamtenschaft des alten Finnland oder sogar von Deutschen beherrscht zu werden. Und das schlimmste war, daß man sowohl hier als auch in Estland nicht nur die zaristischen Beamten haßte und verabscheute, sondern auch das russische Volk, dieses gutmütigste und weitherzigste Volk der Welt.

In mir wuchsen immer mehr Zweifel an den Leuten, die Selbständigkeit und Patriotismus predigten und dabei Schutz für unser Land nur bei Deutschland suchten beziehungsweise überhaupt unter den Schutz einer Großmacht strebten. Ich bin in einem Land geboren, das den Schutz der Deutschen siebenhundert Jahre lang erlebt hat, und ich war entsetzt über das Vertrauen auf Deutschland und die regelrechte Verehrung für dieses Land um mich herum.

Mitte Dezember besuchte ich ein letztes Mal Petersburg. Nicht nur in Helsinki, sondern auch in Petersburg erwartete man durchaus den Sturz der Bolschewiki. Man lachte, machte Scherze über die Unfähigkeit der Bolschewiki, verspottete die von der Front heimkehrenden Soldaten als ungebildet und roh. Leute dieses Schlages seien doch unmöglich in der Lage, das ganze gewaltige heilige Rußland zu beherrschen, das würden Rußlands mächtige Verbündete niemals zulassen. Die Einmischung der Alliierten in die Innenpolitik Rußlands war nach Meinung der Reaktion eine natürliche Sache. Die Alliierten konnten unmöglich erlauben, daß der Pöbel Rußland beherrschte. Es breitete sich allgemein die Auffassung aus, daß ein Staat das Recht habe, sich in die Angelegenheit eines anderen Staates einzumischen. Bei uns verließ man sich auf die Deutschen, in Rußland auf die Alliierten. Zu ihrem eigenen Unheil hofften die herrschenden Kreise Finnlands viele Jahre auf einen Sieg Denikins, Koltschaks, sogar Judenitschs, ja, sie waren bereit, Koltschaks und Judenitschs Sieg nachzuhelfen, wobei sie davon ausgingen, eine mögliche weiße Regierung Rußlands werde sich für die erwiesene Hilfe dankbar zeigen. Trotz dieser tiefen politischen und historischen Unwissenheit und obgleich staatspolitische Traditionen fehlten, fiel das finnische Volk wie eine Katze auf die Füße, wie so oft. Der Himmel scheint seine eigenen Absichten mit diesem Volk zu haben.

Ich selbst glaubte auch nicht, daß Lenin an der Macht bliebe. Ich konnte nicht glauben, daß zu meinen Lebzeiten und vor meinen Augen der gewaltige rückständige russische Staat den ersten Versuch unternehmen würde, den großen Traum der Menschheit, den Sozialismus, zu verwirklichen. Als der alte Georg Lansbury im Jahre 1920 von einer Rußlandreise zurückkehrte, wo er das Elend und die ungeheure Zuversicht erlebt hatte, sagte er zu mir: »Ich habe große Weltgeschichte gesehen, ein Volk, das sich für die Zukunft der ganzen Menschheit selbst gekreuzigt hat.«

Nicht alle Amerikaner in Petersburg waren John Reeds oder Robbins. Verwunderung und Kopfschütteln über die Verhältnisse in Rußland gab es nicht nur in der Botschaft, sondern auch unter jenen Amerikanern, die Rußland immerhin kannten. Von richtigen Diplomaten kann man ja nicht verlangen, daß sie etwas über die Verhältnisse in dem Land wissen, in dem sie akkreditiert sind; sie verkehren ja hauptsächlich in höheren Kreisen. Außerdem stand die amerikanische Botschaft in Petersburg mehr oder weniger im Banne der Engländer und der englischen Botschaft, obwohl die englische Botschaft immerhin wissen mußte, daß nicht sie diese Revolution vorbereitet hatte, wie es allgemein in der Welt angenommen wurde.

Der finnische Reichstag hatte sich zum Organ der höchsten Macht ausgerufen, um die Trennung von Rußland herbeizuführen. Kerenski löste den Reichstag auf, und Finnland gehorchte brav und ging in neue Wahlen. Aber es war klar, daß das ganze Volk die Unabhängigkeit forderte.

Ich kannte Lenins und Stalins Standpunkt in der Frage der Unabhängigkeit Finnlands und beobachtete die Wut der Kerenskischen Regierungskreise in Petersburg, als man davon zu sprechen wagte, daß das große, heilige und unteilbare Rußland geteilt würde.

Ich versuchte schon seit langem, Mr. Francis die finnischen Selbständigkeitsforderungen zu erklären. Anfangs stieß ich auf eine Mauer. Die Alliierten konnten nicht zulassen, daß der große unteilbare Verbündete Rußland in kleine Nationalitäten zerfiele, denn das würde eine Schwächung Rußlands bedeuten. Und alle Botschafter der Alliierten taten, was sie konnten, um die Regierung Kerenski zu stärken. Der Kriegsruf der Regierung Kerenski lautete denn ja auch: »das große, unteilbare Rußland«. Ich versuchte meinerseits, das Selbstbestimmungsrecht der Völker zu belegen, aber das alles war nach Meinung des amerikanischen Botschafters höchst gefährlich – vor der Oktoberrevolution. Es gab nämlich auch in Amerika Nationalitäten, die womöglich das Selbstbestimmungsrecht fordern konnten. Jedenfalls zählte ich alle unsere Argumente für unsere Selbständigkeit auf und wollte sogar schon versprechen, daß ein selbständiges Finnland im Krieg gegen Deutschland helfen würde, doch dafür hatte Mr. Francis ein kräftiges Gegenargument – unsere Jäger. Er war wohl schon im Sommer 1917 recht gut informiert über unser Techtelmechtel mit Deutschland, das ich natürlich zu bagatellisieren versuchte. Ich tat das sogar ganz ehrlich, denn ich hätte damals nie im Leben geglaubt, daß die Jägerbewegung irgendeine Bedeutung habe. So weit war ich schon von der Politik entfernt, und auch meine Hauptinformationsquellen, Sulo und Väinö Wuolijoki oder auch Tanner, waren sich anscheinend nicht über die Bedeutung der Sache im klaren. Man hatte ja auch schon früher Unternehmungen jugendlicher Aktivisten gesehen – und keine Ahnung gehabt, daß dahinter Edvard Hjelt sowie führende Vertreter der Altfinnen standen.

Eines Tages, als ich zum Frühstück in der Botschaft war, berichtete Mr. Francis stolz, daß er auch noch andere finnische Bekannte habe und daß ein finnischer Zeitungsmann zu ihm komme, um mit ihm über die Situation zu sprechen. Er fragte sich amüsiert, ob dieser Finne die Situation genauso darstellen würde wie ich. Der Finne war Holsti.

Der Botschafter empfing Holsti in seinem Arbeitszimmer. Botschaftsrat Bailey und ich saßen still im Nebenzimmer, zu dem die Verbindungstür offenstand. Ich wartete gespannt darauf, wie Holsti die Sache darstellen und worin der Unterschied zwischen seinen und meinen Argumenten für die Selbständigkeit bestehen würde.

Holsti kam und wunderte sich natürlich, daß Mr. Francis alle unsere Argumente bereits kannte. Redegewandt, wie er war, schwatzte er das Blaue vom Himmel herunter, genau wie ich es getan hatte. Mr. Francis lachte und sagte, er kenne alle diese Faktoren, drohte Holsti aber mit dem Finger, als die Rede auf die Jäger kam. Natürlich konnte Holsti nicht das tun, was ich getan hatte, nämlich unter Berufung auf Oberst Robbins erklären, daß hinter Kerenskis Meinung in Nationalitätenfragen keine ernsthafte Macht stehe und daß die Linken in Rußland, die immer für das Selbstbestimmungsrecht der Völker eingetreten seien, bestimmt die Selbständigkeit Finnlands unterstützen würden.

Jedenfalls war Holsti beim Verlassen der Botschaft sehr zufrieden mit der freundlichen Unterredung und sehr erstaunt, daß sich Mr. Francis so außerordentlich gut in den finnischen Fragen auskannte; jetzt war er noch mehr überzeugt von der Bedeutung Finnlands auf dem Machtmarkt der Welt.

Es vergingen einige Jahre, bis ich Holsti seine in der amerikanischen Botschaft geäußerten Worte wiederholen konnte. Er war völlig verblüfft, und natürlich erklärte ich ihm, dies sei ein Ergebnis der überaus geschickten Art, mit der »die Bolschewiken ihm hinterherspioniert hatten«. Wir lachten sehr, als wir daran dachten, daß die Amerikaner allen Grund zu der Annahme gehabt hatten, wir hätten nur so getan, als wüßten wir nichts voneinander, zumindest Mr. Bailey hatte mir versichert, es sei ein hervorragendes »put up play« (arrangiertes Schauspiel) gewesen.

Zur Klärung der finnischen Frage trug vor allem mein Freund, Botschaftsrat Bailey, bei, aus dessen Feder eigentlich alle an das State Department abgesandten Berichte stammten.

Niemand hat mir später Dank gesagt, und auch Holsti wagte nicht, meinen Anteil an der Meinungsbildung der amerikanischen Botschaft in Petersburg klarzustellen, weil ich schon im Jahre 1918 bei der weißen Regierung Finnlands besonders verhaßt war – als »Bolschewikenagentin« – und das Getuschel aller neidischen Tanten und tantenhaften Männer ertragen mußte. Außerdem war Holstis eigene Position nicht so stark, daß er es wagen konnte, darüber zu berichten, wie sich die »Bolschewikenagentin« und die finnischen Sozialdemokraten überhaupt für die Selbständigkeit Finnlands eingesetzt hatten. Man durfte ja nicht einmal erwähnen, wie Lenin und Stalin persönlich die Selbständigkeit Finnlands unterstützt hatten.

Ich verstand nicht viel davon, was im Jahre 1918 sowohl bei uns als auch in Rußland geschah. Ich begriff nur, daß das Volk nicht anders konnte, als die Macht in seine Hände zu nehmen, wenn sich ihm die Gelegenheit dazu bot. Ich sah die Fehler und Greuel, das Blut und die Not dieses Jahres und begriff, daß ich mit ganzem Herzen auf der Seite der Besiegten sein würde, ungeachtet meiner wirtschaftlichen Stellung und meines Überwechselns in die Klasse der Besitzenden.

Mitte Januar 1918 hielt ich mich in Stockholm auf und kehrte von dort wenige Tage vor Beginn des Bürgerkrieges zurück. In Stockholm kursierten bereits Gerüchte von Zusammenstößen zwischen Roten und Weißen und den Ereignissen in Ostbottnien. Ich begriff nichts. Ich versuchte in Stockholm darauf einzuwirken, daß ein Teil des von uns gekauften Getreides auf den Weg nach Finnland gebracht wurde. Ich weiß noch, daß nach meiner Rückkehr Henrik Ramsay und Edvard Gylling sowie unser Lebensmittelchef V. A. Lavonius zu mir kamen, um sich nach dem Getreide zu erkundigen.

Nach meiner Reise hatte ich zu Hause eine Menge zu regeln. Frau Tönisson zog zu mir, und die Mitglieder der provisorischen Regierung Estlands waren vor den Deutschen nach Helsinki geflohen und mußten von dort ins Ausland weiterbefördert werden.

Am Abend des 27. Januar, es war ein Sonntag, wollte ich gerade ins Börsenrestaurant zum vierzigsten Geburtstag von Ilona Jalava aufbrechen, als die Mitteilung kam, daß es verboten sei, abends nach sieben Uhr auf die Straße zu gehen, und daß die Feier ausfalle. Ich war völlig fassungslos, und auch mein Mann hatte keine näheren Informationen. Weil ich gerade von der Reise zurückgekommen war, hatten wir kein Bargeld mehr im Hause. Ich gab meinem Mann am Montagmorgen einen Scheck und bat ihn, mir Geld von der Bank zu holen. Aber die Banken waren geschlossen, sogar die Finnische Bank. Mein Mann ging von der Finnischen Bank zum

Ständehaus zu seiner Reichstagsarbeit und traf auf der Treppe Gylling. »Was ist los?« fragten die beiden angeblichen »Aufstandsführer«, von denen der eine später verurteilt wurde und der andere sich der roten Regierung anschloß und nachher floh.

Es gelang mir unter großen Mühen, bei mir bekannten Geschäftsleuten, vor allem bei Kontro & Kuosmanen, Geld für meine Schecks zu bekommen, dabei hörte ich von Kontro, daß den Großfirmen schon vor einer Woche die Anweisung oder der Rat gegeben worden sei, sich ausreichend mit Bargeld zu versehen. Mir hatte natürlich kein Mensch diesen guten Rat gegeben, vermutlich hatte man angenommen, die Wuolijokis wüßten, daß und wann der Bürgerkrieg beginne.

Ein paar Tage später stand ich mit V. A. Lavonius am Fenster seines Arbeitszimmers im Hause des Senats und schaute zu, wie vom Senatsplatz her eine Abteilung der Roten Garde ins Haus marschierte – und sich die Revolution vollzog. Ich verstand immer noch nichts und wunderte mich, daß Lavonius die Weisung erhalten hatte, zu fliehen, und nicht, in der Zeit der roten Regierung bei der Lebensmittelversorgung des finnischen Volkes zu helfen.

Danach kamen Blut und Tränen und die rauhe Wirklichkeit. Die besiegte Arbeiterschaft lag blutüberströmt auf der Erde. Ich konnte nichts anderes tun, als um Hilfe zu rufen und selbst zu helfen.

Mein sogenannter »politischer Salon« entstand, von dem ich gesondert in meinem nächsten Buch berichte.

Während ich die Geschäftsabschlüsse getätigt hatte, war ich in Stockholm und Petersburg hauptsächlich mit Diplomaten und Botschaftskreisen der Entente in Berührung gekommen. Durch sie wurde ich auch mit englischen und französischen liberalen Zeitungsleuten bekannt. Unter der finnischen Intelligenz gab es nur wenige Gleichgesinnte, sie waren fast an den zehn Fingern abzuzählen. Der größte Teil unserer Intelligenz stand im Banne Deutschlands und der Jäger. Also war es natürlich, daß die Vertreter der Entente oder die Journalisten bei ihren Aufenthalten in Helsinki nach mir suchten und zu mir kamen, ausgestattet mit Empfehlungsbriefen meiner Bekannten.

So wurde mein Heim allmählich zu einem Ort, wo man eine andere Wahrheit als die mit dem Stempel der Regierung zu hören bekam und wo denkende Menschen frei reden durften. Das war in jener Zeit eine schreckliche Sünde.

Brief an Lion Feuchtwanger

Lieber Herr Feuchtwanger,

Eine einsame Frau will Ihnen hiermit danken für die grosse Befreiung durch ihr schrecklich-schönes Buch. Seit 14 Jahren trage ich eine offene Wunde wegen dem Jahre 18 in diesem Lande. Seit dem Ende des Bürgerkrieges schreibe ich in meinem Herzen an der »Geschichte des Unrechts im Lande Finland« und bin so oft beim Ersticken gewesen / es ist noch recht lebensgefährlich sie auf das Papier zu bringen / aber jetzt ist es mir, als ob Sie mich durch Ihr Buch wie die Johanna Krain haben aufschreien lassen.

O Gott, der historische Materialismus. Mir hat er nicht geholfen und die Manieren der Kommunisten die Achsel zu zucken. Auch das gehört zum Klassenkampf, warum echauffieren Sie sich ... Das tun nur die kleinbürgerlichen individualistischen Idealisten. Sie kennen ja das Lied ...

Ich weiss nicht ob ihre Johanna existiert hat, wenn nicht sonst so existiert sie jedenfalls in mir mit all der hoffnungslosen Wut gegen das Unrecht selbst und gegen meine eigene marxistische Erziehung und die das mit den Jahren wachsende Verstehen der Welt. Ich will nicht frauenhaft und alt werden und alles »verstehen« ich will wütend sein solange ich das brennende Eisen in mir trage. Aber in ihrem Buche habe ich aufgeschrien und es ist eine grosse Erleichterung.

Und dann, Ihre Statistik des Unrechts in Bayern hat mich kleingekriegt. Ich lese doch die europäische Presse aber vielleicht gerade deshalb weiss man so wenig. Ich bin bisher überzeugt gewesen dass kein anderes Land in Europa es mit uns im Unrecht aufnehmen kann: während dem Bürgerkriege fast 100 000 Gefangene fast 30 000 Tote, wovon ungefähr die Hälfte erschossene und die andere Hälfte verhungerte in den Gefangenenlagern. Aber alles das ist doch nichts wenn man bedenkt dass wir in der unmittelbaren Nähe von Russland existieren und Finland ein Lätteländchen in den Hinterwäldern von Nordeuropa ist, wenn ein Land wie Bayern im Herzen der europäischen Zivilisation die von Ihnen mitgeteilten Zahlen aufzuweisen hat. Und unsere Nazis haben bisher nicht viel Blut vergossen. Der letzte Aufstand war blutlos vor paar Wochen. Ein alter ehrlicher Mann mit einfachem Herzen hat sie bezähmt und die Ehrfurcht vor dem Gesetz und dem Recht das dieses Volk seit dem Kampf gegen den Zar in sich trägt.

Die Tausenden die im Jahre 18 erschossen wurden, waren die graue Masse, der arme stumpfe wortlose Massemensch, denn die Führer die Intellektuellen flüchteten nach Russland. Auch Frauen und Kinder waren in der Masse, hunderte wurden von gutmütigen deutschen Soldaten erschossen die der weissen Armee geholfen haben, aber alles das war nicht so schlimm. Das schrecklichste geschah in den Lagern der Untersuchungsgefangenen ... Tausende von Martin Krügers. Fast aus allen Lagern hat man mir Hilfsgeschreie geschrieben sie kamen auf schmutzigen Papierstreifen und auf Birkenrinde geschrieben in den Taschen von barmherzigen Soldaten. Aus einem Lager schrieb man mir im Juni: ungefähr 700 Mann hatten sich aufzustellen in die Brotschlange, davon fielen ungefähr 30 hin und starben ohne das Brot erreicht zu haben, der Gefangene schrieb: »fielen hin mit offenem Munde nach Luft schnappend wie graue Kerzen die auslöschten.« Sehen Sie wenn man täglich solche Briefe erhielt so konnte man selbst das Essen nicht hinunterwürgen. Man konnte erbrechen bei der Ansicht einer Festtafel. Mein marxistischer Universitätsglaube brach zusammen beim Anfang des Krieges ich wurde von gewissen Umständen in den internationalen

Welthandel hineingezwungen, habe Millionen verdient während dem Kriege und die habe ich dann zum grössten Teil den Hungernden gegeben und mit denen habe ich dann Philantropie getrieben, nur eine dumme Philantropie monatelang nur daran gedacht wie möglichst viel Calorien durch aufgekaufte Soldaten und Wächter in die Gefängnisse zu schicken, statt wie ein vernünftiger Mensch zu schreien.

Auch einen politischen Salon habe ich gehabt für Diplomaten und Journalisten bis die Regierung angefangen hat mich als Bolshevikspion zu stempeln. Die Nähe von Russland und die vollständige Abwesenheit von liberaler Kultur macht es jah dass auch die blassesten Gegner der Regierung sofort den Bolshevikstempel erhalten. Sogar im House of Commons haben sie einen Diehard interpellieren lassen ob nicht der arme liebe General Gough und seine Freunde unter meiner Direktive die englische Constitution stürzen wolle. Jedenfalls haben sie mir damals England gesperrt und erst Macdonalds erste Regierung hat es mir möglich gemacht nach Europa zu kommen. Wenigstens zum Aufatmen. Gott, wie es einen dann anekelt wenn Ethel Snowden hinhaucht: How splendid how courageous of you to live in Finland ... O wie die Visiten von ihrer Krain mich erinnert haben an meine Diskussionen z. B. mit dem seligen alten lieben Lord Halbane, die einmal endigte mit seiner Frage: Whatkind of an arbitration would you recommend us?

Brief an die Suomi-Filmi-AG

Liebe Suomi-Filmi-Gesellschaft, viele Grüße aus Niskavuori. Auf Niskavuori gibt es jetzt viel Schnee und Stille ... Die Schneewehen reichen fast bis zu den Fenstern. Die großen Steine und die Zäune sind im Schnee versunken. Auch vor Hallis Hundehütte liegt hoher Schnee. Halli hat sich auf seinem Stroh zusammengerollt. Vom Dorf her schallt hin und wieder Hundegebell über den See, dann ist es wieder still ... Die Schneemassen haben Niskavuori ganz erdrückt. In der dunklen Nacht atmen die Menschen unter den Schneewehen.

Ein einsamer Skifahrer kommt vom See herauf, gleitet am Stall vorbei, horcht, wie die Kühe im Schlaf schniefen, bleibt am Pferdestall stehen. Die fohlende Stute wiehert kurz. Der Mann läuft über den Hof. Halli bewegt die Ohren, bellt ein wenig, hört auf, bellt noch einmal kräftig einige Minuten lang, dann schläft ganz Niskavuori unter den weichen Schneelaken weiter.

Ebenso verschlafen ruht das Kirchdorf im Schnee. Der Engel der Nacht und des Friedens eilt mit frierenden Zehen über die Schneewehen.

Und plötzlich setzt unter dem Schnee die Sinfonie des Lebens mit ihren Klängen ein. Der Hof erwacht! Zuerst klingelt der Wecker der Futtermeisterin. Sie gähnt und reckt sich, beginnt sich anzuziehen. Wenn sie durch die Stalltür geht, flammt in den Zimmern der Stallmägde das Licht auf. Die alte Bäuerin wird wach, bewegt ihr krankes Bein, schaut zum Fenster hinaus, ob im Stall Licht brennt und ob jemand in der Küche ist. »Salli!« tönt es aus dem Zimmer der alten Bäuerin bis in die Gesindestube, wo Emma und Salli noch gähnend in ihren Betten liegen. Der Stallmeister stapft zum Stall. Aus dem Schornstein der Futterküche steigt roter Rauch auf. Der Stallmeister kocht sich ebenfalls seinen Kaffee. Und in den Fenstern der Knechte blinken die ersten Lichter auf.

Auch das Dorf wird wach. Serafiina will backen, sie schmeckt den Teig ab, der die Nacht über im Backtrog gegangen ist. Serafiina holt ihren Mantel, um in den Schuppen nach Holz zu gehen. Oh, wie hat es in der Nacht geschneit! Sie fegt die Treppenstufen frei und hält inne. Da führen ja Skispuren vom Pfad hinter dem Schuppen zu der Tür, wo die Lehrerin wohnt! Sieh an, also hat die Lehrerin Nachtbesuch gehabt. Serafiina läuft ins Haus, weckt die Sandra und nimmt ihren Schal und ihre Skier, um sich die Sache näher zu besehen.

Und auf einmal ist das ganze Dorf erwacht und von Leben erfüllt. Die Menschen stehen auf. Ihre Größe und ihre Kleinheit werden sichtbar. Auch unter dem Schnee ist das Leben weitergegangen, es bricht sich jetzt Bahn, flammt als Feuer des Glücks und des Leids auf, reißt die Menschen aus dem Schnee mit sich und fließt ein in den großen Chor der Menschheit, in den Kampf gegen das Schicksal und für die Freiheit der Menschen. Auch in einem schneebedeckten finnischen Dorf sind Riesengestalten der Menschheit zu finden, solche, vor denen man sich wie in der Kirche vorkommt. Ich will sie aus dem Schnee ans Licht holen, will sie ausgraben, auch wenn meine zehn Finger dabei blutig werden ... Es ist eine Art Ehrenpflicht!

Die Bäuerin von Niskavuori ist in die Welt gezogen, um unser Land zu repräsentieren, ohne alle Subventionen des Parlaments oder der Regierung, ganz auf sich allein gestellt. Das Theater und nun auch Suomi-Filmi haben es ermöglicht. Ich weiß, daß sich Suomi-Filmi – sowohl der energische tavastländische Generaldirektor selbst als auch die anderen Produzenten – mit viel Liebe für meine Niskavuori-Figuren eingesetzt haben, und ich weiß, daß in den Niskavuori-Film viel Arbeit und Energie investiert wurden; das junge Haar von Vaala ist wohl ein wenig grau geworden dabei. Nicht zu vergessen die Schauspieler, ich umarme sie alle. Ich wünsche Ihnen Erfolg und das Allerbeste fürs neue Jahr.

In Marlebäck am 30. 12. (1937)

Ein Lied reicht mir hilfreich die Hand

»For he who lives more lives than one
More deaths than one must die …«

(Oscar Wilde, Die Ballade vom Zuchthaus zu Reading)

Diese Worte Wildes klangen mir all die Monate in den Ohren, die ich in meiner Zelle auf den Tod wartete.

Ich hatte viele Leben – das Leben vieler – gelebt, und so mußte ich auch viele Tode sterben.

Man drohte mir an, mich anonym hinzurichten und zu begraben …, und ich sagte nicht, daß ein Tod für mich nicht reiche, da ich mehr als nur ein Leben gelebt hätte.

Es ist nicht leicht, für das Leben zu sterben, ja nicht einmal, für den Frieden, wenn man so sehr neugierig auf das Leben ist. Das Welttheater einfach vor dem letzten Akt verlassen …, vor dem Sonnenaufgang …

Jene, die mich gefangenhielten, versuchten mich von der Unabänderlichkeit meines Schicksals zu überzeugen. Der junge Mann, der die Untersuchungen in meinem Fall leitete, erkundigte sich, wie mein Berufskollege Irmari Rantamala seinerzeit auf seine Hinrichtung gewartet hatte …, er hatte die ganze Nacht auf dem Fußboden seiner Zelle geweint. Der junge Mann schilderte mir das in allen Einzelheiten …, ich sollte mich selbst auch schon auf dem Fußboden meiner Zelle weinen sehen …

Ich weiß nicht, warum aus meinen reglosen Augen heißes Wasser auf meine zusammengepreßten Hände floß. Nicht wegen Irmari Rantamala, nicht deshalb, weil er auf dem kalten Fußboden gelegen und geweint hatte …, und auch nicht meinetwegen. Vielleicht wegen dieses jungen Menschen, der mich mit diesem Bild quälen wollte und der ja auch zu dem Volk gehörte, für das ich Frieden hatte schaffen wollen, und sei es um den Preis meines Lebens ... Er genoß es sicherlich, daß aus meinen Augen Wasser rann ... Aber ich weinte nicht, meine müden Augenlider vermochten nur nicht mehr, die heiße Quelle meines Herzens zu schließen.

Damals zu Anfang schmeckte sogar mein Essen nach Tod ... Durch das Riffelglas des Fensters starrte der Tod in meine Zelle ... Die schmutziggrünen Wände und die Decke erdrückten mich wie ein Sarg. Jede Maßnahme im Zusammenhang mit zu Hause erschien mir wie eine Vorkehrung für meinen Tod. Ich versuchte, an den Augen meiner Angehörigen abzulesen, ob das Urteil gesprochen sei. Ich bemühte mich, meine Arbeit zu machen und den Tod zu vergessen, doch schon grinste er mich wieder an aus dem zum Erstarren grausamen Gesicht meines Wärters. Ich wurde ganz klein und hilflos, sehnte mich nach den lieben Gesichtern meiner Angehörigen, den Armen meines Enkelkindes; und ich sehnte mich nach meinen Eltern, bis sie des Nachts wirklich aus ihren Gräbern kamen, um mir zu helfen. Aber nicht nur sie allein kamen, sondern nach und nach viele, viele andere ..., alte Freunde und auch die Millionen Unbekannten aus den Schützengräben der ganzen Welt, aus den Grabkammern der Konzentrationslager und Gefängnisse.

Es waren viele, und sie alle versicherten mir, daß er gar nicht so furchterregend sei, der Tod – nur eine kleine Operation. Ich sei ja auch schon früher mal operiert worden. Nur eine kleine Metamorphose ..., ganz unumgänglich, damit man weiterleben könne im Schoß der Erde und in den Herzen der Menschen.

In den Metalltisch meiner Zelle war eingeritzt: »Kamerad, gib nicht auf ...«

Die Wärter hatten versucht, diese Worte wegzuschaben, aber sie leuchteten immer noch dort, wie eine

Flammenschrift. Wieviel unbekannte Qual mögen diese Worte schon erleichtert haben …

Und dann fürchtete ich den Gedanken an den Tod nicht mehr, ich bereitete micht jetzt bewußt auf den Tod vor, mit all meinen Gedanken und meinem ganzen Verstand. Ich beeilte mich mit meiner Arbeit, nutzte jede Minute für meine Aufzeichnungen. Ich bereitete mich auf die Reise vor, darauf, den Weg zu gehen, den Millionen Menschen in diesem Krieg gegangen waren.

Mein Begleiter wurde – ein Lied:

»Völker, hört die Signale!
Auf zum letzten Gefecht!«

Das Lied nahm mich bei der Hand und führte mich wie eine Mutter …, es strich mir über das Haar und ermunterte mich: »Komm, gehen wir zusammen!« Lächelnd, Hand in Hand traten wir vor die Gewehre …

Manchmal wachte ich nachts in kalten Schweiß gebadet auf, weil ich die Worte meines Liedes vergessen hatte. Aber sie fielen mir wieder ein, und die siegessicheren Schritte von Millionen Menschen begleiteten uns in eine neue Welt … Ich war nicht allein.

»Völker, hört die Signale!
Auf zum letzten Gefecht!«

Die Strichmädchen weinen abends

Die Strichmädchen weinen abends …, die einen vor Kummer, die anderen vor Wut, die einen schluchzend, die anderen laut klagend.

Manchmal ist es ein Weinen, das gehört werden soll, manchmal wird es unterdrückt, wie mit der Faust erstickt, meistens ist es ansteckend … Dieses Weinen ist ein leises, qualvolles, allmählich verebbendes Schluchzen, der Klang einer Trauerkantele, der Gefängniskantele, kleine, zitternde Laute in der Nacht ...

Plötzlich gellt durch Nacht und Dunkelheit ein jäher Klageruf: »Mutter, Mutter, meine Mutter ...«

Die Politischen weinen nicht

Die Politischen weinen nicht ..., ihr Kissen ist ganz von selbst naß ..., manchmal.

Wenn keine Decke da ist, verhüllen sie sich mit ihren schweren, müden Augenlidern ... Wenn kein Wasser da ist, waschen sie sich mit den heißen Tropfen, die aus ihren Augen fallen ..., manchmal.

Wenn über ihre Geistesbildung ein schwerer Soldatenstiefel geht, stöhnt ihre Selbstbeherrschung unter ihm ..., nur ein wenig.

Die Bereitschaft, uns für einen Gedanken oder eine Tat vom Leben kreuzigen zu lassen, hebt unsere Köpfe in die Wolken, aber unsere Köpfe sind aschgrau geworden ..., ganz von selbst.

In der Stille der Nacht fließt meine einsame, heimliche Träne zusammen mit Millionen anderer Tränen in Europas großen Ozean aus Blut und Schmerz.

Tote Fenster

Gefängnisfenster sind tote Fenster.

Gefängnisfenster sind leere Fenster.

Hunderte toter, leerer Fensteraugen starren mich aus der Ziegelwand, der Wand des Martermausoleums an.

Ich gehe allein meine endlose Runde unter den toten Fensteraugen. Ich weiß, daß hinter jedem gefesseltes, qualvolles Leben existiert, und ich fühle, daß all jene dort hinter den Fenstern meine Verwandten sind, Menschen sind wie ich – alle die großen und kleinen Diebe, die Abtreiberinnen und Schwarzhändler, die Politischen und die Straßenmädchen, die Räuber und Trinker und Deserteure –, sie sind meine Brüder, meine Schwestern, meine Kameraden hinter den toten Fenstern ..., in der Totenstille ..., mit ihren toten Gedanken.

Ich träume, ich stände unter den toten Fenstern und riefe ihnen zu: »Freiheit!«

Und in alle Fenster klimmen graue, gefesselte Gestalten mit heißen Augen, und aus Tausenden rauher Kehlen echot das Wort Freiheit. Das Echo rollt von Wand zu Wand, über Mauern und Dächer, und rasselnd und knarrend öffnen sich die Schlösser, die Eisen und Fesseln zerreißen, und die Menschen stolpern heraus. Einer reibt sich die Augen in der Sonne, ein anderer mißt mit stolzem Blick den Himmel, dort kriecht einer zwischen den Füßen der anderen hervor, jener plant neuen Raub und Mord, und da ist einer, der will eine neue Weltordnung schaffen und neue Hoffnung und Kraft in ausgemergelte Gesichter säen ...

Wo habe ich das alles schon einmal gesehen?

Auf Enckells Altarbild in der Johanneskirche von Tampere. Auferstehung, wenn sich die Gräber öffnen.

Ich stehe mitten auf dem Hof, unter den toten Fenstern, ich schaue dir direkt ins Angesicht, Sonne, und ich recke meine Faust zu dir empor.

Komme, Freiheit!

Choral und Eimer

Die Glocke schrillt. Knackend, knirschend, rasselnd öffnen sich die Schlösser, die schweren Türen knarren, die Schlüsselbunde klirren in den Händen der Wärter ...

Ein neuer Tag hat begonnen, die Gefängnismaschinerie ist im Gange. Die Gefangenenfabrik surrt. Die Aufseher tragen Waschschüsseln aus und klappern mit Eßgeschirren und Bechern.

Der graue Alltag eines grauen Lebens hat begonnen.

Plötzlich erklingt von fern ein leises Lied. Eine weiche, dunkle Baritonstimme singt einen Morgenchoral:

»Näher, mein Gott, näher zu dir ...«

Gleichzeitig ertönt das Kommando: »Die Aborteimer werden geleert!« Die Eimer klappern und scheppern und riechen ...

Der weiche Bariton singt:

»Näher, mein Gott, näher zu dir ...«

Eine freundliche Hand reicht mir ein halbes kleines Roggenringbrot.

»Näher, mein Gott, näher zu dir ...«

Ich singe:

»Näher, Freiheit, näher zu dir!«

Eine weiße Katze kam in meine Zelle

Die Tür meiner Zelle stand einen Spalt offen – der Wärter holte gerade mein Essen. Und da geschah es. Durch den Türspalt lugte eine weiße Katze und schlüpfte zu mir herein ..., zu meinem großen Entzücken ..., eine quicklebendige Katze in der Gefangenenzelle ...

»Guten Tag, Mirri«, sagte ich, »willkommen ...«

Mirri antwortete freundlich: »Miau, miau«, und rieb

sich an meinem Bein. Dann sprang sie auf meinen Tisch, meinen winzig kleinen Tisch, neben meine Schreibmaschine, und sagte noch einmal: »Miaauu ...«

»Miau, miau«, sagte ich in der Katzensprache. »Komm auf meinen Schoß, damit eine Gefangene dich leibhaftiges Wesen aus der freien Welt umarmen kann.«

Mirri kam auf meinen Schoß, und ich durfte sie im Arm halten und mit ihr plaudern – völlig frei –, ohne Wärter oder Staatspolizei. Ich konnte mit Mirri sogar über Politik sprechen. Unter anderem über Richelieu, den Begründer von Frankreichs Größe, der außer für Frankreichs Größe auch viel für Mirris Gattung übrig gehabt hatte und auf dessen Schreibtisch immer eine von Mirris Ahnfrauen gesessen und europäische Politik geschnurrt hatte. Und von ihm kamen wir in unserem Gespräch auf die Graue Eminenz, Pater Joseph, der ein international gefährlicher Diplomat gewesen war, auch wenn er sich als barfüßiger Franziskaner sehr für die Frömmigkeit der Nonnen interessiert hatte... So gerieten wir dann in die internationale Politik, und ich konnte meine Meinung ganz frei äußern, ohne daß uns jemand auf eine mögliche Verschwörung gegen die Sicherheit der Nation kontrollierte oder Buch führte, wie lange Mirri bei mir blieb.

Ich bot Mirri Gefangenenproviant an, aber sie war faul und dick und wollte sich außerdem auch nicht an Gefangenenkost vergreifen – meinte, sie wolle sich nur unterhalten.

Und Mirri fragte, ob ich mich an ihren Verwandten erinnerte, den blaugrauen Wildkater, der in einer Mondnacht aus dem Wald zu mir kam und bei mir in meinem Haus blieb.

Aber gewiß erinnere ich mich, liebe Mirri! Das war in jener Nacht, als die Wälder im blauen Mondschein für meine Felder die Parsifal-Ouvertüre spielten.

O ja, Mirri, es war die Nacht der Sinfonie des blauen Rauchs. Der alte Schmied unterhielt am Waldrand einen Kohlenmeiler, als ich mein Haus baute. Und weil der alte Schmied die ganze Nacht neben dem Meiler wachen mußte, brachte ich ihm eine Flasche heißen Kaffee und ein paar andere gute Sachen und saß lange mit ihm an unserem Meiler. Blauer Rauch und Funken stiegen auf. Ich sprach mit dem alten Schmied über alte Angelegenheiten des Hauses, und dann verstummten wir beide, denn der Nachtwind spielte in den Baumwipfeln feierlich die Parsifal-Ouvertüre über den Frieden der Welt, und der blaue Mondschein flimmerte dazu über die Felder. Da kam aus dem Wald über die brillantenfunkelnde Ebene ein blaugrauer Wildkater gelaufen, beschnupperte den Meiler, betrachtete mich und den alten Schmied und kam näher und näher. Ich wagte nicht, mich zu rühren, bis er sich an meinem Bein rieb, genau wie du, weiße Mirri. Schließlich ließ er sich sacht streicheln, und dann schleckte er die Reste der Kaffeesahne und sprang auf meinen Schoß. Da sagte der alte Schmied, daß es jetzt in dem alten verfallenen Haus wieder eine Herrin gebe, die dem alten Schmied in der Nacht Kaffee bringe und zu der sogar ein Wildkater aus dem Wald komme ... Und der Kater kam auf meinem Arm mit in mein Haus, und in meinem Herzen nahm ich die machtvollen Klänge des »Parsifal« aus der Wohnstatt der Menschheit mit, als ich in der duftenden Schneenacht nach Hause wanderte.

Hab Dank, weiße Mirri, – so brachtest du mir die Parsifal-Ouvertüre in meine Zelle.

»Miau, willst du schon gehen?« Da fragt nur die Wärtertante, wo die streunende Katze geblieben ist. Sie werden dich wieder auf die Straße jagen.

Von der Straße voll Leben kamst du zu mir, von dort, wo die Menschen gehen, wo sie eilen und manchmal auch lachen. Danke für deinen Besuch. Paß auf, daß die Staatspolizei nichts von deinem unerlaubten Aufenthalt bei mir erfährt.

Sie hatten mich gefragt, welche Sprachen ich spreche. Ich zählte ihnen meine sieben Sprachen auf. »Ahaa!« sagte der Untersuchungsrichter, und ich sah, wie es in seinem Gehirn arbeitete: Sie kann Sprachen, also direkt ein internationaler Bandit!

Aber ich habe nicht gesagt, daß ich auch die Katzensprache beherrsche ..., erzähle du es auch niemandem, meine Mirri.

Auf Wiedersehen, Mirri ...

Ich drückte Mirris weiche, weiße Pfote, und Mirri sah mich an, zwinkerte, bewegte den Schnurrbart und küßte mir die Hand wie ein Weltmann.

»Miaauu ..., Madame ...«

Miau, miau, Mirri.

Und ich war nicht Gefangene

Gott schuf alle Menschen nach seinem Ebenbild, außer den Staatspolizisten und Zensoren. Er gab den Staatspolizisten nicht einmal einen eingängigen finnischen Namen, sondern ließ das Volk sie »Ochrana« nennen, und »Zensor« klingt so fremd, daß ein gewöhnlicher Mensch sich überhaupt nichts darunter vorstellen kann.

Der Staatspolizist ... Er ist zumeist vom Typ her ein Gemisch aus einem Ladengehilfen, einem älteren Laufburschen, der Briefmarken stiehlt, und einem heruntergekommenen Kellner. Er trägt einen grauen Sommeranzug und, auch während des Krieges, graue, feine Lederschuhe, dazu graue, dicke Gamaschen (sogar im Sommer), eine grellbunte Krawatte und einen Filzhut schräg auf einem Ohr. Er will mit aller Gewalt wie ein feiner Herr aussehen.

Morgens öffnet er die schweren Eisentüren und kommandiert: Aufwachen ...! In den Waschraum, auf den Abort ...!

Hätte Gott ihn nach seinem Ebenbild geschaffen, so würde er als Finne zunächst sagen: Guten Morgen ...

Abends hängt der Gefangene seine grauen Sorgen an den Haken und legt seinen schwarzen Kummer ab. Morgens wirft er sich die Sorgen über, hüllt sich wieder in seinen Kummer und starrt in den leeren Tag ... Irgendwann sagte man auch mal zu dir guten Morgen, irgendwo waren liebe, lächelnde Stimmen ...

Ich starre auf die schmutziggrünen Wände, ich suche Halt und Hilfe ..., bei mir selbst, denn andere Hilfe gibt es nicht, und es gibt auch keine Liebe, keine Güte, keine Freundschaft, keine Menschlichkeit ..., nur Bestien, die bereit sind, in einem Winkel der Arena zuzubeißen, während das Volk von Rom jubelt.

Und ich bin ganz allein ..., mein Blut strömt auf die Erde ...

Die Tür wird aufgerissen. Handfeger und Müllschaufel werden hereingeworfen.

»Ausfegen!«

Der Fußboden ist voller grauer Staubflocken ..., immer. Wer weiß, wo die herkommen. Vielleicht ist es Schimmel meines Lebens ..., Pollen des Kummers ..., Gewebe aus Grauen.

Mein Rücken ist immer gerade gewesen, es fällt mir schwer, mich zu bücken ..., ich bin eine alte Frau. Ich fege meinen Fußboden, graue Flockenknäuel sammeln sich auf der Schaufel. In der Ecke steht ein schmutziger Spucknapf, den ich nicht anfassen mag. Mein Vorgänger hat ihn in der Zelle zurückgelassen.

Der Pseudoherr steht die ganze Zeit in der Tür und

genießt es, wie ich ausfege. Mit verschränkten Armen und einer Zigarette zwischen den Zähnen schaut er mir zu. Ich erwarte jeden Moment, daß er fragt, ob dies mehr Spaß mache als Schauspiele zu schreiben. Dann kommt es: »Na, wie finden Sie das? Ist was anderes als die Lorbeerkränze für die ›Frauen von Niskavuori‹ und ›Hulda Juurakko‹ an Ihren Wänden im Gutshaus Jokela ...« Er war zur Haussuchung bei mir gewesen.

Ich richte mich auf und sage ruhig, daß man jenen schmutzigen Spucknapf aus meiner Zelle entfernen möge, da ich keinen benötige.

Der Pseudoherr wird nervös!

»Hier wird kein Napf entfernt. Sie müssen ihn auswaschen.«

»Ich wasche gern mein eigenes Geschirr, aber nicht das anderer Leute. Der Spucknapf muß hier raus.«

Der Möchtegern-Herr schreit: »Sie müssen tun, was ich sage, Sie sind Gefangene!«

Der Handfeger fällt mir aus der Hand, und ich lache, lache so, daß es im ganzen Grabgewölbe widerhallt und sogar die schmutziggrünen Zellenwände grinsen. Ich eine Gefangene!

Der Möchtegern-Herr schreit: »Hier wird nicht gelacht ...!«, und knallt wütend die Tür zu.

Ich eine Gefangene ... Ich habe mir das einsuggerieren lassen. Aber wer vermag mich gefangenzunehmen ...?

»Und mag sie noch so gefesselt sein,
eine Seele läßt sich nicht zwingen.
Frei ist sie für alle Zeit ...«

Sie glauben, mich gefangen zu haben ... Gestern abend, als ich an meinen Memoiren schrieb, ruderte ich mit Eino Leino auf dem blauseidenen Kukkia, spritzte ihm mit meinem Ruder Wasser in sein notre-damesches

Monstrumgesicht und sang dazu vom König von Thule. Und vorgestern abend saß ich zusammen mit Gustaf Mattson auf dem Opernmaskenball ..., er hinterließ mir als Erbe einen Aphorismus von Lichtenberg:

»Ich kann mich einen ganzen Tag in einer warmen Vorstellung sonnen ...«

Wie kann man mich gefangenennehmen, die ich mich den ganzen Tag in einer warmen Vorstellung sonnen kann.

Es ist diese:

»I'd like me to know, that all over the world
A just flag of freedom was flying unfurled.
That none of the nightmare was really in vain,
That none of the nightmare migt happen again ...«

So schrieb ein gefallener englischer Flieger. Er wollte die Gewißheit haben, daß einmal über der ganzen Welt die Fahnen der Freiheit und des Rechts wehen, daß die alptraumhaften Greuel, die er erlebt hat, nicht umsonst gewesen sind, daß sich keiner dieser Alpträume wiederholen kann.

Wie konnte ich in den leeren Tag starren und die Bestien fürchten ...!

Ich sehe mit meinen Augen und höre mit meinen Ohren, wie Hitlers Tankungeheuer gen Moskau rollen. Tag und Nacht speien die Flugzeuge und Kanonen Feuer und Zerstörung in das Herz der Sowjetunion. Aber am siebenten November 1941 findet auf dem Roten Platz eine feierliche Parade statt. Stalins stählerne, feste und ruhige Stimme erklärt der Welt, warum sein Volk diesen Kampf für die Freiheit der Welt gewinnen wird.

Ich sehe und höre, wie Reynaud in Paris Churchill erklärt, Deutschland werde England angreifen und England werde hoffnungslos verlieren. Ich höre Churchills ruhige, feste Antwort: We are not afraid! – Wir haben keine Angst. Hören Sie: Wir haben keine Angst! Ich höre sogar seinen Faustschlag auf dem französischen Verhandlungstisch.

Ich sehe, wie Arnulf Øverland sein Gedicht an das norwegische Volk schreibt ... Spott und Verzweiflung sind aus seinen scharfen, kalten Augen verschwunden. Er schreibt mit seinem Herzblut:

»De brente våre gårder,
De drepte våre men,
Bak hver som gikk i døden
Står tusener igen.
Står tusen andre samlet
I steil og naken tross.
Å, døde kamerater,
De kue aldri oss!«

Bei uns habe sie unserem tapferen, herrlichen Volk die Augen mit Lügennetzen verbunden und die Ohren mit ihren schmetternden Fanfaren und »Kaarinas« versperrt, damit es nicht sieht, wie sich die ganze Menschheit gegen Lüge und Gewalt erhebt, damit es nicht hört, wie aus Moskau Beethovens Heldensinfonie ertönt.

Ich sehe und höre, und ich weine für mein Volk. Ich lebe das Leben von Millionen, und ich weiß, daß für die Welt die Freiheit kommt.

Sie hielten mich für eine Gefangene ...

Aber ich fülle meine Zelle mit dem Duft tausender Blumen, und ich erfrische mich mit Meereswind. In New Garden blühen die Mandelbäume ..., auf dem Altar der Peterskirche tropft heißes Kerzenwachs in die Magnolienblüten, sie öffnen sich und verströmen einen Duft wie von Lebensrausch ..., die großen weißen Blütenblätter zittern und beben in der Hitze ...

Auf dem Kukkia auf meinen Nonnensteinen weinen die Möwen, sie beweinen den häßlichen großen Dichter und sein Schicksal ..., und vielleicht beweinen sie auch mich.

Abends, wenn die Dunkelheit in meine Zelle kommt und die schmutziggrünen Wände und die Decke verhüllt, auf der man im Zement die Spuren der Bretterverschalung sieht, dann bin ich unter freiem Himmel ... In der Ferne schimmern die goldenen Wasser des Kukkia, die Schatten der schwarzen Uferwälder werden länger; weiche, warme Dämmerung senkt sich über die Ufer ..., schlaftrunken seufzen die Wellen, die Schatten des Schilfrohrs schwanken und gähnen ..., meine Möwe schwingt in der Dunkelheit ihre weißen Flügel ..., gute Nacht.

Sie glauben, mich gefangen zu haben ...

Sich häuslich einrichten

Endlich überführte man mich aus der »Obhut« der Staatspolizei in ein richtiges Gefängnis. Es war ein altes Gefängnis, in dem die Türen mit gewaltigen, schweren, rasselnden Schlüsseln geschlossen wurden.

Das schwere Eisentor schloß sich hinter mir. Ich suchte in Gedanken nach Dantes Worten über ein gewisses anderes Tor, kam aber nur auf das Wort »speranza«, Hoffnung.

Drei und einen halben Monat hatte ich keine Menschen gesehen, nur Staatspolizisten, die nun verschwanden, nachdem sie den Gefängniswärtern meinen Koffer übergeben hatten.

Die Personalien wurden notiert, mein Schmuck und mein Geld wurden mir abgenommen, ebenso meine Uhr ... Ich schaute hungrig in die Gesichter der Menschen.

Man führte mich in die Frauenabteilung. Wieder schloß sich eine Tür hinter mir. Um mich herum an unzähligen Türen, auf Galerien lauter graue Wesen ... Ich schaute hungrig in die Gesichter der Menschen.

Eine kleine ergraute, sachliche Frau, die Oberwärterin, nahm mich in Empfang und beorderte mich in eine Zelle, wo sie zunächst meine Sachen untersuchte. Sie sah sich meinen Koffer an und fragte, wieviel Unterwäsche ich mithätte, und als ich sagte, ich wisse es nicht, lächelte sie und sagte irgendein freundliches Wort.

Hungrig betrachtete ich den lebendigen Menschen, der mich anlächelte, meinen Koffer mit den Medikamenten und Eßwaren nahm und mich schnell und sachlich ins Obergeschoß in eine Zelle führte und sagte: »Richten Sie sich häuslich ein.«

Ich setzte mich auf den Schemel. Zuletzt hatte ich Sich-häuslich-Einrichten mit Klein-Tuuli gespielt ...

»Richten Sie sich häuslich ein ...«

Das war vertraute menschliche Sprache aus fernem Zuhause. »Danke«, sagte ich und schluckte ein wenig.

Meine Zelle hatte eine gewölbte Decke, sie war weiß gestrichen, ohne Spuren von Zementverkleidung, und durch das Fenster fiel Licht herein. Der Tisch war klein und voller Inschriften, wie alle Gefängnistische, aber er war nicht aus Metall, sondern aus Holz. In den modernen Folterkammern gibt es nur Metall.

Ich saß da und streichelte mein kleines Kissen, meinen Koffer und die wenigen Habseligkeiten, die mir gehörten ...

»Richten Sie sich häuslich ein ...«

Schlüssel klirrten, die Tür öffnete sich erneut, und eine freundliche, flinke Hand reichte mir die Bücher, um die ich gebeten und auf die ich mit bebendem Herzen gewartet hatte ... Bei der Staatspolizei war ich die beiden letzten Wochen ohne Bücher und Zeitungen gewesen, zwei schreckliche Wochen; sie hatten so etwas wie Behandlung dritter Stufe versucht ...

Ein Band Shakespeare und die Biographie der Marie Curie. Ich streichelte die Bücher, ich umarmte sie, legte sie auf meinen Tisch und schaute sie an ...

Ich richtete mich häuslich ein.

Ich hatte einen Menschen lächeln gesehen.

Ich war ein Snob

... oder man kann auch sagen: dummstolz.

Mich umgaben sechzig bis siebzig Frauen ..., wir gingen im Kreis. Ich, die ich alt und langsam war, durfte mit anderen meinesgleichen innerhalb des Kreises gehen.

Am ersten Tag kam es mir vor wie:

»Wir bilden alle einen Kreis,
komm doch zu uns herein ...«

Das hatte ich nämlich gerade den kleinen Spatzen bei uns zu Hause, Klein Tuulis kleinem Regiment, beigebracht, als der Schnee auf der Pferdekoppel schmolz und die Fingerchen in den kaputten Fäustlingen noch froren. Und der Kreis wollte immer gerade durch eine Pfütze gehen, wenn es hieß:

»Mit den Händen klapp klapp klapp
mit den Füßen trapp trapp trapp ...«

Und Tuuli war ein Snob und wollte immer in der Mitte des Kreises sein. Sie stritt sich mit der kleinen Eila des Verwalters und sagte, Tuuli sei Omas Liebling und müsse in der Mitte sein, und die anderen erlaubten es, weil die Oma die Gutsherrin war. Und die Oma hatte das gar nicht so gern und sagte es auch, allerdings umsonst.

Kop-kop-kop gingen die Holzschuhe im Kreis, und die Oma schloß die Augen in der Sonne, sie stellte sich vor, in einem Kreis von Kindern zu sein, und wartete, daß fern hinter den Mauern helle, liebe Stimmen ertönen würden: »Oomiii ...«

»Es-wird-nicht-gesprochen!« brüllte die Wärterin.

Der Kreis drehte sich ... Ich betrachtete erwartungsvoll meine Mitschwestern. Die meisten von ihnen steckten in grauen, zerlumpten Gefangenenkitteln. Ich bekam endlich andere Gefangene zu sehen und bildete mir natürlich ein, die meisten von ihnen seien Politische. Ich versuchte, meine Schicksalsgefährtinnen herauszufinden, und überlegte, wie sie sich mir wohl zu erkennen geben würden. Ich hatte in Gefängnisschilderungen gelesen, wie die Gefangenen beim Rundgang versuchten, sich miteinander zu unterhalten, und wartete gespannt, ob mich jemand ansprechen würde.

Niemand.

Ich sah auch die anderen nicht sprechen, und trotzdem schrie die Wärterin wieder: »Es-wird-nicht-gesprochen!« Ich schaute, lauschte ..., und endlich sah ich, wie sich bei zwei Mädchen die Lippen bewegten.

Ahaa ..., so wurde das also gemacht.

Und wenig später hörte ich, wie mich eine ältere Frau im Vorbeigehen fragte, ob ich Frau Wuolijoki sei.

Ach ..., endlich! Ich nickte, da mir nichts Besseres einfiel, und merkte erst dann, daß es strategisch nicht richtig war. Aber ich war glücklich: endlich eine politische Mitschwester! Sie kam wieder an mir vorbei und flüsterte, daß sie von meiner Verhaftung im Rundfunk gehört habe. Ich war noch glücklicher ..., ich hätte sie am liebsten umarmt. Ich fragte sie leise, weshalb sie angeklagt sei ... »Wegen Abtreibung ...«

Es war wie eine kalte Dusche – ich erstarrte und hörte auf zu lächeln …

Ich beobachtete wieder die anderen.

Und es dauerte nicht lange, da hörte ich wieder dieselbe Frage nach meinem Namen … Die Fragerin war eine würdige ältere Frau. Welche Erleichterung, endlich eine Politische! Sie erzählte, sie habe schon vor Wochen von mir gehört, und viele hätten meine Ankunft im Bezirksgefängnis schon erwartet …, und befürchtet, daß man mich schlecht behandle. Ich strahlte in meinem Herzen: Man dachte also an mich und war besorgt um mich, die ich monatelang in den Zellen der Staatspolizei begraben gewesen war … Ich fragte sie nach ihrem Namen und ihrer Sache.

Sie war eine Abtreiberin …

Ich verstummte vollends.

Am nächsten Tag sah ich eine sympathische, gebildet wirkende Frau, die sich vor mir verbeugte und sich mit mir zu unterhalten versuchte … Sie war eine Abtreiberin. Sie sagte traurig, man klage sie einer häßlichen Sache an, aber sie sei unschuldig. Sie hat nie erfahren, daß ich über mich selbst lachte und nicht über sie.

Ich fragte dann nach den anderen politischen Gefangenen. Es gab welche, aber sie hatten ihren Rundgang zu einer anderen Zeit.

Allmählich erkannte ich, daß die Abtreiberinnen und ich die eigentliche Aristokratie des Kreises bildeten. Die Pariaklasse waren die Diebinnen, und sie wurden auch in Gefängnislumpen gekleidet. Selbst die Strichmädchen waren etwas Besseres, sie gingen in hochhackigen Schuhen, waren angemalt, trugen Dauerwelle und versuchten, Straßeneleganz zu zeigen …

Allmählich lernte ich die einzelnen Typen in der Galerie des Kreises zu unterscheiden …, allmählich wurden sie mir alle zu Mitschwestern.

Es dreht sich der Kreis ... In endloser Reihe gehen unglückliche Frauen – verirrte, kriminelle und unschuldige durcheinander –, die meisten junge, blühende Menschen.

Ich habe sie mir angesehen, und ich hätte ihnen allen etwas zu sagen.

Ich bin kein Snob mehr.

Ein Gefangener wird abgeführt

Morgens und abends klirren auf den Gängen die Fesseln. Gefangene werden in Fesseln zu den Gerichtssitzungen auf das Land gebracht, auch auf dem Amtsgericht werden die schwereren Verbrecher gefesselt vorgeführt.

Aber aus jedem Mörder oder Räuber wird mein Bruder, wenn er gefesselt ist.

In den hallenden Steinfluren klirren die Fesseln ...

Als Knickerbocker im Konzentrationslager Ossietzky fragte, was er gern lesen würde, antwortete dieser: »Etwas über das finstere Mittelalter ...«

Das war vor etwa zehn Jahren. Heute ist das Mittelalter zu einer alltäglichen Erscheinung geworden.

Aber ich ertrage es nicht, ich schreie: Am lebendigen Leibe werden dem Menschen Fleisch und Knochen durch schwere Eisenfesseln zerschunden!

Ich begrabe meinen Kopf im Kissen. Ich bin lächerlich ..., was sind Fesseln im Vergleich zu Bomben, Panzern und Schnellfeuergeschützen, von denen die Menschen getötet werden. Lächerlich. Demütig gehen die Menschen in Fesseln ..., wenn man die Leiden als relativ auffaßt.

Der Schweiß, den der Mensch bei der Arbeit an seelenlosen Maschinen vergießt, zehrt auch an den Kräften. Jeder Arbeitgeber ist Shylock – auch ich bin es gewesen.

Ich ertrage das Klirren der Fesseln auf den Steinfluren nicht.

Befreie uns, du Gott, den es nicht mehr gibt …

Brachte man nicht auch dich in Fesseln nach Golgatha?!

Auf dem Gang ist das Weinen und Schreien eines jungen Burschen zu hören. Er will keine Fesseln. Die Wärter befehlen und kommandieren. Er will keine Fesseln. Man schleift ihn die Eisentreppe hoch. Er will nicht. Er weint, schluchzt, und das Echo der Steinflure trägt sein Weinen und Schluchzen in alle Zellen, wo Hunderte von Menschen mit stockendem Atem lauschen. In der Brust dieser Menschen zerreißt etwas …

Die Fesseln klirren, Hämmer schlagen Nieten in das Eisen um einen lebendigen Menschen. Der Mensch weint.

Bald ertönt aus Hunderten von Kehlen der Schrei:

HELFT! HELFT!

Die Ermordung einer Butterblume

Als der Schnee schmolz, begann unter meinem Zellenfenster, hinter dem Stacheldrahtzaun, eine Butterblume zu wachsen.

Die erste Butterblume auf dem ganzen Gefängnishof, und in der Sandwüste gab es wahrlich nicht viele davon.

Ich verfolgte die Entwicklung meiner Blume von Tag zu Tag. Und eines Morgens brach sie auf – eine triumphierende, goldene, weiche kleine Sonne.

»Meine Butterblume ist aufgeblüht«, sagte ich zur Wärterin, »jetzt ist Frühling …«

»Meine Butterblume ist heute aufgeblüht«, sagte ich leise zu der alten Abtreiberin, die mit mir im Innenkreis ging. Sie blickte erschrocken hoch, ob die Wärterin das unerlaubte Gespräch gesehen habe.

Und auch das reichte mir noch nicht, denn mein Herz jubilierte über die Butterblume und den Frühling, obwohl mir der Frühling gar nichts versprach …

»Heute morgen ist meine Butterblume aufgeblüht«, sagte ich zu der munteren jungen politischen Gefangenen, die barhäuptig mit großen, elastischen Schritten dahinwanderte wie eine Gefängniswalküre. Sie lauschte mit gespitzten Ohren, als hätte ich eine wichtige geheime Botschaft erzählt, und bat mich, es bei der nächsten Runde zu wiederholen. »Meine Butterblume ist aufgeblüht!« Sie hörte es, lächelte mich mit leuchtenden Augen an und ging beschwingt weiter, wobei sie die Arme schwenkte wie eine Freiheitsgöttin.

Ich wäre so gern hingegangen, um meine Blume zu liebkosen, aber der Stacheldraht hinderte mich daran. Ich winkte ihr nur zum Abschied mit der Hand und warf ihr eine Kußhand zu, direkt unter den Augen der Wärterinnen. Man schalt mich auch nicht, denn die Kußhand galt zu offensichtlich der Butterblume und nicht einem der männlichen Gefangenen, die in ihren Fenstern hingen und mit gereckten Hälsen sehnsüchtig die dauergewellten Mädchenköpfe bei ihrem täglichen Ringelreihen beobachteten.

Manchmal ist es schön, alt zu sein und nur mit einer Butterblume zu poussieren und Sonderrechte bei der Verteilung von Kußhändchen zu genießen.

Aber nach ein paar Tagen erblickte ich durch mein Kellerfenster ein verdächtiges, graues männliches Wesen, das mit Spaten und Harke unter meinem Fenster, innerhalb der Stacheldrahtumzäunung, geheimnisvollen Geschäften nachging.

Als wir zum Rundgang ins Freie kamen, war meine Butterblume fort, ermordet, und nur noch sandige Sahara bot sich den Blicken innerhalb der Stacheldrahtumzäunung ...

Mit Spaten und Korb ging der Mörder herum und vernichtete alles Grün auf unserem Freihof.

Hier darf es kein Gras geben ..., und keine Blumen ..., kein Leben ... Und hier wird nicht gesprochen ...!

Aber das Gras wuchs trotzdem, und der Mörder mit seinem Spaten konnte ihm nicht wehren. In der sandigen Sahara blühte ein kleines Gänseblümchen, neben der Holzmiete Huflattich, und mitten auf dem Platz gar – dort prangte geradezu frivol eine Kamille und duftete, duftete ..., ganz wie zu Hause auf der Pferdekoppel oder auf den Häuslerhöfen von Tavastland.

Seid gesegnet, du grünes Gras und du Frühlingswind in den Birkenwipfeln!

Vielleicht lohnt es doch, den Menschen wieder zu lieben.

Eine Abendgesellschaft bei Hella Wuolijoki

Sonnabends und sonntags werden die Zellentüren jeweils um halb vier Uhr nachmittags abgeschlossen und erst am Sonntagmorgen um acht Uhr beziehungsweise am Montagmorgen um sechs Uhr wieder geöffnet. Das sind die »langen Abende« des Gefängnisses, ein wenig Extrastrafe für das Wochenende.

Es ist schon ein etwas unheimliches Gefühl, wenn die Zellentür mit einem schweren Schloß zugesperrt wird und man weiß, daß der Schlüssel weggebracht und die Tür sechzehn Stunden nicht geöffnet wird. Aber gleichzeitig senkt sich Stille über die Gefangenenfabrik ... Das Rasseln der Schlösser und Schlüssel, das Klappern der Blechgefäße, die scharfen Kommandoworte verstummen. Noch ein schriller Pfiff ..., Abendkontrolle! Die Klappe an der Tür öffnet sich, und ein Auge schaut herein. Von irgendwo tönt ein Abendchoral herüber. Dann entfernen sich allmählich die Wärter. Aus den Zellen tönt leises Murmeln, bis auch das verstummt. Nur ab und zu dröhnen die schweren Schritte des diensthabenden Wärters auf der Eisentreppe oder knirschen auf dem Kiesweg unter meinem Fenster.

Ich bin zu Gast bei Hella Wuolijoki. Sie erzählt: von Bertolt Brecht, von Helene Weigel und von Feuchtwanger.

Im Sommer 1940, als Friede im Land herrschte und auf den Mooren von Marlebäck der Hafer rauschte, auf den Stangen der Klee und an den Grabenrändern Lavendel und Minze dufteten, der Himmel sich abends wie eine Riesenmuschel über dem blauseidenen Kymifluß wölbte und der Abendwind uns mit pastelligem Hauch küßte, da versammelten wir uns allabendlich in meinem Zimmer. Durch die geöffneten Fenster und die Verandatür atmete der Kymi herein, und meine langen weißen, zarten Gardinen wehten nach draußen und winkten die Anwort auf den Gutenachtgruß der weißen Möwenflügel.

Das war das allabendliche Symposium am Kymi. Brecht kauerte in einem Sessel an der Verandatür, dunkel und ohne Kragen, seine ewige Zigarre rauchend, Helene mit ihrem edlen Profil und ihren schlanken Fingern bediente unsere silberne Wiener Kaffeemaschine ..., sorgsam maß sie das kostbare, duftende Pulver ab, das uns Maurice Hindus in seiner grenzenlosen Güte in den

Amerika-Paketen mitschickte. Die Finger der großen Tragödin waren hoffnungslos rauh und gerötet vom Kartoffelschälen und Geschirrspülen für ihre Flüchtlingsfamilie, und ihr Haar von den Sorgen ergraut, aber ihre Augen strahlten Humor und Lebensfreude aus … Brecht brauchte die Tasse Kaffee nach dem Abendessen, wie wir alle. Nur eine Tasse von dem ganz Echten – und wie wir ihn tranken! Wir atmeten seinen bitteren Duft ein, wir nippten ihn in kleinen Schlucken wie den besten Fine Napoleon. Und unsere Zungen standen nicht still, unser Optimismus, an dem es uns nie mangelte, erreichte die Höhen des Hiisivuori und führte uns über den Weltfrieden bis zum Berliner Staatstheater. Wir verschrotteten die Bomber und fanden für sie einen ausgezeichneten Verwendungszweck …

Ruth Berlau, die im Königlichen Theater Dänemarks die Rolle der Marta Niskavuori spielte, saß unter meiner Tizian-Kopie, schön wie eine Blume, und legte ihr geheimnisvolles Mona-Lisa-Lächeln Brecht zu Füßen. Neben meinem Schreibtisch, hinter meinen Blumenvasen versteckt, die mit den Marlebäckschen Madame-Heriot-Rosen gefüllt waren, saß die kleine Margarete Steffin, Brechts Sekretärin, und spielte mit ihrem Bleistift. (Später stellte sich heraus, daß sie Brechts und meine Geschichten mitstenographiert hatte.) Die arme Grete mit ihren großen, treuen Augen, immer lächelnd und lebensfroh – mit sonniger Gelassenheit trug sie den Stempel des Todes auf ihrem Gesicht. Die arme kleine Grete, die tapfer ihre Lungenschmerzen und ihr Fieber verbarg und die der Tod, des Spiels überdrüssig, innerhalb weniger Tage fortführte – in Moskau, auf der Reise in die Freiheit Amerikas …

Ich lehnte in der Sofaecke, müde vom Herumlaufen auf den Feldern und in den Wäldern von Marlebäck, wohlig müde, und erzählte. Auch Brecht erzählte: von

Piscator, der am laufenden Band Theater machte, von all den Verrücktheiten in den Glanztagen des deutschen Theaterlebens der zwanziger Jahre, von Feuchtwanger und Kaiser und Kortner, von Jannings und den Divas der UFA.

Feuchtwanger und Brecht hatten zusammen ein Stück geschrieben, »Edward II.«, das nie ein Erfolg wurde. Das Berliner Staatstheater, glaube ich, führte es auf, mit Jannings in der Hauptrolle. Brecht sollte Regie führen, aber er zerstritt sich mit den Leuten, wie immer. Jemand anders übernahm die Regie, und es wurde ein Reinfall. Zur Premiere wollte Brecht am liebsten nicht hingehen, aber Feuchtwanger bestand darauf, und da saßen sie dann beide im Zuschauerraum und gingen nach der Aufführung hinter die Bühne, um die Schauspieler zu begrüßen, wie es üblich war.

Großer Auftritt in Jannings Garderobe. Brecht dankt ihm: »Großartig, Herr Jannings, ganz großartig, Sie haben blendend gespielt!« Feuchtwanger: »Herr Jannings, ich bin ganz sprachlos. Die Inszenierung war unvergleichlich und Ihre Interpretation unvergeßlich, ganz hervorragend ... Aber gestatten Sie mir dennoch eine kleine Bemerkung, Herr Jannings?«

Jannings strahlt und lächelt: »Aber natürlich, Herr Feuchtwanger, ich bin glücklich, daß Ihnen meine Interpretation der Rolle gefallen hat. Wenn Sie etwas anzumerken haben, ich ändere es sofort ab ...«

Feuchtwanger erklärt – während Brecht in sprachlosem Staunen zuhört: »Herr Jannings, ob ich Sie wohl bitten dürfte ... Im Stück ist ein lateinisches Zitat, ich weiß nicht mehr, welches es war, aber sagen wir mal: ars longa vita brevis est ..., Sie haben darin einen kleinen Fehler gemacht, das Zitat heißt eigentlich: ars longa vita breve est ... Wenn Sie das vielleicht ändern könnten?«

Jannings strahlt. »Aber selbstverständlich, natürlich, ich ändere es gleich beim nächsten Mal, selbstverständlich ...«

Brecht hört entsetzt zu, verzieht aber keine Miene und fragt erst, als sie wieder draußen sind: »Wieso, zum Teufel, bringst du ihm falsches Latein bei?«

Feuchtwanger antwortet ungerührt: »Wenn im Stück alles andere falsch ist, warum soll dann das Latein richtig sein?«

So erzählte Brecht. Und dann erzählte ich eine wilde Geschichte von Emmi Jurkkas Wutausbruch in der »Hulda Juurakko« und von den Gespenstern des Dorfes Lyöttilä, und am nächsten Tag hörte ich, daß Brecht und Margarete Steffin meine Geschichten sammelten, um sie unter dem Titel »Hella Wuolijoki erzählt« zu veröffentlichen.

Hella Wuolijoki erzählt jetzt von Helene Brecht, von ihren ausdrucksvollen Primadonnenhänden, die rauh und hart geworden waren vom Kartoffelschälen und Geschirrspülen und Stopfen der Kindersachen – wie viele Strümpfe zerrissen die beiden Kleinen, Barbara und Steff, und auch Brecht selbst, der auf dem Lande in großen Pantoffeln herumlief!

Helene, du warst der Inbegriff einer Flüchtlingsmutter, das Urbild all jener europäischen Flüchtlingsmütter, die mit ihren Familien im Bombenregen über Europas staubige Straßen zogen und unter der Jacke das letzte Stückchen Brot für ihre Kinder versteckten; die auf vollgepfropften Schiffen und in überfüllten Zügen auf ihren Bündeln lagen und ihren letzten Schmuck verkauften, um für ihre Familien Brot zu bekommen. Brecht wurde durch dich inspiriert und schuf die Hauptfigur seines schönsten Stückes, die Mutter Courage, die ich zusammen mit Salmelainen auf finnisch die Furchtlose Barbara getauft habe, eine Lotta des Dreißigjährigen Krieges, unbezwingbar furchtlos und schlau, die mit den Kriegstruppen durch alle Winkel Europas zieht und den kämpfenden Männern hilft und sie beschützt. Brecht hat für dich die »Frau Carrar« geschrieben, die Rolle einer spanischen Heldenmutter, die du nur ein einziges Mal in Dänemark auf deutsch spielen konntest.

Deine edlen Heldinnenzüge waren von der harten körperlichen Arbeit ganz durchgeistigt, wie auch dein zarter Körper, den fast der Wind umpusten konnte. Als du bei der Generalprobe der »Jungbäuerin von Niskavuori« im Nationaltheater Kaisu Leppänen in der Rolle der Bäuerin sahst, faßtest du meine Hand und flüstertest schluchzend mit trockenen Augen: »Wenn ich nur noch einmal auf einer Berliner Theaterbühne stehen und in meiner eigenen deutschen Sprache eine junge Frau spielen könnte ..., neun Jahre weg von der Bühne, und meine Jugend vergeht ...« Und du fügtest beschämt hinzu: »Aber wir sind ja so viele deutsche Schauspieler, die in der Fremde alt werden, und ich habe ja Brecht und meine Kinder ...«

Ein Jahr lang leuchtetest du als Stern in Marlebäck und Helsinki. Wir besuchten dich und saßen auf zerschlissenen Stühlen aus der Rumpelkammer, die du dir für dein provisorisches Heim geliehen hattest, wir tranken Tee und deinen letzten kostbaren Kaffee aus irgendwo zusammengesuchten Tassen – in deiner Küche waren wir um deinen ungehobelten Tisch versammelt: Hagar Olsson, Laurin Zilliacus, Martin Söderhjelm, sogar Paavolainen persönlich.

Wir diskutierten über das epische Drama und aßen das herrliche Wiener Brot, das du gebacken hattest; du empfingst uns wie in Berlin in deinem glanzvollen Salon, ganz große Dame und Gastgeberin. Wir sprachen über das Drama und den Krieg, über die Gesellschaft, die Zukunft der Völker, die Literatur, und vergaßen, das wir auf einem alten zerschlissenen Sofa saßen, das ich dir zur Verfügung gestellt hatte, und daß vor deinen Fenstern die alten Samtgardinen hingen, die du bei mir auf dem Boden gefunden und dir ausgeborgt hattest – du hattest dich geweigert, neue Gardinen von mir anzunehmen.

Und manchmal sangst du für uns alte deutsche Volkslieder, solche, die nicht in den Büchern stehen, und Brecht spielte auf der Gitarre Weills Kompositionen zu seinen Gedichten.

Helene, ich denke an dich an diesem Sonnabendabend im Gefängnis, und ich mache mir nichts daraus, daß mein Haar aschgrau geworden ist ... (Brecht würde sagen, das paßt zu meinem Stil), und auch nichts daraus, daß ich lernen mußte, Salzhering mit den Fingern zu essen und daß ich schon zwei Sommer kein lebendiges Gras mehr gesehen habe ...

Wie haben wir damals auf dem Hügel von Marlebäck gelegen, die Gesichter ins Gras gedrückt, und wie gierig haben wir die Gerüche der Erde eingeatmet ..., meiner Erde ... Heli, auch ich befinde mich jetzt auf den Straßen Europas ...

Die kleine Diebin und die Butterblume

Das Ringelspiel war zu Ende, und die lange Frauenschlange kroch über die Eisentreppe in ihren Steinkoloß, ihr Martermausoleum. Die letzten waren die kleine Diebin und ich.

Als die Wärterin zur Seite blickte, warf das junge Mädchen schnell einen Blick in die Runde, bückte sich, pflückte ein paar Butterblumen, versteckte sie schnell unter dem Kittel, lächelte mich schuldbewußt an und rannte die Eisentreppe hoch.

Die Butterblume durftet im Frühling nach Sonne und Honig und Hummeln, aber sie weigert sich, im Wasser und in der Vase zu leben. Das weiß niemand, denn niemand pflückt Butterblumen, nur kleine Kinder, die sich damit unter dem Kinn streicheln, um zu sehen, ob es gelb wird und es im Sommer viel Butter gibt.

Die kleine Diebin stellt ihre Butterblumen jetzt in ihren Zinn- oder Pappbecher und weiß gar nicht, daß sie sofort ihre gelben Augen schließen, ihr Gesicht in Falten ziehen und es in der grünen Knospe verstecken. Ihre weichen Stengel erschlaffen, und sie sterben.

Die Butterblume ist eine stolze Blume, kleine Diebin. Sie unterwirft sich nicht der Gefangenschaft, so wie du und ich. Sie trinkt nicht Wasser aus dem Napf, sondern tritt sofort in den Hungerstreik … und zieht ihr goldenes Gesicht zusammen, genau wie du und ich, wenn wir böse sind.

Sie dreht ihr Gesicht zur Sonne und trinkt sie, genau wie wir, sie versenkt ihre Augen in das unendliche goldene Licht, genau wie du und ich, die wir gierig mit allen Zellen unseres Gesichts Sonne aufsaugen.

Ich habe wohl gemerkt, daß auch du eine besondere Beziehung zur Sonne hast, einen heimlichen Flirt, so wie ich.

Wer magst du wohl sein, unbekannte kleine Diebin …? Wenn ich dein Richter wäre, würde ich dich sehr behutsam behandeln, wie eine kranke Menschenblume, die man gesund pflegen muß.

Wer Blumen liebt, wer die Sonne zu trinken und den Wind zu küssen vermag, kann nicht schlecht sein.

Schuldbewußt verstecktest du die Blumen unter dem Kittel.

Wie gern würde ich dir helfen …

Die schwere Eisentür meiner Zelle wurde verschlossen ..., kracks kracks ..., die Schlüssel rasselten ..., die menschliche Stimme ertrank im Knarren des Eisens.

Der Gefängnisdirektor erzählte: Es gab mal eine Krankenschwester, die stahl von den Gräbern Blumen, nahm sie mit nach Hause und schmückte damit ihr Zimmer.

Sie kam dafür ins Gefängnis.

Als sie entlassen wurde, tat sie wieder dasselbe und wurde zum zweitenmal dafür verurteilt.

Du bist unermeßlich, Mensch, zu allem bist du imstande, doch ich freue mich über die kleine Diebin, die die Butterblumen unter ihren Kittel versteckte.

»Ich hab' ein Diwanpüppchen ...«

Es ist der »lange« Sonntagabend.

Ich erzähle zu meinem Zeitvertreib:

Ich las in meiner Bibliothek am Kamin Alfred Kerrs »Weltdämmerung«. Das Radio spielte, und eine einschmeichelnde Stimme kündigte an: »Und nun, liebe Freunde, hören Sie das Lied ›Ich hab' ein Diwanpüppchen‹.«

Ich las gerade Alfred Kerrs Schilderung, wie Kaiser Karl sich einmal gegen Ende des Weltkrieges in Schönbrunn einen an der Front aufgenommenen Kurzfilm über Nahkämpfe vorführen ließ. Der Kameramann hatte die Aufnahmen unter Lebensgefahr gemacht. Man sah, wie Granaten und andere Geschosse explodierten und menschliche Körper oder Teile von ihnen zwischen Erdklumpen und Steinen in die Luft flogen. Der Film war natürlich stumm, und es gab auch keine musikalische

Begleitung dazu. Aber jedesmal, wenn eine Granate explodierte, sagte der gutmütige Kaiser mit dem pausbäkkigen Kindergesicht: »Bums.«

Verwundete und schmerzverzerrte, im Todeskampf zuckende Gesichter ..., und der Kaiser sagt: »Bums ...«

Das Jazzorchester spielte »Ich hab' ein Diwanpüppchen ...«

Warum gerade ein »Diwanpüppchen« ...? Warum nicht ebensogut »Ich hab' kaputte Strümpfe« oder »Ich hab' starken Husten« oder irgend etwas noch Genialeres ...? Bums ...

Ich las im März – gerade während der Friedensverhandlungen – in der Zeitung das Interview mit einer jungen Sängerin. Die Überschrift lautete:

»Ich kehre an die Front zurück, wenn die Anemonen blühen ...«

Die Sängerin war an der Front gewesen, um für die Jungs zu singen, und sie war hingerissen von ihrer Tournee und ihrem Publikum, so wie alle, die die Front besucht hatten.

Sie schlug ihre schlanken, seidenbestrumpften Beine übereinander und erzählte, wie wunder-, wunderschön es gewesen sei, und versprach, daß sie nur eine Tournee durch Frankreich und Spanien mache und: »Ich kehre an die Front zurück, wenn die Anemonen blühen ...«

Was interessieren die Friedensverhandlungen, an der Front ist es schön, wenn die Anemonen blühen ...

»Bums ...«, sagte Karls Gespenst.

Als die Anemonen blühten, lagen zwischen ihnen Tausende junger, verstümmelter Körper.

»Bums ...«

In der Zuchthausabteilung spielt das Radio ..., der ferne Klang tönt nur schwach herüber. Eine traumgleiche, lieblich schöne Frauenstimme singt Griegs Liebeslied:

»Jeg elsker deg ... i tid och evighed ...«

Das Hohelied der Liebe in Zeit und Ewigkeit ... labt mein Herz.

Im Juli 1918 schleppte sich eine graue, ausgehungerte, endlos lange Kolonne Gefangener durch die Meristraße. Zwei deutsche Soldaten waren an der Straßenecke stehengeblieben und schauten der Kolonne zu. Eine vornehme alte Dame trat zu ihnen und sprach sie auf deutsch an. Sie dankte ihnen für unsere Rettung und klagte, indem sie auf die Gefangenen zeigte, wieviel wir ihretwegen hatten leiden und Angst haben müssen, und erklärte, daß man sie eigentlich alle töten müßte, damit anständige Menschen keine Angst mehr zu haben brauchten.

»Alle niederschießen, alle ...«

Die beiden Deutschen waren ältere, müde Männer mit gegerbten Gesichtern, sie hörten wortlos zu und wandten den Blick ab. Schließlich spuckte der eine aus, drehte sich um und ging weg – der andere lief ihm erschrocken hinterher.

Die feine alte Dame sah ihnen verdutzt nach.

»Was ...«, sie schaute hilfesuchend zu mir, die ich ebenfalls stehengeblieben war. Ich zuckte unbestimmt die Achseln.

»Was ...«, sagte sie noch einmal. Endlich fand sie das passende Wort: »unverschämt«, und maßlos enttäuscht ging sie die Meristraße hinunter.

Bums ...

In Zeit und Ewigkeit ... singt die schöne Stimme über das größte Glück, das den Menschen vergönnt ist.

Der Sonntagabend geht zur Neige ..., die Schwalbenjungen zwitschern mir ein Nachtlied. Mein altes Herz ist so verbraucht.

Ich frage die kleinen Diebinnen, die aus der Kirche kamen, ob der Pastor vom Frieden gesprochen, ob er für den Frieden gebetet habe.

Er hatte nicht vom Frieden gesprochen, nicht für ihn gebetet.

Jylhä singt:

> »Unter uns öffnet sich das Grab,
> vom Himmel zucken Blitze herab –
> hilf, o Herr, hilf!«

MENSCH, behüte unser schönes Land, unser schönes Volk …

Die Zigeunerin

Der Kreis dreht sich um mich. Ein unaufhörliches Kaleidoskop weiblicher Gefangener, eine endlose Verbrecherparade. Immer wieder neue Gesichter zwischen den alten.

Mich macht dieses Kaleidoskop oft müde. Die Typen sind einander so ähnlich. Die Diebinnen haben alle die gleiche Dauerwelle, die Strichmädchen die gleichen hohen Absätze, den gleichen Aufputz und unverschämten Blick. Die Abtreiberinnen sind alle der gleiche Typ der Kleinbürgerfrau in mittleren Jahren, die meisten mit einem Dutt im Nacken, und die Verkäuferinnen, die wegen Verstößen gegen die Rationierung verurteilt wurden, sind unglücklich dreinschauende, hilflose Wesen …

Oft starre ich beim Gehen mit geschlossenen Augen in die Sonne, um nicht diese Galerie um mich herum sehen zu müssen, ich höre nur auf das Klappern der Schuhe und die Warnung der Wärterin: »Es-wird-nicht-gesprochen!«

Unter meinen halbgeschlossenen Augenlidern sehe ich meistens nur Füße: Holzschuhe, bloße Füße, elegante Absatzschuhe: braune, schwarze, auch weiße. Häßliche Waden, aber auch schöne, wie Blumenstengel …

Einmal aber traf mein Blick kleine, schwarze Schuhe und schnelle, zierliche Füße. Ich schaute auf: eine Zigeunerin in mittleren Jahren, mit frechem Blick.

Aber ihr Gang und ihre Haltung … Ich betrachtete sie genauer und schrak zusammen: Sie mußte eine fürstliche Frau aus fremden Ländern sein. Der breite, gerüschte Rock schwang um ihre schlanken Glieder. Jede ihrer Bewegungen war anmutig und harmonisch und königlich frei. Ihre langen Beine bewegten sich rhythmisch aus den Hüften, wie die Flügel einer Möwe. Sie ging nicht, sondern glitt durch die Luft, aus den unbewegten Schultern schwangen locker die Arme wie die Zweige einer Hängebirke.

Elisabeth Bergner …, genau. Die gleichen lockeren, halb kindlichen Bewegungen, die gleiche »herbe« Haltung des Kopfes, der Arme, wenn sie in langen, wehenden Röcken über die Bühne eilte.

Beflügelte Schritte, die edlen rhythmischen Bewegungen eines Naturkindes, wie das Schaukeln einer Menschenblume im Sommerwind.

Wenn die anderen jungen Frauen nur sehen würden, wie eine Frau sich bewegen muß; was für ein Verbrechen, seinen Körper zu schleppen wie eine Last, wo er doch der freien Menschenseele als freie Ausdrucksform dienen soll …

Der Kreis zerfiel, und die Gefangenenschlange kroch die Eisentreppe hoch. Die Zigeunerin blieb bei mir stehen und flüsterte grinsend: »Ai, ai, große Dame, feine Dame …, ich würde der großen Dame wahrsagen …«

Ich lachte so, daß die toten Fenster klirrten und ich

selbst erschrak, und die Zigeunerin lachte ebenfalls und ließ ihre weißen Raubtierzähne blitzen. Die lockeren Vögel, die immer bereit waren zu lachen, stimmten ein, ohne den Grund zu kennen, und selbst die Wärterinnen lächelten.

Der Wind strich über unsere Köpfe hinweg.

Die Liebe

Die Aufwärterin, die meine Zelle saubermachte, eine kleine Diebin, war plötzlich irgendwie still und zerstreut, war in ihrem ganzen Wesen irgendwie gedämpfter geworden.

Sie wiederholte nicht mehr ihre tägliche Geschichte über ihren Fall – daß sie gar nicht gestohlen habe, sondern nur mit einem anderen Mädchen mitgegangen sei, um einen gestohlenen Mantel zu versetzen, daß die Detektive sie in einer stinkenden Zelle auf der Polizei festgehalten hätten und ihr nicht glauben wollten, daß sie treu in der Maschinen- und Brückenfabrik gearbeitet und zu Hause ihrer Mutter geholfen habe ... Sie vergaß auch ganz, mir von ihrem Mann an der Front von Syväri zu erzählen, der selten auf Urlaub kam, oder mir den Tag auszumalen, da ihr Fall zur Verhandlung käme – nichts mehr von all diesen Dingen, die ich sonst sogar mehrmals am Tag zu hören bekommen hatte, wenn sie bei mir den Fußboden fegte oder mein Geschirr trocknete ...

Meine Aufwärterinnen sind immer Untersuchungsgefangene, die auf ihr Urteil warten, es irgendwann bekommen und dann in »Häme« verschwinden, das heißt, im gefürchteten Zentralgefängnis für Frauen in Hämeenlinna.

Und ihre Geschichten sind fast immer gleich, wenn es sich um Diebinnen handelt. Es war immer die »Bekannte«, die gestohlen hatte, wenn sie mehrere gewesen waren, oder sie hatten, na ja, ein bißchen zuviel getrunken, denn der Schatz war an der Front, und »da gerät man halt an alle möglichen Männer«. Geschichten gab es immer genug.

Aber meine Aufwärterin wurde still ... Als es mir auffiel, daß in meiner Zelle keine Flüstergeschichten mehr erzählt wurden, befürchtete ich schon, ich hätte ihren Geschichten nicht genügend Beachtung geschenkt oder, in meine eigenen Gedanken vertieft, selbst zuviel geschwiegen, aber dann ... Die Augen des Mädchens waren weich und träumerisch geworden, und immer wieder schaute sie durch mein winziges Fensterquadrat zu den Wolken hinauf. Ihre Dauerwelle war sorgfältig gebürstet, und die einzelnen Strähnen waren auf das kunstvollste angeordnet – die Mädchen wendeten einen großen Teil ihrer Zeit für die Pflege ihrer Dauerwelle auf –, und unter der Gefangenenjacke lugte eine blaue Zivilbluse mit zierlichem weißem Kragen hervor ... Draußen, während des Rundgangs, wurde die Jacke sogar ganz und gar abgelegt, »weil es so warm ist«, obwohl ein kalter Ostwind blies ...

Ich merkte, Großes hatte sich ereignet. Und dann, eines Tages, kam »es« auch. Ein wenig verschämt, aber glücklich, flüsterte sie, daß ein Zettel vor ihre Füße gefallen sei, der von »ihm« stamme, und ich boshafte Ignorantin tat, als begriffe ich nichts, und fragte, ob er von ihrem Mann sei. Aber nein, von einem Jungen oben aus der Männerabteilung ..., sie errötete glücklich und sagte, die würden »immer schreiben und gucken«.

Ich erkundigte mich, wieso sie denn guckten, ob der Junge sie kenne. O nein, die Jungen schauten aus ihren Fenstern, und jeder suchte sich ein Mädchen aus, das zu ihm passe, und diesem Mädchen ließen sie dann auf den sonderbarsten Wegen einen Brief zukommen ... Und sie sei von einem so netten Jungen erwählt worden, der immer am Fenster sei, wenn sie draußen gehe ...

»... und er hat ja so feurige Augen ...«

Verträumt blickte sie in den häßlichen, stinkenden Kasten, den sie gerade entleerte, und ich befürchtete schon, es würde mit einem gewissen Gegenstand eine Katastrophe passieren.

Sie mußte einfach reden, es sprudelte förmlich aus ihr heraus.

Sie sei jenem Jungen schon ein paarmal auf der Treppe begegnet ..., und ihr sei jedesmal so heiß geworden ..., nein, was sie da auch alles rede, aber ihr sei wirklich ganz komisch gewesen ... Ach, was man sich alles so zusammenreime ...! Es sei so schön, Briefe zu bekommen und auf den Augenblick des Rundgangs zu warten, wenn man wisse, daß jemand zuschaut ... Man komme schon auf allerlei närrische Gedanken in all diesem Elend ...

Und errötend verschwand sie mit meiner Tasse und meinem Teller, ließ beim Gehen meinen Löffel fallen und klemmte sich in der Eisentür den Finger.

Ja, was der Junge ihr denn schreibe ...? Alles mögliche ... (verträumtes Lächeln), solche schönen Sachen – wie er sie finde, daß er immer an sie denke ..., und wenn sie dann beide frei seien, komme er zu ihr, und sie seien immer zusammen ..., und wie gern er abends zu ihr käme ...

»Aber, aber«, entfuhr es mir, »und der andere dort am Syväri?«

»Sie meinen doch nicht ... Außerdem hat der Pekka bestimmt auch seine Bräute, und er mag mich jetzt sowieso nicht mehr, wo ich im Gefängnis war. Seine Mutter ist auch so boshaft. Und er rasiert sich nicht, kam letztens nach Hause wie aus der Bärenhöhle. Aber Alpert hat sein Haar immer so schön, gelockt ... Sieht auch im Gefängnis nett aus ...«

Sie lächelte glücklich.

Und abends kletterte sie auf den Schultern der anderen Mädchen ans Fenster und sang, wobei sie sich an den Gitterstäben festhielt:

»Warum sind, bleiche, blonde Maid
die Augen dir umschaahattet ...«

Die Menschen blühen trotzdem, auch im Gefängniskeller ..., genau wie die Butterblumen auf dem Hof.

Den Menschen kann man nicht gefangennehmen, die Träume des Menschen nicht fesseln ... Auch wenn er unter grauen, stinkenden Decken auf einer Strohmatte auf dem Fußboden liegt, der junge Mensch reckt seine heißen Hände in die Dunkelheit, drückt lächelnd seine Wange auf das Strohkissen.

»Versucht mal, mich gefangenzunehmen ...!«

Den Menschen kann man nicht gefangennehmen. Auch wenn seine äußere Schale gefesselt ist, der Mensch gleitet euch immer wieder aus den Händen und lacht euch aus, ihr Strafrichter; er schwebt wie eine Libelle, fliegt mit den Flügeln einer Möwe oder auf den Armen der Liebe ...

Den Menschen kann man nicht gefangennehmen. Man kann ihn vorsichtig einfangen und behandeln wie ein krankes, unberechenbares Kind und ihn lehren, gut zu sein.

Junge Pferde, die durchgegangen sind, behandelt man mit Güte – das Fohlen kommt nicht an die Kandare, und es wird nicht gepeitscht oder in Ketten gelegt, sondern der Pfleger erzieht es mit viel Sanftheit und Verständnis.

Pferde versteht man zu behandeln – die Menschen nicht.

Die alte, zynische Frau dachte: Welche beneidenswert glückliche Liebe, diese Gefängnisliebe. Sie begegnen sich nie im Alltagsleben, können einander nicht über werden, können sich nicht streiten, sehen einander nie beim Anziehen und Essen, bekommen keine Kinder und keine Sorgen um das tägliche Brot, sehen nie den Mann betrunken oder die Frau mürrisch.

Glückliche Liebe, voneinander zu träumen, einander niemals zu »kriegen« und sich nach der Entlassung aus dem Gefängnis an jene herrliche Liebe zu erinnern:

»Es waren zwei Königskinder,
die hatten einander so lieb.
Sie konnten zusammen nicht kommen,
das Wasser war viel zu tief ...«

Bevölkerungspolitik durch Polizeigewalt

Fast jede zweite der Frauen, die auf dem Gefängnishof mit mir in der Runde gehen, ist entweder eine Abtreiberin oder eine Frau, bei der die Leibesfrucht verbrecherisch entfernt wurde und die eine sechsmonatige Haftstrafe in sechsunddreißig Tagen bei Wasser und Brot absitzt.

Unter ihnen sind schöne junge Mädchen, sogar gebildete, wenn auch seltener, denn solche werden entweder auf Bewährung verurteilt oder gar nicht erst ertappt.

Ertappt werden nur die armen Frauen, denen nichts anderes übrigbleibt, als sich an unqualifizierte Kurpfuscher zu wenden. Hinterher werden sie krank und sind gezwungen, ins Krankenhaus zu gehen, wo sie sofort angezeigt werden und wo die Polizei im schlimmsten Fall noch auf dem Sterbebett Informationen aus ihnen herauspreßt. Die Reicheren bezahlen Tausende an bekannte Ärzte und Hebammen und werden nicht erwischt.

Ja, jene ertappten Abtreiberinnen …

»Man beschuldigt mich einer so häßlichen Sache«, sagte eine von ihnen verlegen. Auch ich fand diese Sache häßlich und erinnerte mich, daß solche Frauen früher Engelmacherinnen genannt wurden.

»Sind Sie denn nicht schuldig?« fragte ich.

»Ach, das Mädchen war in Not, und ich hab einfach nur so dahergeredet, was für Mittel ich vom Hörensagen kenne, und sie hat es prompt ausprobiert. Dann wurde sie krank und ging ins Krankenhaus, und dort setzte man ihr solange zu, bis sie erzählte, von wem sie die Methode gehört hat.«

Das Mädchen ist bei allen in Not gewesen, und so versuchte ich herauszufinden, warum das Mädchen kein Kind will …, trotz der bevölkerungspolitischen Propaganda.

Heutzutage ist der Vater des Kindes gewöhnlich »irgendein Mann von der Front« oder »ein Fähnrich aus unserer Kantine«, der zu Hause eine Braut hat, oder »so ein Deutscher«, der sie auf der Straße angehalten und ihr das Blaue vom Himmel versprochen hat, und diese Schande kann sie einfach nicht ertragen, außerdem soll er auch noch verheiratet sein.

Und oft hatte man getrunken, zusammen mit dem, der so nette Briefe von der Front geschrieben hatte, an zehn Mädchen gleichzeitig. Oder der eigene Mann hatte keinen Urlaub bekommen, man hatte sich mit einem anderen Urlauber eingelassen, und der eigene Mann würde einen bestimmt totschlagen, wenn er es erfährt.

Die traurigste Gruppe sind die verheirateten jungen

Frauen, die es nicht wagen, Kinder zu bekommen, aus Furcht, ihr Mann könnte fallen und sie wüßten dann nicht, wohin mit ihrem kleinen Kind. Und jene, die Angst haben, während des Krieges Kinder zu bekommen, weil sie dann mit den Kleinen ins Elend geraten könnten.

Sie haben kein Vertrauen zum finnischen Staat und seinen Versprechungen über Fürsorge, sie vertrauen weder auf die Hilfe der Waffenbrüder noch auf ihre eigene Kraft.

Der Pastor tut die Sache damit ab, daß er sagt, die Frauen dächten generell nur an ihr Vergnügen und nicht an ihre Pflichten …

Aber jede dieser Frauen hat das in ihr wachsende Kind gehaßt, und fast alle haben den Vater des Kindes gehaßt. Und häufig haben die Männer den gefährlichen Eingriff bezahlt oder die Frauen zumindest dazu überredet. Sie bekommen dafür nur ein paar Monate auf Bewährung, falls ihnen etwas bewiesen werden kann, was wohl nur selten der Fall sein dürfte; die wenigsten werden so dumm sein, in ihren Briefen etwas zu erwähnen.

Und was hätten diese Kinder für ein Leben, falls sie auf die Welt kämen?

Ich verteidige die Abtreibung nicht, aber ich fordere eine gründliche Überholung der Gesellschaft und vor allem der Strafen, denn sie sind meines Erachtens unverhältnismäßig hoch, vor allem während des Krieges.

Natürlich muß sich die Gesellschaft vor den Kurpfuschern schützen, die junge Frauen in Lebensgefahr bringen, aber die Gesellschaft hat selbst die Voraussetzungen für den Bedarf an solchen Kurpfuschern geschaffen. Die Gesellschaft hat begonnen, auf eine Begrenzung der Kinderzahl zu orientieren – wo ist die Grenze?

Durch den Krieg wurden unbegrenzte Möglichkeiten für das Zusammensein junger Frauen und Männer geschaffen, diese Möglichkeiten ergeben sich aus der Frontarbeit von Frauen und der Vergnügungssucht der Männer in den Zeiten, da sie vorübergehend von der ständigen Todesgefahr beurlaubt sind. Warum bestraft man dann die jungen Frauen mit ewiger Schande, wenn sie mal einen Fehltritt begehen – und die älteren Frauen, die versucht haben, ihnen zu helfen und die nicht berufsmäßige Abtreiberinnen sind oder große Honorare nehmen?

Wenn die schweren Strafen, die die Gerichte für Abtreibung aussprechen – die »Engelmacherinnen« werden zu Zuchthausstrafen von anderthalb bis zu neun Jahren verurteilt –, nicht zu einer Verringerung der Fälle führen, dann liegen die Ursachen sehr tief.

Erschütterndes hört man über die Krankenhausbehandlung der betroffenen jungen Frauen. Sobald eine Abtreibung festgestell wird, macht das Krankenhaus eine Anzeige bei der Polizei, die mit der Vernehmung der kranken Frauen beginnt. Es wird erzählt, in einem Krankenhaus sei den Frauen sogar gesagt worden, man werde sie nicht behandeln, wenn sie nicht sofort angäben, bei welcher Abtreiberin sie gewesen seien.

Diese Zusammenarbeit zwischen Krankenhäusern und Polizei fördert nicht gerade die Moral, vor allem nicht in den Fällen, da die Gesundheit der Patientin unter den polizeilichen Verhören leidet.

Aus Angst vor Bestrafung geht nur ein kleiner Teil der Abtreibungsopfer in die Klinik, und auch dann erst im letzten Augenblick, aus Todesangst. Aber wie viele junge Frauen mag es geben, die aus Angst vor der Strafe oder der Schande nicht wagen, in die Klinik zu gehen oder sich an einen Arzt zu wenden, und dann bestimmt ihr Leben lang unter den Folgen der Kurpfuscherei leiden …

Ich bin gegen Abtreibung, aber ich fordere, daß die

Gesellschaft den Menschen die Möglichkeiten für ein erfülltes und gesundes Leben schafft, denn »ein Kind muß aus Liebe geboren werden«, um die Worte meiner Ilona Niskavuori zu wiederholen. Aus der Sicht der modernen Gesellschaft erscheint es absurd, daß man nach der Anleitung zur Geburteneinschränkung und der Lockerung der Moralbegriffe nun im Krieg damit beginnt, die Strafen für Abtreibung zu verschärfen und die Geburteneinschränkung durch Polizeigewalt zu verhindern. Richtiger gesagt, man versucht, die Bevölkerung durch Polizeigewalt zu vermehren, indem man die Strafen für Vergehen verschärft, die eindeutig Folgen des Krieges sind.

Ich habe diese unglücklichen Frauen seit einem Jahr vor Augen. Ich habe mir ihre Geschichten angehört. Sie bereuen nicht …, fühlen sich nicht als Verbrecherinnen. Sie bereuen höchstens ihre eigene Dummheit, daß sie sich ertappen ließen.

Eine endlose graue Reihe unglücklicher Frauen zieht an mir vorbei, von Männern verurteilt, von Männern, die doch gerade die Grundursache für dieses Verbrechen sind.

Il faut vivre dangereusement – lebe gefährlich!

Sie wurde das »Postfräulein« genannt. Sie war die Geheimpostzentrale und Beförderin der Zettelchen im Gefängnis. Es hieß, über sie laufe fast der gesamte Briefwechsel der Diebinnen und Strichmädchen mit den in der oberen Etage untergebrachten Dieben und anderen Spitzbuben, die eigentlich weder eine irdische noch eine himmlische Verbindung zu den Etagen der weiblichen Gefangenen haben, ja die eigentlich gar nicht wissen sollten, daß es im Gefängnis überhaupt weibliche Wesen gab.

Aber Liebesbriefe gingen trotzdem hin und her ...

Es war ein ziemlich gefährliches Unternehmen. Wer geschnappt wurde, kam für mehrere Tage in die »Bärenhöhle«, bei Wasser und Brot.

Die Bärenhöhle war eine schlimme Einrichtung, eine Schreckenszelle, von der die leichten Mädchen und die kleinen Diebinnen mit großem Entsetzen sprachen: dort gebe es lediglich eine hölzerne Pritsche ohne Matratze, die tagsüber auch noch hochgeklappt werde ..., zum Rundgang dürften die Insassen nur in eine kleine Zementzelle auf dem Hof, und man bekomme in der Bärenhöhle nichts zu lesen ... Die anständigen Mädchen, also jene, die noch keine Bekanntschaft mit der Bärenhöhle gemacht hatten, sprachen nur im Flüsterton von ihr.

Aber das Postfräulein war viermal und jeweils für mehrere Tage darin gewesen und hatte nie ihre Kunden verraten, sondern immer für sie gelitten. Ungezählte Zettelchen hatte sie in ihren Taschen und auf ihrem breiten Busen transportiert, an allen erdenklichen Stellen hatte sie sie versteckt und treu ans Ziel befördert, denn bei Razzien waren stets nur sehr wenige bei ihr gefunden worden.

Das Postfräulein war wegen Abtreibung verurteilt. Aus ihrem Fall und aus ihrem Urteil wurde niemand recht schlau. »Wozu groß darüber reden, ich hab so viele Jahre gekriegt, daß es gar nicht lohnt nachzurechnen ...«, und fort war sie wieder zu ihren zahlreichen Aufträgen und Arbeiten, denn sie verstand von allem etwas, und alles konnte sie, so daß es für die Gefängnisleitung unrentabel war, sie in der Zelle Tüten kleben zu lassen.

Und der Postfluß hörte selbst dann nicht auf, wenn sie in ihrer Zelle saß.

»Schließlich haben die Wärter auf dem Rücken keine Augen – gebt die Zettel ruhig bei mir ab! Meine Post ist Tag und Nacht geöffnet, und wenn es durch die Tür nicht klappt, habe ich ja auch noch ein Fenster.«

Ihr Erfindungsreichtum soll phänomenal gewesen sein, und sie beherrschte souverän das Liebes- und Gefühlsleben der gesamten Gefängnisunterwelt. Denn sie las die Briefe aller ihrer Kunden, sowohl der Mädchen als auch der Jungen, und mischte sich im Bedarfsfall mit guten Ratschlägen für die Zigaretten- und Streichholzlieferungen ein. Ansonsten verteilte sie auch diese Dinge treulich, wenn auch nach eigenem Ermessen ..., damit nicht derselbe Junge von mehreren Bräuten zuviel erhielt. Wobei übrigens auch der Briefwechsel ihrer Meinung nach durchaus nicht nur bilateral zu sein brauchte, sondern ebenso multilateral sein durfte wie der Frontbriefwechsel.

Ihr selbst schrieb niemand, worauf sie dem Vernehmen nach auch gar keinen Wert legte; sie verstand es, die Briefe der anderen entsprechend zu genießen – das machte auch viel weniger Mühe. Und das Leben verging trotzdem, »Hauptsache, man hat keine Angst ...«

Wie sollte man sich die Zeit im Gefängnis denn sonst vertreiben? Bücher gab es auch nur jämmerliche zwei Stück pro Monat.

Sie war zu der Auffassung gelangt, für sie gebe es entweder das Abstumpfen in der Zelle oder Trotz und Risiko, und sie hatte den Trotz und die Rebellion und das Risiko gewählt, »damit sie sehen, daß ich immerhin existiere.«

Aber die Bärenhöhle, stumpfte man dort nicht in der Einsamkeit ab?

»Aber nein«, sagte das Postfräulein. »Ich mache mich lang und singe vor mich hin. Außerdem sitze ich dort wenigstens nicht ohne Grund. Da weiß ich endlich, wie es ist, eine Strafe zu verbüßen, weil man sich wirklich schuldig gemacht hat, und nicht bloß wegen Abtreibung.«

»Ach so, ich verstehe«, sagte ich. »Das war gut gesagt ...«

»Sie verstehen das bestimmt, sonst wären Sie sicher nicht hier.«

Das war ein vertrauter Ton ..., mir wurde richtig froh ums Herz. Ich vergaß alle Gefahr – die Wärterin näherte sich mit finsterer Miene – und fragte das Postfräulein, ob sie in der Arbeiterbewegung gewesen sei.

»Aufgeklärt bin ich«, sagte sie lachend, »aber die machen ja nichts, und ich muß immer irgendwas machen ... Ich muß eben helfen, wenn ich sehe, daß ein Mensch in Not ist.«

Das Postfräulein winkte mir fröhlich zu und lief die Eisentreppe hinunter.

Entweder abstumpfen – oder rebellieren ...

Marche funèbre – Schritte in der Nacht

Tappende Schritte auf der eisernen Innentreppe – der Wärter macht die Runde auf den Gängen.

Gleichmäßige Schritte auf den Kieswegen draußen vor meinem Fenster – der Wärter macht die Runde auf dem Hof.

Die Augustnacht ist weich und dunkel, meine Zelle wie mit schwarzem Flaum gefüllt.

Irgendwo weit weg in der oberen Etage ist noch eine dritte Art Schritte zu hören:

Dump – dump – dump – dump.

Aha, da findet einer keinen Schlaf. Ich kenne diese Schritte von der hinteren Zellenwand bis zur Tür ..., dump – dump – dump – dump. Nur vier Schritte, es muß ein großer, schwerer Mann sein. Ich gehe in meiner Zelle sechs Schritte oder sogar sieben, wenn ich sehr nervös bin.

Dump – dump – dump – dump, dröhnt es dumpf und drohend in der Nacht. Das sind keine Schritte in Holzschuhen, es klappert nicht. Er geht in Lederschuhen oder auf Strümpfen, will die anderen nicht stören, aber die Nerven versagen. Bedrückend ist die Sprache der Schritte in der einsamen Nacht. Die engen Fesseln der Gedanken scheuern Fersen und Gelenke blutig.

Dump – dump – dump – dump – dump.

Fünf Schritte. Bestimmt beruhigt er sich allmählich. Wenn man sich bewegt, spürt man wieder Kraft in seinen Gliedern, das Blut kreist, man wird freier, die Gedanken schleppen sich nicht mehr so dahin, der Kopf hebt sich, der Rücken streckt sich – ein neuer Tag wird kommen, laß dich nicht unterkriegen ...

Dump – dump – dump – dump.

Wieder nur vier Schritte ...

Plötzlich fährt es mir wie ein Messer durchs Herz ...

Die Schritte eines zum Tode Verurteilten ...!

Ich presse mir das Kissen aufs Gesicht, ersticke die tausend Worte, die ich ihm gern sagen würde ..., alle die tröstenden Nutzlosigkeiten.

Nur das Dröhnen der Gewehre kann zu ihm sprechen.

Schritte des Wärters drinnen.

Schritte des Wärters draußen.

Schritte des zum Tode Verurteilten über meinem Kopf ...

Und trotzdem möchte ich leben, weil ich so unverbesserlich neugierig bin – und auch noch aus anderen Gründen.

Hüte

Meine Zellentür wird geöffnet, ein Wärter steht da.

»Besuch.«

Ein magisches Wort. Ich springe auf.

»Wer ist es?«

»Ich weiß nicht – Besuch«, antwortet der Mann.

Endlose Gänge, endlose ... Wer mag es sein? Vielleicht höre ich etwas Gutes, Liebes. Vielleicht fällt ein Lichtstrahl in meine Nacht.

Meine Tochter und eine Verwandte und ein kleiner Strauß Maiglöckchen aus dem Park zu Hause. Meine eigenen duftenden Maiglöckchen, mir zittern die Lippen – und die Meinen, liebe langersehnte Menschen und Neuigkeiten von zu Hause, Sorgen und Freuden.

Zuerst bin ich ganz durcheinander. In der Einzelzelle verlernt man das Sprechen. Ich weiß, daß ich zu schnell spreche, ich höre mit Erstaunen meine eigene Stimme und komme außer Atem, verschlucke die Worte ... Die Zeit ist so knapp, es gäbe soviel zu sagen, und trotzdem vergißt man alles, was man hatte sagen wollen und woran man in der Einsamkeit gedacht hat.

Ich schlucke, suche im Gedächtnis, bin ganz kraftlos.

Meine Tochter ist unglücklich und versucht die Stille auszufüllen.

Ich höre, wie sie zu der Verwandten, die nervös ihren Hut zurechtrückt, sagt: »Du hast einen neuen Hut ...«

»Ach wo, den hatte ich schon im vorigen Herbst gekauft und ihn nur völlig vergessen«, erwidert die Verwandte.

»Er steht dir ausgezeichnet«, sagt meine Tochter.

»Gar nicht wahr; der neue, blaue, den ich auf dem Lande trug, ist viel schöner ...«

Sie versuchen wohl, das Gespräch auf den Alltag zu lenken, so als würden sie am Kaffeetisch sitzen und als wäre gar nichts Besonderes passiert ..., in ihrer Welt.

Die Verwandte erzählt eine lange Geschichte von dem vergessenen Hut. Ich höre atemlos zu, schlucke. Jede Sekunde ist kostbar für mich, und mir fällt nichts ein ...

Ich bringe es nicht heraus. Für sie ist es auch schwer – sie spüren es bestimmt, meine beiden Lieben.

»Du solltest dir den Hut umarbeiten lassen...«

Ich schweige und lache in meinem Herzen ... (Es war damals, als ich auf das Todesurteil wartete, das mir die Staatspolizei angekündigt hatte ...) Vielleicht wissen sie etwas über mein Urteil, schweigen sich aber aus und reden über Hüte.

»Trag ihn doch ein bißchen schräg ...«

Ich bemühe mich, nicht laut zu lachen ... Sie verstehen ja doch nichts. Wir kommen aus verschiedenen Welten. Meine Welt ist dort drinnen bei den Diebinnen und Abtreiberinnen und Politiscnen. Diesmal sind *sie* mehr meine Kinder ... Wie hatte sich meine kleine Aufwärterin für mich gefreut, als sie sah, daß ich ins Besuchszimmer geführt wurde. Und die Wärterinnen hatten mich angelächelt ...

Ich habe Sehnsucht nach meiner Zelle.

Dort ist meine Welt.

Bergstute

Eine alte Frau im Kittel der Diebe war schon mehrere Tage beim Rundgang mit mir innerhalb des Kreises gegangen. Sie ging mit den langen Schritten eines Bauern und hielt die Hände auf dem Rücken, fast wie Napoleon, der über die Weltstrategie nachdenkt, oder wie Hitler vor Stalingrad.

Ich fragte die Wärterin, wer dieses stattliche Geschöpf sei.

»Ah die, das ist unsere alte Kundin, die Bergstute ..., sozusagen ... Sie ist wieder mal nach Hause gekommen ...«

Ich sah sie fragend an. Bergstute ..., ich hatte noch nie von einem solchen Wesen gehört. Oder war das ihr richtiger Name?

Die Wärterin war ein recht gesitteter Mensch mit manierlicher Redeweise. Trotz ihres Berufs war sie zartbesaitet und wurde nach meinen Worten ein wenig verlegen. Meine Unwissenheit schien sie in Schwierigkeiten zu bringen.

»Nun ja, es ist so, daß man drüben in der Gegend von Viipuri solche Stromer und Berghöhlenbewohner, die allerletzten vom Ende der Welt, mit diesem Wort bezeichnet. Aber Sie sollten den Ausdruck lieber nicht benutzen, er ist ziemlich häßlich ...«

Die Wärterin wußte nicht, daß das moderne Drama sogar allerhand biblische Bezeichnungen verträgt. Es gibt ja Berufskollegen, die geradezu darin schwelgen, zum Beispiel der nobelpreisgekrönte Martin Du Gard in seinem Schauspiel »Le Gonflé«.

Das Gefängnis war für Bergstute das eigentliche Zuhause, in ihren anderen Unterkünften wohnte sie nur vorübergehend: im Sommer Felslöcher oder Brückenbögen, im Winter das Nachtasyl der Heilsarmee oder der Fußboden in der Kammer irgendwelcher zwielichtigen Kumpane – bis die FAUST DES GESETZES wieder nach ihr griff und sie in ihr Zuhause nach Katajanokka beförderte.

Bergstute betrachtete mich mit kalter Gleichgültigkeit. Diese alten Profis, Knastbrüder und -schwestern, verachteten uns Politische aus tiefster Seele, es hieß: Geben bloß Gastrollen im Gefängnis ..., heute spielen sie den

Gefangenen, und morgen sitzen sie in der Regierung und bekommen staatliche Renten; im Reichstag wird ein Riesenlärm um sie gemacht, und wenn man sie aus dem Gefängnis rausgeholt hat, werden sie wer weiß wie gefeiert. Da hat sie doch mal mit der Anni Huotari zusammen gesessen und Brotkrusten geknabbert, aber als die nachher rauskam, hat sie ihre Kumpel aus dem Gefängnis glatt vergessen ... Genauso Matti Turkia und all die anderen ... Alles bloß leeres Gequatsche der feinen Herrschaften ..., spielen Gefangene und können überhaupt gar nichts ..., können sich nicht mal schämen, wenn sie Gefangene sind ...

Bergstute hatte ganz recht.

Leider konnte ich mich nicht mit ihr unterhalten, weil das nicht gestattet war.

Bergstute hatte eine Nase wie ein Schornstein, mindestens zehn Stupsnasen aus meiner Familie hätten darin Platz gehabt. Ihr Mund wurde förmlich darunter erdrückt, wenn auch die dicken Lippen durchaus dem Stil der Nase entsprachen. Ihre Stirn war niedrig, ungefähr wie bei Lombrosos Verbrechertyp, obwohl früher in Deutschland unter den Juristen behauptet wurde, daß von den Grundmaßen ihres Gesichts her die meisten Richter vollkommen diesem berühmten Typ von Lombroso entsprachen. Jedenfalls war das Gesicht der Bergstute ausgesprochen männlich und hätte in jeder Weise auch hinter den Richtertisch gepaßt.

Und ihre Haltung war feierlich, geprägt durch Ruhe und Schwerfälligkeit und ... Verachtung der Welt. Sie ging, als inspizierte sie ihren Acker, ganz, als wäre sie es, die hier bestimmte und die Wärter kommandierte. Beifällig sah sie zu der scharfen, strengen, bebrillten Oberwärterin hinüber, die wie ein drohender, unnachgiebiger Zerberus vor der Männerabteilung stand, bereit, jedes leichtfertige Augenzwinkern zwischen ihren Zöglingen und den Mannsbildern im Keim zu ersticken. Ich sah, wie Bergstute ihr im Geiste auf die Schultern klopfte: Recht so! Hier muß Ordnung herrschen, Gefängnis ist eben Gefängnis, ich kenn mich da aus.

Was für eine tüchtige tavastländische Bäuerin hätte Bergstute sein können, hätten nicht die Armut und die Männer und der Schnaps sie andere Wege geführt und zum Feind der Gesellschaft gemacht.

Bergstute war zum Anführer geschaffen, sie war faul und träge, dagegen konnte man nichts machen. Aber sie verstand es, auf ihre Art und mit ihrer großen Lebenskenntnis, sich ihrer Haut zu wehren. Dabei dürfte sie nicht einmal zu den gefährlichsten Lehrern der Jugend gehört haben.

Sie verlor nicht viele Worte, sondern nahm das Leben, wie es kam. Sie konnte Roggenbrei und einen Tropfen Milch so genießen, wie es angebracht war, sie aß sorgfältig auch die Heringsköpfe mit und verlangte von den »Kalfaktoren« Nachschlag.

Der Mensch muß sich zu helfen wissen.

Bergstute war mit dem Gefängnis und das Gefängnis mit Bergstute zufrieden. Es tat richtig gut, eine so vollkommen normale und legitime Beziehung zwischen Gefangenem und Gefängnis zu sehen, ohne Groll und Hader, ohne Kriegsgesetze und falsche Methoden der Gesellschaft und ohne mein begründetes oder unbegründetes Mitleid.

Bergstute und ich gingen in der Mitte des Ringelreihens. Bergstute schritt dahin wie Napoleon auf Sankt Helena, und ich beobachtete sie heimlich.

Und plötzlich erkannte ich etwas ganz Erschreckendes: eine wie Bergstute *hatte alles gesehen* ...

Sie hatte Getretene, Gegeißelte, Zerfleischte, vom Leben Gekreuzigte gesehen ..., sie hatte all das gesehen, wovon ich nur in Büchern gelesen hatte ... Sie hatte alle

Visionen des Goya gesehen, dieses ungewöhnlichen spanischen Malers aus der Zeit der Napoleonischen Kriege …, alle seine furchtbaren Schreckensbilder vom Leben. Ich betrachtete ihr Karikaturgesicht – es hätte direkt aus einer von Goyas Zeichnungen stammen können …

Die Gesichter solcher wie Bergstute sind immer und überall gleich. Es gibt keinen Unterschied in den Gesichtern der Strolche in Spanien, Finnland, Frankreich, England oder Rußland, ebenso wie es keinen Unterschied gibt in den Gesichtern der Volksklassen dieser Länder, die der Erde nahe sind. Im Baskenland sitzt auf der Treppe vor einer alten Hütte ein Mann, der wie das Ebenbild eines alten Savolaxers ist, und in Norddeutschland an der Wasserkante findet man tavastländische Bauern; in Spanien gibt es Toreadoren, die wie Paavo Nurmis Zwillingsbrüder aussehen, und der Arbeiter auf den Straßen Moskaus gleicht dem in Helsinki.

O Mensch, es ist doch deine Familie überall auf der Welt! Mußt du deinen Bruder töten, weil du seine bunte Jacke begehrst …

Bergstute verschwand als eine der ersten vom Hof. Ich war die letzte, wie immer, und stieg langsam, gefolgt von der Wärterin, die Treppe hinauf. Auf dem Gang kam uns Bergstute aus dem Verschlag der Kalfaktoren entgegen mit einem nagelneuen Eimer in der Hand, Bergstute, die schon längst in ihrer Zelle hinter Schloß und Riegel und bei der Arbeit hätte sein müssen und die nichts auf dem Gang zu suchen hatte, dazu noch mit einem blitzblanken neuen, nur der Milch vorbehaltenen Eimer! Die Wärterin blieb starr vor Staunen stehen.

»Wie kommen Sie hierher, was machen Sie hier …?«

»Ich hole mir Waschwasser«, sagte Bergstute ruhig.

Das Wasserholen war Aufgabe der Kalfaktoren, und

es gab nur eine kleine Waschschüssel voll für jeden. Der Gefangene hatte sich nicht aus seiner Zelle zu bewegen.

»So so, Wasser holen. Wie sind Sie überhaupt rausgekommen, läuft hier neuerdings jeder nach Wasser ...?« schnauzte die Wärterin.

»Ich bin eben raus ... Deine Aufgabe ist es, aufzupassen, und meine, zu entwischen.«

Schatten und Schritte

Klappern von Holzschuhen hinter meinem Fenster und Schatten an der gegenüberliegenden Wand. Die männlichen Gefangenen sind beim morgendlichen Rundgang.

Ich liege auf meinem Bett und betrachte das Kaleidoskop der Schatten ..., sie huschen nur an mir vorbei, Menschen ohne Gesichter ..., kop ... kop ... kop ...

Langgezogene Schatten, gerade, männliche Schatten, gebeugte und gekrümmte Schatten ..., schleppende Schritte, schwere, entschlossene Schritte, leichte und nervöse Schritte ... Dann plötzlich merkwürdige, ganz andere und irgendwie bekannte Schritte, dazu ein Schatten, dessen Haltung und Bewegungen mir bekannt vorkommen ...

Ich lag mehrere Tage krank in meinem Bett, lauschte jeden Morgen etwa eine Stunde lang der Holzschuhmusik und betrachtete die Schatten an meiner Wand. Schon von weitem erkannte ich jene Schritte und den Schatten, der sich aufrecht und frei unter den anderen gebeugten Schatten bewegte ... Und plötzlich wußte ich: Es waren die Schritte, es war der Schatten eines gebildeten Mannes, eines Menschen, der sich nicht treten läßt ..., unsquashable ...

Es hieß, die männlichen Gefangenen dort draußen seien alle gewöhnliche Kriminelle ..., aber jene Schritte waren nicht die eines Diebes oder Schwarzhändlers oder Lebensmittelkartenschwindlers ...

Wenn man ein Jahr lang in der Einzelzelle gelebt hat, schärfen sich alle Sinne ..., jene Schritte waren nicht stumm, sie sprachen zu mir von Kampf und Durchhalten, von Qualen und Sieg, von Frieden und Freiheitsgefühl trotz schlafloser Schreckensnächte im Haus des Schreckens.

Jeden Morgen, wenn ich den bekannten Schritten jenes unbekannten Schattens lauschte, mußte ich an ein altes englisches Gedicht von Henley denken, dessen Strophen ich irgendwo aus meinem Unterbewußtsein holte:

»Out of the night that covers me,
Black as the pit from pole to pole,
I thank whatever gods may be
For my unconquerable soul.

In the fell clutch of circumstance
I have not winced nor cried aloud.
Under the bludgeonings of Chance
My head is bloody but unbowed ....«

Aus der Nacht der Abgründe danke ich, welchen Göttern auch immer, für meine unbesiegbare Seele. Im Würgegriff des Schicksals habe ich weder gejammert noch geschrien. Von den Schlägen des Schicksals ist mein Kopf blutig, aber ungebeugt.

Die unbekannten Schritte waren mir zu Freundesschritten geworden, da ich den Text dieser Strophen wiederfand.

Meine Zelle befindet sich drei Meter unter der Erde. Wenn man an der Tür steht, sieht man die Köpfe und Schultern derer, die dort draußen gehen, eine Parade unzähliger grauer Profile ...

Ich hörte die bekannten Schritte und erblickte das gebildete Gesicht meines unbekannten Bekannten. Der Schatten und die Schritte hatten nicht gelogen.

Ich wußte nicht, wer er war, ich kannte nicht seinen Namen, aber es gab mir Trost, die Schritte eines gebildeten Menschen zu hören, zu wissen, daß an mir Gedanken vorbeigingen, die mit meinen eigenen Gedanken verwandt waren.

Er war zum Tode verurteilt.

Die Känguruhmutter

Auch im Gefängnis werden Kinder geboren. Dann ist die Frauenabteilung erfüllt von Aufregung und Mitgefühl. Aus irgendeiner Zelle tönt dünnes Weinen. Ein Kind ist zur Welt gekommen.

Und das Kind wird zusammen mit seiner Mutter zu Gefängnis verurteilt. Das Gesetz errötet nicht. Das Gesetz ist eine satte, selbstbewußte, breithüftige, so richtig selbstzufriedene Frau. Abstoßend schwergewichtig steht sie hinter dem Präsidenten im Reichstag, ohne Phantasie und Herz, ohne Menschlichkeit, als reines Urbild der Zufriedenheit, als passender Hintergrund für die selbstzufriedenen Reichstagspräsidenten, die es gewohnt sind, alle Sorgen um das Schicksal des Volkes der Regierung zu überlassen.

Auf dem Gefängnishof dreht sich der Reigen. Plötzlich passiert etwas. Die Eisentreppe herunter kommt ES, ein kleines Kind auf dem Arm seiner Mutter, dahinter eine Wärterin mit einem Hocker in der Hand. Das Kind nimmt neben dem Kreis auf dem Arm seiner Mutter Platz. Und der ganze Hof und der Kreis leben auf. Alle Blicke richten sich auf den kleinen Kopf, der einer Rosenknospe gleicht. Die schöne Mutter schaut nicht zum Kreis, sondern nur auf ihre Knospe, oder sie schließt die Augen. Die Wärterin mit der Nase Mathilda Wredes – sie ist sich dessen voll bewußt – kommt sich äußerst wichtig vor. Sie zupft die Decke des Kindes zurecht, dreht den Hocker der Mutter in die Sonne. Sie steht nicht auf ihrem Wächterposten, obwohl die Strichmädchen versuchen, Kußhände zum Seitengebäude der Männer hinüberzuwerfen. Auch die anderen Wärterinnen drängen sich um das Kind. Das Kind beherrscht den Hof.

Die schöne Mutter schaut nicht auf. Sie ist wegen Ehebruchs verurteilt. Der Ehemann hat ihr nicht verziehen, daß dieses Kind auf der Welt erschien. Sie ist zu sechs Monaten Haft verurteilt, die sie bei Wasser und Brot in sechsunddreißig Tagen absitzen kann. Das Kind ist zwei Monate alt, und der Doktor kümmert sich nicht darum, daß der Mutter bei der Wasser-und-Brot-Nahrung die Milch ausgeht. Deshalb schreit das Kind. Es fängt plötzlich an zu schreien und hört nicht auf. Es ist ein Protest gegen das Gefängnis, ein zorniger, gellender Protest. Der Reigen freut sich. Haha, sagt ihm doch: Hier-wird-nicht-geschrien, hier-wird-nicht-geschrien ...!

Die Wärterin erzählt, daß es mal eine Herumtreiberin gab, die Tuntta genannt wurde und sieben Kinder hatte, alle im Gefängnis geboren. Tuntta richtete es jedesmal so ein, daß sie vor ihrer Niederkunft ins Gefängnis kam. Das wurde billiger als in der Klinik, außerdem mußte das Gefängnis für das Kind Kleidung beschaffen, und auch Mitgefühl gab es umsonst. Tuntta soll durchaus eine gute Mutter gewesen sein – wer weiß, was aus ihren Kindern geworden ist. Leider habe ich keine Gelegenheit, mich näher mit der Wechselbeziehung zwischen Tuntta und der Gesellschaft zu befassen.

In der Mitte des Kreises erscheint eine Zigeunerin, sie trägt ein kleines Kind auf dem Arm, das in ein Tuch gewickelt ist. Sie drückt ihr Kind an die Brust, spricht ein bißchen zu ihm und geht weiter, daß die Röcke um die schlanken Fesseln wehen. Das Kind ist wie mit ihr verschmolzen. Sie geht wie eine Känguruhmutter, frei, bereit zum Sprung. Ihre Arme halten das Kind, als gehöre es noch immer zu ihrem eigenen Körper.

Sie will nicht sitzen, sondern macht immer den Rundgang mit und trägt ihr Kind auf dem Arm. Sie ist eine freie Känguruhmutter im Käfig. Blumen sind auf dem Gefängnishof nicht gestattet, nur Menschenblumen und Blütenknospen.

Kinder darf man nicht ins Gefängnis bringen – man darf einfach nicht!

Der Liebesbrief vom Leben

Es war meine Zeitung. Sei gesegnet, du Zeitung, die du täglich in meine Zelle kamst.

Sei gesegnet, du Geruch der Druckerschwärze, der du herrlicher warst als alle Rosendüfte. Von den Schlachtfeldern der Welt, aus der Freiheit kamst du zu mir.

Manchmal kamst du zwischen zehn und elf Uhr, manchmal erst am Nachmittag, je nachdem, wann der Wärter aus der Männerabteilung geruhte, die Zeitungen in die Frauenabteilung zu bringen. Und oft war es einer von den Gleichgültigen, der sich nicht vor dem Nachmittag dazu bequemte.

Schon früh am Morgen wachte ich mit dem Gefühl der Vorfreude auf: In ein paar Stunden kommt die Zeitung. Ich machte meine Arbeit, horchte auf die Schritte der Wärter hinter meiner Tür ..., sie gingen vorbei, also noch nicht. Immer noch nicht! Dann plötzlich hielten die Schritte inne, das Schloß rasselte, ein kurzer Befehl: Rundgang! Noch immer keine Zeitung.

Wir gingen in der Runde. Trostlos. Ich ging verbissen immer in der Mitte des sich drehenden Kreises und malte mir aus, was alles in der Zeitung stehen könnte. Vielleicht war es schon Minsk – oder Lublin ... Vielleicht war endlich Caen eingenommen, vielleicht hatten sie endlich Cherbourg erreicht ... Ich versuchte zu erraten, was jeweils im Bereich des Möglichen lag.

Ich kehrte in meine Zelle zurück. Es kam vor, daß ich dann den Liebesbrief auf meiner Schreibmaschine fand. Eine freundliche Hand hatte ihn inzwischen in meine Zelle gelegt. Ich öffnete ihn schnell, schnell, schlug die Innenseite auf, zuerst die Überschriften ... Aber ich wußte ja, was sie bedeuteten. Nichts. Dann der Bericht »Zur Lage«, in dem man eher ein Körnchen Wahrheit fand. Wo hatte er sich nur wieder versteckt, dieser Bericht? Manchmal tatsächlich auf den letzten Seiten. Ich verschlang den Text, und dann verdaute ich ihn. Anschließend las ich auf den mittleren und darauffolgenden Seiten die Nachrichten, dann den Leitartikel und die Presseschau. Erst danach nahm ich mir die erste Seite vor und fing an, systematisch zu lesen, eine Seite nach der anderen. Ich las alles, Wort für Wort, auch die Mitteilungen der Wohlfahrt und »Eeros Glosse«, die die Zensur von Tag zu Tag inhaltsleerer machte; das Feuilleton, das einen manchmal ärgerte, manchmal erfreute. Dann kamen Theater und Literatur. Der Europäische Schriftstellerverband ... Der Dolch der Schmach bohrte sich in mein Herz: Die Intelligenz und die Schriftstellerkreise unseres Landes feierten die Nazis!

Ich las weiter, die Nachrichten aus dem Wirtschaftsleben und vom Lande, die vielsagenden Börsennotierungen, dieses Friedensbarometer … Und dann folgten die Bildserien: Donald Duck und Klein Ulla und Mickymaus. Und endlich, wenn alles andere gelesen war, kamen die Kleinanzeigen: Verloren.

Ich las sie als manchmal recht kummervolle Schilderungen des Alltagslebens meiner Heimatstadt. Was wurde nicht alles verloren: der rechte Handschuh eines Kindes – selbst das wurde angezeigt –, das Nummernschild vom Auto oder der Verschluß des Benzinkanisters … Und die Brieftasche, die auf einer Sauftour verlorengegangen war und in der sich die Papiere und die letzten Groschen eines Frontsoldaten befanden … Und der schwarze Köter, der entlaufen war …

Zum Schluß lief mein Herz über von Mitleid und Bedauern für all jene Verlierer. Ich vergaß das Gefängnis und meine Zelle, sogar meine Wassersuppe kühlte inzwischen ab …

Ich habe deinen kleinen, mühseligen Alltag mitgelebt, meine geliebte Heimatstadt, ganz zu schweigen davon, daß ich um deine Toten mitgetrauert habe. Um jenen einzigen Sohn, das einzige Kind, das gefallen ist. Die herzerschütternden Worte, mit denen die Mutter und die Braut ihren Schmerz und ihre Sehnsucht ausdrükken, die rührend ungeschickten Gedichtszeilen, mit denen sie ihre Trauerbotschaft begleiteten!

Und hier sitze ich mit den Händen im Schoß und kann nichts dagegen tun, daß sich die Kinder in den Spinnennetzen des Todes verfangen und unser Volk, das sich nach Frieden sehnt, als Waffenbruder von Europas Henker sein Blut verströmt …

Ich kämpfte

Mein endgültiges Urteil war gekommen: lebenslänglich.

Drei frühere Außenminister hatten den Mut gehabt zu bezeugen, daß ich deshalb während des Krieges mit dem Feind meines Landes Verbindung aufgenommen hatte, weil ich mein Land aus dem todbringenden Krieg lösen und einen ehrenhaften Frieden herbeiführen wollte. Aus diesem Grund wohl war nicht das Todesurteil gefällt worden.

Fast hämisch sagte ich zu dem Beamten der Staatspolizei, der mich verhört und alles getan hatte, um meine Sache zu einem schlimmeren Ende zu bringen: »Da haben Sie ja doch nicht das Todesurteil für mich erreicht.« Er sah mich gleichgültig an und bemerkte trocken: »In Ihrem Alter ist eine lebenslängliche Zuchthausstrafe schon dasselbe wie ein Todesurteil.«

»Was Sie nicht sagen.«

Von diesem Moment an bemühte ich mich, meine Gesundheit besser zu pflegen als je in meinem Leben. Ich kämpfte um Luft, machte gymnastische Übungen mit meinem beim Bombenangriff verletzten Rücken, stritt mit dem Arzt um Brot, forderte vom Justizminister das Recht auf Eßpakete, wenn auch ohne Erfolg. Ich pflegte mein Herz, das empfindlich geworden war wie eine Seifenblase. Früher hatte ich mich nie um mein Herz gekümmert. In der Zelle bei der Staatspolizei, als ich drei und einen halben Monat keine Bewegung gehabt hatte, war mein Herz wie aus dünnem venezianischem Glas gewesen, das beim kleinsten Lufthauch klirrt. Es wäre mir egal gewesen, selbst wenn es stehengeblieben wäre. Das hätte immerhin für mich bedeutet, dem eisernen Griff der Staatspolizei zu entkommen. Ich hatte daran gedacht, wie Irmari Rantamala sich seinem Scharfrichter entrissen hatte und ins Meer gesprungen war.

Jetzt war mein Herz nach dem Bombenangriff empfindlich wie eine Seifenblase. Rein zum Trotz hütete ich es wie ein Goldstück ...

Ich kämpfte gegen das Todesurteil.

Die Rückkehr

Ich wußte, daß mein Land, nachdem es sich in gigantische Lügennetze verstrickt hatte, wieder frei war und sich allmählich vom Opiumrausch der Kriegslügen erholte. Ich wußte, daß mein Land von dem deutschen Sodatenstiefel befreit worden war – verwundet, blutig und verstümmelt. Ich wußte, daß die Millionen Menschen, die gestorben waren, ihr Leben auch für meine Freiheit gegeben hatten. Ich wußte genau, die Freiheit würde kommen. Manchmal hätte ich am liebsten geschrien und mit den Fäusten an die Wand geschlagen, weil mir der Atem zu stocken drohte.

Sei stille, mein Herz, sagte ich, ganz still und ruhig!

Ein sonniger Tag. Ich war zum Rundgang auf dem Hof gewesen, hatte mich gierig mit Sonne vollgesogen und die würzige, nach Nelken duftende Herbstluft getrunken.

Jetzt gingen die Männer an meinem Fenster vorbei. Und mein zum Tode verurteilter unbekannter Freund sagte laut, für meine Ohren bestimmt, wir würden in ein paar Tagen freikommen ...

Stille, mein Herz, ganz still ...!

Am fünfundzwanzigsten September, als ich um zwölf Uhr mittags meine Gefängnissuppe aß, öffnete sich die Tür meiner Zelle, und der Direktor trat ein.

Ich wußte sofort Bescheid. Ein einziger Blick in sein Gesicht genügte. »Ist es wahr?« sagte ich.

Er nickte. »Der Justizminister hat angeordnet, daß Sie bis drei Uhr das Gefängnis zu verlassen haben.«

Sei stille, mein Herz! So ein Bösewicht, will fortfliegen aus meiner Brust wie eine Uferschwalbe.

Sie gaben mir Kampfer und ließen mich kurze Zeit allein.

Ruhig, ganz ruhig.

Meine Zelle wirkte auf einmal sehr freundlich – und ein wenig melancholisch. Meine Bücher, meine Manuskripte und meine Schreibmaschine waren dagegen richtig unruhig, sie hatten furchtbare Eile, geradezu Fieber ... Ich konnte nicht länger liegenbleiben, sondern fing an, meine Manuskripte und Notizen in die Koffer zu stopfen. Ich saß auf dem Fußboden der Zelle zwischen meinen Manuskripten und packte sie hin und her.

Still, still, ganz ruhig!

Die Wärterinnen und Aufseher kamen, um mir zu helfen. Alle strahlten, redeten, stopften meine Sachen in die Pakete. Ich zog mein Kleid an, das mir viel zu weit geworden war, ich ertrank förmlich darin ... Jemand schnürte endlos lange meine Schuhbänder und weinte.

Der Direktor hatte meine Angehörigen angerufen, sie holten mich ab. Der Direktor wirkte wie ein Hotelbesitzer, der die Abreise eines Dauergastes organisiert.

Der Oberaufseher brachte mir meinen Paß, mein Geld, meinen Schmuck – ganz wie der Portier irgendwo im Metropol, Grandhotel, Ritz oder Carlton ... Ich bekam hysterische Lachkrämpfe.

Sei stille, mein Herz ... So einfach ist es, wenn die Freiheit kommt? So stürzen die Mauern ein, zerreißen die Eisen, brechen die Gitter, öffnet das Leben erneut seine Tür?

Die Wärterinnen und Aufseher trugen meine Sachen zum Gefängnistor. Wärter und Gefangene schauten uns von den Gängen zu, riefen mir durch die Türen Grüße nach, winkten, lächelten mich an, die ich aus den endlosen Grabkammertunneln hinaus ins Leben ging.

Ruhig, ganz ruhig gehen!

Am Tor warteten ein Auto und freundliche Hände. Ich, die lebenslang Gefangene, war frei.

Ich sah grünes Gras. Viel weiches, grünes Gras, lebendige Blumen, lebendiges Wasser – blaues, lebendiges Wasser. Meine Augen verschlangen meine verwundete, geliebte Heimatstadt.

Heimwärts.

Es benahm mir den Atem. Es erschreckte mich, dieses Wort »Heim« … Mein großes, altes, weißes Haus unter Tannen und Birken, die Zimmer mit meinen Tausenden von Büchern …, Licht, Wärme.

In meiner Zelle hatte ich nur ein Bett, einen Tisch und einen Stuhl sowie den Koffer als Bücherregal gehabt …, und ich brauchte auch nicht mehr. Ich werde auch in Zukunft nie mehr als das brauchen …

Stille, mit stockt das Herz, stille!

Wer einmal zur Heimatlosigkeit verurteilt war, wird sein Heim nie mehr als dürftig empfinden.

Ich saß im Dunkeln auf der Treppe meines Hauses, und mein Hund Bobby leckte mir die kalten Hände.

Mein Enkelkind schlang die Arme um meinen Hals und sagte, es habe immer an die Oma gedacht.

Still – ganz, ganz still!

Der Spiegel

In einer Gefängniszelle gibt es keinen Spiegel. Ich hatte mich anderthalb Jahre nicht im Spiegel gesehen.

Ich öffnete die Tür meines Zimmers, knipste alle Lampen an und stellte mich vor meinen Spiegel.

Ich sah darin eine alte Frau mit aschgrauem Haar und tiefen Furchen in den Mundwinkeln, erloschene, scheue Augen im grauen Gesicht.

Wer bist du? fragte ich das Gespenst beunruhigt.

Es antwortete nicht. Starrte mich nur mit den müden Augen an, die fremde, alte Frau. Sie versuchte zu lächeln und konnte es nicht. Auch ihr Lächeln war verkrampft, gespenstisch.

Ich sagte zu ihr: Du bist doch frei wie der Himmelswind, bist glücklich und froh. Sie schlug die Hände vor ihr Gesicht. Sie dachte an jene, die nicht zurückgekehrt waren, all jene, die auf den Schlachtfeldern und in den Heldengräbern und Massengräbern lagen, und jene, die hinter den toten Fenstern geblieben waren …

Und sie konnte nicht glücklich sein.

Der erste Tag in der Freiheit

Es war Abend, als ich nach Hause kam. Ich schaltete überall das Licht ein und ließ es auch über Nacht brennen. Ich schlief in meinem freundlichen Zimmer, in meinem schneeweißen, weichen, breiten Bett, in dem ich die Beine anziehen konnte, ohne daß gleich die Knie aus dem Bett ragten …

Am Morgen erwache ich davon, daß Licht durch die großen Fenster in mein Zimmer flutet, in dem immer noch die Lampen brennen …, Licht und Wärme. Durch meine Fenster schauen meine goldenen Birken herein, sie baden in der Sonne und lächeln mir zu. Unter den Fenstern blühen noch Hebstblumen, und Gras und Erde sind mir ganz nah ... Nirgends Stein oder Eisenbeton, auch kein Schlüsselklirren in Zementgräbern ... Bobby bellt und springt unter meinem Fenster hoch.

Klein Tuuli läuft herein und umarmt mich, und ich bekomme das Teetablett auf mein Bett. Alles ist genau wie früher, außer daß Klein Tuuli gewachsen ist und vernünftig spricht und daß die Bäume und Sträucher in den zwei Sommern größer und dichter geworden sind. Mein Zimmer ist unverändert, und meine weißen Gardinen wehen wieder im Morgenwind.

Aber etwas ist da, das ist nicht wie früher, das ist fremd und anders ...

Ich selbst.

Ich hole meine alten Kleider aus dem Schrank. Sie sind mir alle so fremd und so weit. Ich suche nach meinen Alltagsschuhen ... und finde sie nicht. Sie haben sie den Kriegsdienstverpflichteten gegeben.

Ich bewege mich langsam, irgendwie vorsichtig ... Ich habe keine Eile, niemand gibt mir den Befehl zum Rundgang, niemand bestimmt, wann ich essen soll. Es steht mir völlig frei, aus meiner Tür zu treten und auf den Hof unter die Bäume zu gehen, ich kann selbst meine Tür öffnen, kann hinausschauen und mit den Menschen reden.

Trotzdem will ich es gar nicht.

Ich setze mich an meinen Schreibtisch ..., meine Augen suchen nach den vertrauten Gegenständen ..., ich sehe das Tintenfaß, die Kerzenständer, Blumenvasen ... Viele Blumen, lebendige Blumen ..., ich berühre sie. Ich finde meinen Bleistiftanspitzer und meinen Bleistift, das silberne Zigarettenetui, in dem ich Briefmarken aufbewahrte – eine ist sogar noch darin ... Auf meinem Tisch liegen Bücher, die vorher nicht da waren ... Ich suche etwas und finde es auch – meinen alten Freund, ein Gedicht, das ich im Gefängnis über meine Felder geschrieben hatte. Ich hatte darum gebeten, es auf meinen Tisch zu legen, damit es auf mich wartet, und es ist auch da. Ein Teil von mir ist die ganze Zeit hiergewesen. Mein Schreibtisch ist ein Mammut im Barockstil – mehrere Meter lang. Er ist weiß und hat schwere Schnitzereien, riesige, vergoldete Löwenköpfe. Im Gefängnis hatte ich einen Tisch, der sich mit einem Handtuch bedecken ließ und auf dem ich nur meine Schreibmaschine und ein bißchen Papier unterbringen konnte. Wenn ich aß, mußte ich meine Schreibmaschine in die Ecke oder auf mein Bett stellen.

Ich öffne meine Schreibtischschubladen ... und bin entsetzt. Ein furchtbares Chaos herrscht darin. Die Spuren der Ochrana ... Grenzenloser Abscheu erfüllt mich. Ich wage nicht, meine Papiere anzufassen. Alles liegt kreuz und quer durcheinander: meine Manuskripte, meine Briefe, meine Dokumente. Ich öffne weiter meine unzähligen Schubladen. Überall das gleiche Chaos. Hinter dem Schreibtisch stehen Koffer voller Dokumente, die von der Ochrana zurückgeschickt wurden.

Ich sitze ratlos und entsetzt da, und plötzlich erkenne ich: Hier ist mein ganzes Leben, zerrissen, zerstreut, geschändet durch fremde, brutale Hände ... Woher die Kraft nehmen, das alles wieder zusammenzusetzen, Stück für Stück, um es wieder ganz unter Kontrolle zu haben? Hinter dem Fenster schütteln die Birken ihre goldenen Blätter und nicken mir mit ihren Wipfeln zu ..., die Tannen schauen neugierig fragend herein: Wird das jemals wieder heil und neu? Ich setze mich auf das Fensterbrett und höre, wie es draußen raunt: Doch, es wird – die ganze Welt wird neu. Hab keine Angst, weine nicht, sondern mach dich ans Werk!

Ich gehe wieder zu meinem Schreibtisch hinüber. In den großen Mittelschubladen finde ich meine Manuskripte: Ich hatte schon jahrelang Material gesammelt für ein großes Drama über J. V. Snellman, ich besaß unzählige Notizblöcke voller Aufzeichnungen und fertiger Repliken ... Es dürfte für die Staatspolizei schwierig gewesen sein, daraus schlau zu werden. Sie haben es dann auch wahllos überall verstreut. – Noch andere Entwürfe meiner unvollendeten Schauspiele, von denen die Herren gewiß nicht das geringste verstanden haben, auch das alles zerstreut und zwischen meine Briefe geworfen ... Die russische Übersetzung der »Frauen von Niskavuori« ist besonders aufmerksam geprüft worden ..., daneben liegt ein Brief von Sir Hubert Gough an mich aus dem Jahre 1919. Dann russische Briefe von Voks ..., der Brief eines russischen Theaterregisseurs mit Änderungsvorschlägen für die »Frauen von Niskavuori« ... Dann alte Liebesbriefe ..., der Gründungsplan für eine Zellulosefabrik in Suojärvi ..., alte Dokumente der Holzfirma Aunus ..., Visitenkarten sowjetischer Botschafter ..., ein Haufen uralter Karten ausländischer Presseleute und Diplomaten ..., die Visitenkarte des verstorbenen Lord Acton, auf deren Rückseite notiert ist: Ex oriente lux ... Das wird eine harte Nuß für die Staatspolizei gewesen sein, aber es ist tatsächlich meine Handschrift, und die Karte stammt aus den Zeiten, als Lord Acton, ein alter Historiker mit großem Interesse für die Sowjetunion, als englischer Botschafter in unserem Land tätig war. Einmal gab er im »Seurahuone« für den finnischen Außenminister ein Essen, auf dem er eine Rede hielt mit dem Leitgedanken: Ex oriente lux – aus dem Osten das Licht, in der er zum Entsetzen der anwesenden Finnen den Gedanken geäußert haben soll, auch aus der Sowjetunion könne Licht für die Welt kommen. – Eine besondere Unterhaltung für die Ochrana waren die Schnappschüsse vom sowjetischen Botschafter. Auf einem Foto sieht man Maiski und seine schöne Frau in Badekleidung am Strand von Marlebäck, zusammen mit meiner Tochter und Aino Kallas' Sohn Sulev Kallas. Ich vermisse ein anderes Foto, das bei derselben Gelegenheit in meinem Motorboot auf dem Kymi aufgenommen worden war und das zu besonderen Verhören bei der Ochrana Anlaß gab. Darauf waren außer Maiski und seiner Frau auch noch Commander Ross mit seiner Tochter aus London, außerdem Pentti Kuoppamäki, Sulev Kallas und die anderen Gäste meiner Tochter. Dieses Foto hat man mir nicht zurückgeschickt.

Ich blättere weiter; das Chaos im Schreibtisch – ein Kaleidoskop meines Lebens. Hier ist ein Brief von O. V. Kuusinen aus meiner Jugendzeit, der ihnen anscheinend gar nicht aufgefallen ist, denn ich finde ihn unbeschadet zwischen meinen Manuskripten. Da sind die Briefe von Askew Robertson, dem englischen Hauptaktionär der Holzfirma Aunus, die der Ochrana wahrscheinlich viel Kopfschmerzen bereitet haben. Er nannte mich immer »Großherzogin von Suojärvi« und begann seine Briefe: My dear Grand Duchess ... Kein Wunder, daß der Vorsitzende des Standgerichts, ein junger Offizier, mit tiefem Mißtrauen zu mir sagte: »Sie sind aber auch mit allen Wassern gewaschen.«

Ich lache und weine ... Briefe aus dem Jahre 1912 sind zwischen die Briefe von 1940 geraten. Es ist aussichtslos, an ein Ordnen zu denken ... Im gleichen Zustand befindet sich auch mein ganzes riesiges Archiv in den Schränken der Bibliothek. Es wird Monate dauern, das zu ordnen und wenigstens halbwegs meine Notizen zusammenzusuchen.

Schließlich gehe ich mit Klein Tuuli ins Freie. Ich gehe vorsichtig in den Garten hinunter ..., die Felder will ich nicht sehen ... Klein Tuuli führt mich. Wir schauen nach meinen Apfelbäumen, die ich vor ein paar Jahren hatte pflanzen lassen und die in den zwei Sommern tatsächlich zu richtigen Bäumen geworden sind. Klein Tuuli erzählt, daß sie achtunddreißig Äpfel getragen hätten, die aber nicht alle reif geworden seien, weil die Kinder sie schon vorher aufgegessen hätten. Zwischen den Apfelbäumen ist das Erdbeerbeet. Ich habe die Pflanzen selbst gezogen, sie sind inzwischen groß und dicht geworden, und Klein Tuuli hat viele Erdbeeren bekommen. Neben der Tür des Gewächshauses finde ich auf dem Gurkenbeet noch zwei Gurken.

»Omi, warum drückst du die Gurken an dein Gesicht?« fragt Klein Tuuli, »magst du Gurken gern?«

»Ja, Klein Tuuli, die mag ich gern.«

»Omi, warum liegst du im Gras, es ist doch schon Herbst. Mutti sagt, man darf nicht mehr im Gras liegen. Magst du das Gras?«

»O ja, ich mag es.«

»Omi, warum drückst du dein Gesicht ins Gras? Warum streichelst du das Moos? Hast du es gern? Horchst du, ob eine Grille zirpt?«

»Ja, Klein Tuuli, die Omi hat Gras und Erde und Grillen sehr gern.«

»Gab es denn weit weg in der Stadt gar kein Gras und keine Grillen?«

»Nein, meine kleine Tuuli, dort gab es nichts weiter als Stein und Eisen und ein bißchen Glas.«

»Omi, gehst du nicht mehr weit weg in die Stadt, wo sie geschossen haben und Bomben geworfen?«

»Nein, meine Tuuli, und es wird auch nicht mehr geschossen, und es werden keine Bomben mehr geworfen, jetzt ist Frieden.«

»Es ist aber schön, daß Frieden ist«, meint Tuuli.

Wir gehen dorthin, wo die Felder beginnen. Wir betrachten aus der Ferne die Haferhocken ..., ich habe nicht die Kraft, näher heranzugehen. Wir schauen aus der Ferne nach meinem Vieh ..., dort drüben sind die Mädchen beim Hüten ..., ich habe nicht die Kraft, zu ihnen hinzugehen. Und der Graben, der damals im Frühjahr, als man mich wegbrachte, verstopft war, ist es immer noch. Auf jener Seite des Ackers ist nichts gewachsen. Die Tür der großen Scheune steht offen, wir gehen hinein. Wir setzen uns beide in das trockene, duftende Heu. Ich schließe die Augen, und als Klein Tuuli mir Kleeblüten bringt, kann auch ich endlich wieder ihre ganze Herrlichkeit atmen – den verlorenen Duft zweier Sommer atmen ...

»Omi, warum lachst du nicht, wenn Tuuli im Heu springt?«

»Die Omi ist so müde.«

Im Goldglanz der Bäume wandern wir nach Hause. Nicht einmal zu den Bäumen zu sprechen habe ich die Kraft, und ich habe Angst vor den Menschen ... Ich muß mich erst an die Bäume und die Menschen und die freie Luft gewöhnen ... Über meinen Augen liegt es wie Nebel, ich spüre einen Schmerz, und ich empfinde kein Glück ...

Ich begreife: Ich bin ja verletzt ..., bis auf den Grund meiner Seele und meines Herzens verletzt, ich bin wie eine einzige offene Wunde ... Ich weiß, ich kann im Leben nicht wieder Fuß fassen, bevor meine Wunden vernarben ... Danke, daß du meinen aschgrauen Kopf streichelst, Klein Tuuli, die du die Zukunft bist ...

Mein Herz wird warm, wenn ich an dich denke, und an jene, die mich im Namen der Zukunft der Menschheit befreiten.

REQUIEM
Seelenmesse

»I never saw a man who looked
With such a wistful eye
Upon that little tent of blue
Which prisoners call the sky ...«

(Oscar Wilde: Die Ballade vom Zuchthaus zu Reading)

Wir wußten alle, daß ihr Gnadengesuch abgelehnt war und daß sie sterben mußte. Wir wußten es, aber wir glaubten es nicht ...

Sie war eine Arbeiterin; sie hatte finnischen Deserteuren, die sich in den Wäldern versteckt hielten, geholfen, und sie soll auch Flugblätter gegen den Krieg verteilt haben ... Sie war zum Tode verurteilt worden.

Sie war ein aufrechter Mensch, in mittleren Jahren, alleinstehend; sie hatte ihr Leben lang gearbeitet, war immer hilfsbereit gewesen, immer bereit, für andere Menschen die Hände zu rühren ...

Ihre rastlosen Füße waren lange, verschlungene Wege gegangen, wenn sie Verfolgten helfen wollte. Keine Gefahr hatte sie abgeschreckt, lächelnd war sie ihren schweren Weg gegangen, um immer wieder zu helfen.

Ihre nimmermüden, flinken Hände ruhten auch im Gefängnis nicht. Während sie auf den Tod wartete, nähte sie alle Tage, völlig ruhig ..., auch an ihrem Sterbetag ...

Als man ihr mitteilte, daß ihr Gnadengesuch abgelehnt sei, lächelte sie: »Ich habe ja auch bereits gelebt ...«

Man bot ihr trotzdem noch die Begnadigung an, wenn sie die, mit denen sie zu tun gehabt hatte, verraten würde ... »Ich habe ja bereits gelebt ...«, sagte sie lächelnd.

Wir wußten, daß sie sterben mußte, aber wir glaubten es nicht.

Auf den Gräbern derer, die im Jahre 1918 vor den Hinrichtungskommandos für ihre Überzeugung gestorben waren, hatten auch Regierungsvertreter Kränze niedergelegt, an ihren Gräbern waren Reden gehalten worden, ihren Witwen hatte man Renten gezahlt ...

Unmöglich, daß heute wieder Menschen hingerichtet werden, die auf Grund ihrer Überzeugung gegen diesen Krieg gearbeitet haben, auch gegen ihr eigenes Land, während unser Volk in seiner Unwissenheit in sein Verderben rannte ... Unmöglich, sagte ich mir selbst, unmöglich, sagte ich zu den anderen, die hinter den Gefängnismauern voll Entsetzen miteinander flüsterten ...

Sie, die Verurteilte, lächelte ruhig. Sie war sicher, sie war vorbereitet. Sie wußte, daß es kein Mitleid und keine Menschlichkeit gab, und sie bat auch nicht darum.

Ein alter Wärter sah durch das Guckloch, wie sie auf den Stuhl stieg und durch das Fenster in die Wolken und in die Freiheit starrte. Der Wärter schloß leise, leise das Guckloch.

Als man ihr mitteilte, daß sie im Morgengrauen sterben müsse, zuckte sie leicht zusammen ... und setzte dann ihre Arbeit fort.

Über dem Gefängnis lag der Schatten des Todes. In den Nächten schluchzte eine kleine Diebin, halb erstickt vor Entsetzen, am Tag schleppten sich zerfetzte Herbstwolken über den grauen Himmel. In der Finsternis der Nacht lauschten wir mit angehaltenem Atem, ob sich die Schritte des Scharfrichters näherten, ob der Abschiedsruf der Frau durch die Nacht drang ...

So manche Nacht sprang ich, von Entsetzen gepackt, von meinem Bett auf. Mir war, als hätte ich einen durchdringenden Schrei gehört.

»Lebt wohl, Kameraden ...!«

Der Mann, von dessen Federstrich unser Leben und unser Tod abhingen, speiste vielleicht gut zu Abend, scherzte mit seinen Freunden und versicherte lächelnd: »Eiskalt, eiskalt ...«

Und zufrieden mit sich und seinem Tag, schlief er in seinem weichen Bett ein. Er hatte seine Pflicht erfüllt. Vielleicht faltete er auch noch die Hände und betete zu seinem Herrgott – und unterschrieb am Morgen neue Todesurteile.

Graue Wolken zogen über das Gefängnis hinweg ... Wolken, Wolken, endlose Wolken an unserem Himmel, der ein Fetzen von der Größe eines Taschentuchs war.

Die kleine Diebin kam in meine Zelle und fegte aus ..., sie war merkwürdig still. Die Wärterin, die sie hereinließ, blickte starr. Plötzlich entrang sich der kleinen Diebin ein Schluchzer, und sie warf mir einen mitleidigen Blick zu. Da begriff ich ...

Es war geschehen.

Man hatte sie am Abend in die Todeszelle gebracht. Sie hatte ihren Zellenkameradinnen Lebewohl gesagt. Hoch aufgerichtet war sie in die Todeszelle gegangen ... Im Morgengrauen hatte auf dem Hof ein Auto gehupt.

Die kleine Diebin sah mich mitleidig an.

Den gleichen Weg würde wohl auch ich gehen müssen.

Ihr guter, freundlicher Schatten geht vor mir her, gerade aufgerichtet, ihre harte Arbeiterhand winkt mir freundlich zu: Hab keine Angst ..., es gibt keinen Tod für den, der für das Leben stirbt ...

Sie war eine finnische Arbeiterin, sie liebte ihr Land und ihr Volk und gab ihr Leben für seine Freiheit; dafür nannte man sie Landesverräter.

Sie ging singend in den Tod.

Ihr Name war Martta Koskinen.

Brief an Helene Weigel und Bertolt Brecht

Helsinki,
Yleisradio, den 27. Dez. 1946

Meine liebe liebe Heli und mein liebster Brecht!

Also endlich habe ich Eure Adresse. Menschen, wohin habt Ihr Euch versteckt? Ich bin ganz verzweifelt gewesen; habe 3- oder 4mal Päckchen aus Santa Monica bekommen, aber keine Adresse dabei. Habe Branting um Eure Adresse gebeten, er sagt er hat sie verlegt. Auch Naima Wifstrand hat sie nicht gewußt. Dann habe ich Ernestine Evans und Joe Losey gebeten mir Eure Adresse zu vermitteln und habe mich an die Agentur Morris gewandt – alles vergebens. Auch der Englind hat gesagt, dass er Eure Adresse nicht hatte. Es ist ja ganz verzweifelt 2 Jahre nach der Adresse des grössten deutschen Dichters zu jagen. Und warum habt Ihr nicht selbst geschrieben? Lest Ihr keine Zeitungen? so viel ich weiss ist ja in den amerikanischen Zeitungen viel über mich gestanden – insbesondere, während den 2 Jahren die ich im Gefängnis war. Und ich habe Euch nicht danken können für die Hilfe, die ich von Euch in meinem Prozess erhielt.

Es ist ja unglaublich, dass man während dem Prozess Euch gefunden und ein Zeugnis von Euch erhalten hat. Viel hat es ja nicht geholfen; unsere kleinen Himmlers haben es als ein Zeugnis vom »Juden« Brecht dargestellt, dem man nicht Glauben schenken dürfte. Aber jedoch schon die Tatsache, dass man in Amerika für mich tätig war und dass die BBC unaufhörlich von mir sprach, hat jedenfalls das Tête-à-tête der Herrn Ryti und Anthoni mit mir gestört und gewirkt, dass sie nicht ohne Weiteres mich erschiessen lassen konnten, wie der Himmler es gefordert hat. Der ganze Prozeß ist ja ein Roman, den ich einmal niederzuschreiben hoffe. Es ist hoffnungslos mit einigen Worten darlegen zu können, wie er verlief. Das Ganze war ja wahrscheinlich eine kolossale Provokation. Mürbe machen konnten sie mich nicht. Kivimäki ist aus Berlin speziell gekommen um mir das Leben zu erbieten, falls ich Enthüllungen machen wollte von den furchtbaren Intrigen der Russen gegen Finnland und Deutschland. Ich hatte eine liebe Mühe ihn davon zu überzeugen, dass es nicht die Mühe wert war nach einem langen und vollen Leben plötzlich ein kleiner gemeiner Verräter und Lügner zu werden, um das bisschen Leben fortzusetzen. Das war mein Freund Kivimäki. Erinnert Ihr Euch noch, wie er bei mir war, bevor er nach Berlin geschickt wurde – und jetzt sitzt er in demselben Gefängnis wo ich war. Aber sein Urteil ist nicht lebenslänglich wie das meine war, sondern nur 5 Jahre.

Also ich war lebenslänglich verurteilt mit einer Stimme Majorität gegen die Todesstrafe. Erinnert Ihr Euch an die halbtaube Schneiderin , Herttas Freundin? Sie war eine überzeugte Kommunistin und hat während dem Kriege Desertören in den Wäldern geholfen; sie wurde zum Tode verurteilt und Ryti hat ihr das Leben geboten, falls sie ihre Kameraden aufgeben würde. Sie weigerte [sich] auch mit der Antwort: »Ich habe genug gelebt« – und Ryti hat das Urteil vollziehen lassen. Die letzte Nacht hat sie nur genäht und ist singend in den Tod gegangen. Hertta sass 3 Jahre im Konzentrationslager. Ihr Mann, Leino, hat sich geflüchtet und hat die ganze Kriegszeit »underground« gearbeitet. Jetzt ist er Minister des Innern, und Hertta ist die parlamentarische Leiterin der Partei. Ich sass $1^1/_2$ Jahre, davon 8 Monate im Untersuchungsgefängnis. Man hat mich schreiben lassen und wöchentlich einmal habe ich Essen aus dem

Hause bekommen. Wenn ich herauskam, hatte ich »nur« 30 Kilo verloren. Ich war fast eine Sylphide geworden, aber eine ganz graue Sylphide, und empfand einen großen Schrecken, als ich nach $1^1/_2$ Jahren mich wieder im Spiegel schaute. Es ist erschreckend, plötzlich eine alte Frau zu werden. Doch hatte ich nicht viel Zeit an das Alter und an das Aussehen zu denken; ein Paar Tage war ich zu Hause in Jokela; dann hat man mich abgeholt in die Stadt um die neue Regierung zu bilden. Und so ist es weitergegangen, »one damned thing after another«. Jetzt sitze ich als Generaldirektor des Radio und bin seit Juli im Reichstag – und denke an die schöne Ruhe im Gefängnis. Ich fand zwei Kopien von meinem Briefe an Ernestine Evans und statt Euch persönlich zu schreiben über alles was ich erlebt habe, sende ich Euch diese Kopien, die Ihr mir vielleicht einmal zurücksenden werdet.

Und nun weiter: das Persönliche. Ich habe im Gefängnis nachgedacht, dass ich eigentlich viel zu wenig gegen den Krieg und für den Sieg getan habe. Geschrien habe ich, gewütet habe ich und gesprochen habe ich. Und gedroht habe ich Ryti und Tanner mit der Faust vor der Nase, aber das alles, ohne Zeitungen und ohne Publizität, war ja nur ein Tropfen im Meer. Und für den Frieden habe ich gearbeitet. Die Russen haben mich nach Stockholm eingeladen; ich habe die Friedensverhandlungen auf eigener Hand begonnen. Und dann habe ich Menschen geholfen, und ich habe mich nicht versteckt, sondern bin in Jokela gesessen und habe hier gewartet. Aber die Hauptsache ist, dass ich täglich bis 10 Stunden beim Radio gesessen bin um Trost einzusaugen auf allen 7 Sprachen die ich kann. Die Russen haben mir einen Fallschirmmenschen geschickt, da sie geglaubt haben, dass Tanner es nicht wagen würde mich verhaften zu lassen und allen persönlichen Kontakt zu brechen. Aber er hat es doch gewagt. Himmler war stärker. Jedenfalls habe ich so viel für den Frieden getan und ich habe mir versprochen dass ich, falls ich frei werden würde, wollte ich meinen Militärdienst in der Politik tun und nicht nur bequem in Jokela sitzen und Bücher schreiben. Und jetzt tue ich diesen Militärdienst, und mein Herz schreit nach Büchern und Schauspielen, nach der Möglichkeit zu schreiben – und diese Möglichkeit habe ich nicht.

Also, liebe Brechts, dass ist mein Leben.

Vappuli ist glücklich, hat einen kleinen Sohn und weigert sich eine Sozietätsdame zu werden. Ihr Mann war Minister der Finanz und ist jetzt Generaldirektor der Staatsbank nachdem Ryti arretiert wurde. Mein Schwager Eino Pekkala ist Justizminister und sein Bruder Mauno Pekkala Premierminister. Und Hertta, die nun wirklich meine zweite Tochter geworden ist, ist jetzt die hervorragendste Frau im Lande. Mein alter Freund Paasikivi sitzt als President. So, wie Ihr seht, haben wir Revolution und bauen ein neues Finnland, das ihre Situation als kleines Nachbarsland eines grossen Landes nicht vergessen wird.

Aber nun genug von uns. Jetzt – wie geht es Euch? Alles was ich von Euch gehört habe ist, dass die Grethe starb in Moskau – also es war doch zu spät! Ich habe es erst in Stockholm in 1942 erfahren. Es war ein Schlag für mich. Dann hat Branting gewusst, dass Ihr Euch alle wohl befindet und auch, dass Brecht ein neues Stück geschrieben hat. Das ist alles seit Helis kurzer Brief kam. Menschen, schreibt mir doch, mein Herz brennt zu wissen, wie es Euch gegangen ist!

Was denkt Ihr von Deutschland? Ich habe es passiert, bin 2–3mal nach Brüssel über Deutschland gefahren, habe die Ruinen gesehen und die Ruinenmenschen. Sie sehen aus wie Wehrwölfe, wenn man sie aus dem Fenster eines Luxuszuges betrachtet. Ich habe das alte Lied im Kopfe:

»Grüß' Dich, Deutschland, aus Herzensgrund«.

Ich sass am Fenster meines Coupes und fuhr durch das blühende offene Land im Juli – und erwischte mich die ganze Zeit singend:

»Grüss' Dich, Deutschland, aus Herzensgrund«.

Und dann dachte ich an Euch, Brechts, und vielleicht grüsste ich Brechts Deutschland. Erinnerst Du dich noch, wie Du mir versprachst eine alte Bombenmaschine nach Finnland zu schicken um mich als Gast zum neuen Deutschland zu holen – und nun bin ich in einer belgischen Maschine über Deutschland geflogen! Wie ist alles anders gekommen! Deutschland musste vernichtet werden um leben zu können. Es ist wie ein schwerer Traum. Wir wussten, dass es schlimm war mit Hitler, aber dass er ein ganzes Volk ermorden würde! Ich möchte gerne wissen, was Du denkst, Brecht, was für Pläne Du hast. Warum kehrst Du nicht nach Deutschland zurück? Ich weiss, dass es ein schweres persönliches Opfer ist zu diesen vergifteten Menschen zurückzukehren, aber ich kann es mir nicht vorstellen, dass Du wie Thomas Mann denkst; Du schreibst doch für Deutschland! Was tust Du in Amerika? Was hast Du geschrieben? Warum Hollywood? Wollt Ihr nicht nach Finnland kommen und hier abwarten in der Nähe Deutschlands? Ihr wisst ja, wie gern wir Euch hier haben. Das schwedische Theater und Tammerfors haben fast $^1/_2$ Jahr Brecht gespielt. In Åbo ging die »Mutter Courage«. Das Puntila-Stück ist von dem Nationaltheater hier aufgenommen worden und sollte dort gespielt werden: – schon im Januar 1947 – nun zweifeln sie, weil sie keinen Schauspieler für Puntila haben. Salmelainen hat sich das Regie abgesagt weil er das Stück nicht versteht. Ich habe zum Stück einen ganzen Vortrag geschrieben, nämlich über Deinen epischen Theater, und das hat Salmelainen total erschreckt. Er hat »Mutter Courage« nicht zu spielen gewagt. Lass mich doch wissen, was Du geplant hast, und, Heli, schreibe mir wie es Dir geht und den Kindern. Steff ist doch schon ein junger Mann und Barbara eine grosse Dame. Wie ist es Ruth Berlau gegangen? Niemand wusste etwas von Ihr in Dänemark.

Ich habe während dem Kriege keine Schauspiele geschrieben, ich war selbst Mitspieler in einer der grössten Tragödien der Welt. Nur Memoiren habe ich geschrieben. Mein Gefängnisbuch heisst »Eine Gefangene war ich nicht«. Da habe ich auch von Euch geschrieben in Erinnerung an die schönen Tage in Marlebäck. Wie oft lag ich im Gefängnis und starrte auf die schmutzigen Wände und dachte an Euch und an Brechts Instinkte. Zuweilen, wenn es schwer war, bedauerte ich, dass ich nicht mit Euch mitgefahren bin, aber das geschah selten. Meistens habe ich meinem Herzen gesagt: »Aushalten, nur aushalten, nicht verzweifeln.« Und dann habe ich gelacht. Vielleicht wird Brecht ein ewiges Schauspiel über mich schreiben.

Aber mein lieber Himmel! Da waren ja gleich mir Tausende, vielleicht Millionen auf Europas blutigen Wegen. Es war ja so leicht ein Held zu werden, so furchtbar alltäglich! Und wenn ich Feuchtwangers Klageweise über französische Konzentrationslager gelesen habe, habe ich beschlossen: ein Kverulant werde ich niemals!

Also mein höchster Wunsch ist ein paar Stunden mit Euch schwatzen zu können! Heli, ich erwarte einen Mammutbrief! Lasst mich nun endlich von Euren Plänen hören und sende mir, Brecht, Deine neuen Bücher. Unsere Theater sind noch in alten Händen – wir haben zu wenig neues Volk. Aber die moralische Kraft haben wir in Kulturfragen.

Es ist Weihnachten. Ich sitze hier auf dem Lande in Jokela einige Tage und diktiere meine Briefe und ich denke an den Weihnachten 1941 und an Deinen Stollen,

Heli; – Hertta war hier gestern und wir haben von Euch gesprochen. Also ich bitte um eine Brechtbiographie von Mai 1941 bis Weihnachten 1946. Am 23. Juni 1941 habe ich gedacht, wie Recht du hattest, Brecht! Du sagtest immer, dass die Russen zuerst marschieren müssten – sonst kämen lange Leiden – so war es ja auch …

Kommt doch bald zurück!

Eure

NACHWORT

Die Schriftstellerin Hella Wuolijoki ist außerhalb Nordeuropas bislang wenig bekannt geworden. Das nichtfinnische Theaterpublikum hörte ihren Namen meistens nur im Zusammenhang mit dem Bertolt Brechts. »Herr Puntila und sein Knecht Matti«, Brechts bekanntes Volksstück, entstand »nach den Erzählungen und einem Stückentwurf von Hella Wuolijoki«, wie der Autor zu der Erstausgabe aus dem Jahre 1949 anmerkte.

In Finnland gehörten die Dramen und Komödien der Schriftstellerin lange Zeit zu den meistgespielten Stükken, und in den schwierigen Jahren der Kriegs- und Nachkriegszeit stand Hella Wuolijoki oft selbst im Blickpunkt der Öffentlichkeit. Anerkennung und Ablehnung kennzeichnen seither das Verhältnis der Kritik zu ihr und ihrem Werk.

Ungeteilte Zustimmung fand die Schriftstellerin damals bei jenen Lesern, Zuschauern oder Kritikern, die zusammen mit den demokratischen Kräften an der gesellschaftlichen Erneuerung interessiert waren. Dabei hatte die Dramatikerin – in den Stücken der dreißiger Jahre – zunächst hauptsächlich konventionelle Konflikte gestaltet: ungleiche Liebe im Bauernmilieu, Ehebruch, Fluchtversuche aus den Zwängen der bürgerlichen Familie. Doch die Stoffe ihrer späteren Stücke enthielten vieles, was sich auf aktuelle Probleme, auf die täglichen Auseinandersetzungen bezog und zu Diskussionen herausforderte. Popularität unter den breiten Schichten der finnischen Bevölkerung erlangte Hella Wuolijoki allerdings erst, als sie nach dem Krieg Reichstagsabgeordnete und Direktor des Finnischen Rundfunks wurde. Nach bitteren persönlichen Erfahrungen, die sie in den Jahren des finnisch-sowjetischen Krieges 1941–44 machen mußte, setzte sich die inzwischen beinahe Sechzigjährige mutig und vital für die demokratische Umgestaltung des Lebens in Finnland, für gutnachbarliche und freundschaftliche Beziehungen zur Sowjetunion ein. Ihre Reden und Hörspiele drangen über den Rundfunk in die entlegensten finnischen Provinzen und erreichten die Arbeiter, Umsiedler und die zurückkehrenden Soldaten. Hella Wuolijoki überzeugte ihre Zuhörer durch ihre große Humanität, die sie aus einer Fülle persönlicher Lebenserfahrungen schöpfte.

Im Leben und im Werk der Schriftstellerin zeigen sich Persönliches und Gesellschaftliches immer wieder eng verknüpft. 1943/44 begann sie ihre Memoiren zu schreiben, die insgesamt fünf Bände ausmachen. Die ersten drei entstanden während ihrer Haft, zu der sie als Kriegsgegnerin verurteilt worden war; sie waren für sie ein Versuch, sich auf die Grundzüge ihrer Persönlichkeit zu besinnen. Zwei weitere Bände schrieb sie inmitten ihrer politischen Arbeit während der Nachkriegszeit. Den Memoirenbänden der Schriftstellerin kommt heute eine ebenso große Bedeutung zu wie ihren Dramen. Sie bekunden nicht nur, welch eine hervorragende Erzählerin Hella Wuolijoki war, sondern sie zeigen zugleich, in welch ungewöhnlichem Maß sie Sinn für gesellschaftliche Zusammenhänge besaß.

Für den vorliegenden Band wurden Kapitel und Abschnitte aus den beiden Memoirentiteln »Universitätsjahre in Helsinki 1904–1908«, »Ich wurde Geschäftsfrau oder ein weißer Rabe« (1908–1918), Skizzen aus dem Band »Und ich war nicht Gefangene« sowie Briefe an Lion Feuchtwanger, die Finnische Filmgesellschaft und an Bertolt Brecht und Helene Weigel ausgewählt. Die Memoiren über Hella Wuolijokis Kindheit und frühe Jugend »Als Schulmädchen in Tartu« sowie über eine Episode im Herbst 1914 »Kukkia-See und Möwen« konnten in dieser auf einen Band konzipierten Ausgabe nicht berücksichtigt werden. Die ausgewählten Texte gewähren Einblick in zeitgeschichtlich bedeutsame Ereignisse in Finnland, die Wendepunkte in der Geschichte des Landes markieren. Hella Wuolijoki berichtet jedoch als Schriftstellerin, nicht als Historikerin.

Zu Beginn des 20. Jahrhunderts hatte sich Finnland, das von 1809 bis 1917 zu Rußland gehörte, von einem halbfeudalen Agrarland in ein kapitalistisches Land mit moderner Industrie verwandelt. In dieser Zeit bildeten sich hier die Grundzüge seiner heutigen gesellschaftlichen Struktur heraus. Vier Jahrzehnte später aber, 1944, in jenem Jahr, dem in den Skizzen aus dem Band »Und ich war nicht Gefangene« ein so zentraler Platz eingeräumt wird, erlitten die militaristischen und chauvinistischen Kreise eine entscheidende Niederlage. In Finnland setzten sich die Kräfte durch, die eine Politik gutnachbarlicher Beziehungen zur Sowjetunion verfolgten.

Anhand der ausgewählten Texte soll ein Bild der Autorin entstehen, soll die reiche, vielschichtige Persönlichkeit für den Leser lebendig werden. Gleichgültig, um welche Station ihres Lebens und um welche Situation es sich handelt – sie ist unvergleichlich in ihrer Lebenskunst, ihrem Lebensmut, der Fähigkeit, allen Widerwärtigkeiten zum Trotz, an Prinzipien und Lebensmaximen festzuhalten. Als Studentin hatte sich Hella Wuolijoki am Kampf der finnischen Arbeiterklasse beteiligt, war jedoch später Geschäftsfrau und Gutsbesitzerin geworden. Und so unmöglich es auch schien – sie versuchte dennoch den sozialistischen und revolutionären Kräften treu zu bleiben. Das Haus der Schriftstellerin, das Landgut Marlebäck, war ein Treffpunkt für Künstler, Geschäftsleute, Politiker aus aller Welt, für Kommunisten, auch für Freunde aus der Sowjetunion. Die Konservativen betrachteten ihre privaten Kontakte mit Unbehagen und Argwohn. Dabei wußte man zunächst nicht recht, auf welcher Seite die Schriftstellerin stand. In den Jahren des zweiten Weltkriegs aber bekannte sich Hella Wuolijoki offen zu den Kriegsgegnern, zu den demokratischen Kräften. Im Jahre 1943, als ein finnisches Kriegsgericht sie wegen ihrer Kontakte zu Bürgern der Sowjetunion zum Tode verurteilte, ihr jedoch das Leben versprach, wenn sie »Enthüllungen machen« wolle, war Hella Wuolijoki ihren Anklägern in couragierter Gelassenheit mit der Erklärung entgegengetreten, sie habe nicht die Absicht, ein »kleiner, gemeiner Verräter« zu werden, sie ziehe es vor, die Todesstrafe auf sich zu nehmen, sie habe ohnehin »schon neun Leben« gelebt.

Mit dieser Haltung entsprach sie ihrer wichtigsten Maxime: Wahrung der Menschenwürde. »Und ich gehe daran, wieder Menschenwürde für mich aufzubauen«, schrieb sie an Edward Gylling, den ersten Vorsitzenden der Karelischen Sowjetrepublik, nachdem die proletarische Revolution in Finnland zerschlagen worden war. Nach einer Zeit tiefer persönlicher Krise und Depression entwickelte Hella Wuolijoki Pläne, ihr eigenes Leben und das der Landarbeiter auf ihrem Gut nach sozialistischen Grundsätzen zu gestalten. Das Ziel war kein schöner Traum; sie wußte genau, was an konkreten Bedingungen dazu gehörte. Ihr Eintreten für die Menschenwürde verwickelte Hella Wuolijoki in manchen Widerspruch, aber es führte sie auch zu den Kräften des Sozialismus: Sie wurde eine Schriftstellerin der finnischen Arbeiterklasse.

Die zweite Maxime, die sie für nicht minder wichtig hielt, war das Streben nach Selbständigkeit. »Etwas in mir hat mich stets dazu getrieben, das zu tun, was ich für richtig hielt, unbekümmert um Folgen, um die Meinung der Leute, um meine Zukunft«, schrieb sie im ersten Band ihrer Memoiren. Für die junge Hella Wuolijoki war das Streben nach Selbständigkeit von den Ideen des bürgerlichen Humanismus, dem bürgerlichen Emanzipationsstreben geprägt. Später erkannte die Schriftstellerin, daß hier Klassenstandpunkte zum Ausdruck kamen.

Hella Wuolijoki verbrachte ihre Kindheit und Schulzeit in Estland. Ihr Vater, Ernst Murrik, ein Rechtsanwalt, gehörte zu jener Generation der frühbürgerlichen estnischen Intelligenz, die gegen Ende des 19. Jahrhunderts bereits organisiert am Aufbau einer eigenständigen nationalen Kultur und Ideologie mitarbeitete. Ein Zentrum der nationalen Bewegung in Estland befand sich in der Nähe der Heimatprovinz der Schriftstellerin, in der Stadt Tartu, beziehungsweise Dorpat, wie ihr deutscher Name lautete. Noch ein halbes Jahrhundert später klingt in den Memoiren Hella Wuolijokis einiges von dem nationalen Stolz und Selbstbewußtsein ihrer Eltern und Großeltern an, wenn sie von Helme, dem Ort ihrer Kindheit, spricht, in dem sie am 22. Juli 1886 geboren wurde, oder von Dorpat, der Stadt ihrer Schuljahre. Die relativ wohlhabenden Provinzen der Gegend hatten sich um die Jahrhundertwende zu Zentren scharfer gesellschaftlicher Auseinandersetzungen entwickelt. Auch in der zweiten Hälfte des 19. Jahrhunderts beherrschten die zaristischen Behörden und eine deutschsprachige Oberschicht fast ausschließlich die wirtschaftliche, kommunale, juristische und kirchliche Administration im Land. Der Vater der Schriftstellerin wirkte bei den Auseinandersetzungen, die oft um Fragen des Patronatsrechts geführt wurden, als Rechtsanwalt mit. Die Tochter lernte von ihm, die Vertreter der zaristischen und deutschen Herrschaft als Fremdlinge und Unterdrücker zu betrachten. Sie übernahm vom Vater das tiefe Mißtrauen gegenüber Deutschland und die Solidarität mit dem estnischen Volk, das »siebenhundert Jahre den Schutz der Deutschen ertragen« mußte, wie sie es in ihren Memoiren formulierte. Die Ablehnung der Deutschen verband in jener Zeit recht unterschiedliche soziale Kreise: Landarbeiter und Handwerker, Kaufleute, Großbauern. Seinen Haß auf die deutschen Gutsbesitzer bekundete der Großvater der Schriftstellerin, ein estnischer Großbauer, beispielsweise auch damit, daß er seine drei Hunde »Baron«, »Von« und »Pastor« nannte.

Bereits in ihrer Schulzeit war Hella Murrik in die Bewegung um die nationale Unabhängigkeit Estlands einbezogen worden. Zu ihrem Freundes- und Bekanntenkreis gehörten prominente Vertreter dieser Bewegung, so Jaan Tönisson, der spätere Ministerpräsident der bürgerlichen Republik Estland, und der Folklorist Oskar Kallas. J. Tönisson regte sie an, Artikel für seine Zeitung »Postimees« zu schreiben und die Zulassung der estnischen Sprache an den Schulen des Landes zu fordern. Um Hella Murrik, eine ungewöhnlich begabte Schülerin des »Puschkin-Lyzeums« für Mädchen, gruppierten sich interessierte Mitschülerinnen, denen sie Vorträge über die Geschichte Estlands hielt. Mit Unterstützung O. Kallas' begann sie, sich in die estnische Volksdichtung einzuarbeiten. Zugleich begeisterte sie sich, mit fünfzehn perfekt Russisch beherrschend, für Puschkin und die russischen Realisten, las in deutscher Sprache sowohl die Klassiker als auch Gerhard Hauptmann und Hermann Sudermann, studierte in französischer Sprache Werke über die Geschichte Frankreichs. Als ihre Vortragsreihe zur Geschichte Estlands bekannt wurde, drohten ihr disziplinarische Strafen. Doch ihr glänzendes Abgangszeugnis und die Fürsprache einiger Autoritäten verschafften ihr dann die Genehmigung der Petersburger Behörden, an der Universität Helsinki zu studieren.

Die Jahre 1904 bis 1908, die Jahre ihres Universitätsstudiums, formten entscheidend die Persönlichkeit der künftigen Schriftstellerin, prägten neue Ideale und Ansichten. Dieser Abschnitt in ihrem Leben fällt mit wichtigen gesellschaftlichen Veränderungen in Finnland zusammen, mit Wandlungen im Bewußtsein breiter Schichten finnischer Arbeiter und Landproletarier, aber auch der studentischen Jugend, die zur Entstehung einer starken sozialistischen Arbeiterbewegung in Finnland führten. Die Erlebnisse der Schriftstellerin in den Wirren dieser Jahre spiegeln Ideale und Haltungen der akademischen Jugend um die Jahrhundertwende wider.

Ihr Studium der Volksdichtung, Literatur und Geschichte, das sie, wie schon Generationen vor ihr, in einer Atmosphäre akademischer Traditionen und gesellschaftlicher Exklusivität begonnen hatte, wurde abrupt unterbrochen, als in Finnland am 31. Oktober 1905 der Generalstreik ausgerufen wurde. Die Aufzeichnungen der Schriftstellerin über die Tage des Generalstreiks und die unmittelbar nachfolgende Zeit erscheinen in vieler Hinsicht als Dokumente von besonderem Wert. Sie zeigen, wie der Generalstreik vor allem auf jene Studenten bewußtseinsverändernd wirkte, die sich aktiv am Streik beteiligten. Die Studenten, die wie Hella Wuolijoki selbst die gesellschaftlichen Auseinandersetzungen bislang als einen Kampf mehr oder weniger ferner Mächte registriert und beobachtet hatten, spürten auf einmal, daß sie dazu gehörten. Sie erlebten »Geschichte aus unmittelbarer Nähe«.

Das eigentliche Erlebnis für Hella Wuolijoki aber war, wie sie in ihren Erinnerungen beschreibt, daß sie eine neue Kraft in diesen Kämpfen entdeckte: den organisierten finnischen Arbeiter, einen Arbeiter, der ganz anders war, als sie ihn bis dahin gesehen hatte: »geduldig, ernst, stark und selbstbewußt«. Sie lernte »seine Ruhe und seine Würde« schätzen, jene Haltung, mit der er, ohne große Worte zu machen, sein Wissen um die Bedeutung seiner Klasse bekundete. Sie vergaß in diesen Tagen zum erstenmal in ihrem Leben, erinnert sich Hella Wuolijoki, daß sie eine Estin war.

Die revolutionären Ereignisse von 1905/1906 erschütterten und veränderten die Wertvorstellungen vieler Studenten. Wie viele andere begann sich Hella Wuolijoki in jenen Wochen Kenntnisse über den Marxismus und den Sozialismus anzueignen. Sie sah nun ihr Studium und ihre Professoren mit anderen Augen. Gerade auch unter den Folkloristen – schrieb Hella Wuolijoki über ihre Universitätsjahre – gab es Menschen, »die nicht in den Alltag passen und die man unter Glas aufbewahren müßte wie alte kostbare, zerbrechliche Bronzeuhren«. Sie waren gütig, aber weltfremd, ein Volkslied konnte sie zu Tränen rühren, aber sie begriffen nichts von »Kriegen und Revolutionen«. In diesen Jahren des Suchens stieß Hella Wuolijoki zur Sozialdemokratischen Partei Finnlands. Sie arbeitete in der studentischen Vereinigung der Partei und kam hier mit Studenten und jungen Akademikern zusammen, von denen einige später eine bedeutende Rolle im politischen Leben Finnlands und teilweise auch der Sowjetunion spielen sollten, so Otto Wille Kuusinen, Edvard Gylling, Yrjö Sirola. Sulo Wuolijoki, ein junger Rechtsanwalt, seit 1907 sozialdemokratischer Reichstagsabgeordneter, wurde ihr Mann.

Einen großen Einfluß auf ihre Entwicklung hatten russische Revolutionäre, denen sie im Auftrag der Sozialdemokratischen Partei Finnlands vielfältige Hilfe leistete. Sie vermittelten ihr kühne Vorstellungen von der Zukunft, und Hella Wuolijoki träumte davon, nach ihrem Studium an der sozialistischen Umgestaltung der Gesellschaft mitzuwirken. Ihre Begegnung mit zahlreichen Mitgliedern der Russischen Sozialdemokratischen Partei, die die Revolution in Rußland vorbereiteten, und ihre eigene Agitationsarbeit für die Partei gehören, wie es ihre Memoiren zeigen, zu den Höhepunkten ihres Lebens. Menschen wie Anatoli (A. Trillisser), Mitglied der Bolschewiki, bezeichnete sie als ihre großen Lehrer, weil sie von ihnen nicht als das »kleinbürgerliche, zahme Gänschen« behandelt wurde, das sie damals noch gewesen sei, sondern als diejenige, die sie werden sollte: als ein »freier und für die Freiheit der Menschheit sich aufopfernder, selbstbewußter Mensch«. Im Umgang mit ihnen und in den Arbeiterversammlungen lernte sie, was Freiheit bedeutet.

Aber sie mußte ihre »Träume schon bald an den Nagel hängen«, bekennt sie später. Nach der Heirat und der Familiengründung kam der Zwang, sich den ökonomischen Verhältnissen anzupassen. Sie arbeitete für Zeitungen der Sozialdemokratischen Partei und übernahm Übersetzungen, Theaterkritiken, Rezensionen. Eine Zeitlang gelang es ihr, ihre wissenschaftliche und literarische Arbeit fortzusetzen. Der Folklorist Kaarle Krohn vermittelte ihr einen Auftrag der Universität, und sie ging daran, das Material der estnischen Märchen und Lieder zu ordnen. Zwischen den Brotarbeiten schrieb sie ihren ersten Roman: »Udutagused« (Die im Nebel), der 1913 in Estland erschien, und sie verfaßte, ebenfalls in estnischer Sprache, ihr erstes Schauspiel: »Talulapsed« (Die Kinder des Hofes). Es ist ein Stück über einen estnischen Bauern, der bankrott macht, da die Kosten für die Schulbildung der Kinder zu hoch sind. In diesem Stück griff sie zum erstenmal einen Konflikt auf, der in ihrem Werk später immer wieder auftaucht: den Konflikt zwischen Weltanschauung und Geld, hier zugleich als Konflikt zwischen Weltanschauung und Liebe dargestellt. Die Aufführungen dieses realistischen Theaterstücks wurden jedoch nach den beiden Premierenvorstellungen, 1913 in Tallinn, 1914 in Helsinki, verboten.

In den Jahren des ersten Weltkriegs entfernte sich Hella Wuolijoki immer mehr sowohl von der Arbeiterbewegung als auch von ihrer literarischen Arbeit. Zu Beginn des Krieges nahm sie in einem Handelskontor in Helsinki eine Stellung als Sekretärin und Handelskorrespontentin an, im letzten Kriegsjahr hatte sie in der amerikanischen Welthandelsfirma Grace & Co. eine leitende Position inne. Sie war an der Firma mit eigenem Kapital beteiligt, verfügte über Verbindungen und Beziehungen zu Ministern, wichtigen Behörden, Banken in zahlreichen Ländern Europas. Hella Wuolijoki nannte diesen Aufstieg in ihren Memoiren und Briefen mit einer Mischung von Stolz und Verlegenheit ironisch ein »modernes Märchen«: »Es war ein Märchen geschehen. In den Wirren des Krieges hatte eine dreißigjährige Sozialistin Vermögen erworben, genau wie die anderen Kriegshaie. Aus Aschenputtel war eine Prinzessin geworden, wenn auch ohne Prinz und außerdem eine sehr müde und erschütterte Prinzessin, weit weg von Politik und Gesellschaft.« In dieser Zeit, in den Kriegs- und ersten Nachkriegsjahren, war Hella Wuolijoki in verschiedenen Bereichen des Geschäftslebens tätig: im Weizen-, im Kaffee- und im Holzhandel. Sie kaufte Wald und Sägewerke auf, beteiligte sich an Gründungen von Aktiengesellschaften. 1920 erwarb sie das Landgut Marlebäck unweit von Lahti, das ihr die Möglichkeit verschaffte, sich in eine ruhigere Umgebung zurückzuziehen. Die Atmosphäre in Helsinki war nach der blutigen Niederschlagung der proletarischen Revolution durch die Repressalien und Racheakte der »Weißen« geprägt. In Marlebäck verwendete sie ihre Zeit hauptsächlich auf das Studium der Literatur über Landwirtschaft, Forstwirtschaft, Sägewerksbetriebe. Doch die Berichte über die Leiden der geschlagenen »Roten«, über die Not ihrer Familien, über den Opportunismus und die Feigheit vieler einstiger Anhänger des Sozialismus erreichten sie auch auf dem Gut. Sie konnte sich den Fragen, die sie sich selbst über ihr eigenes Verhältnis zur Revolution stellte, nicht entziehen, ihre neue Zugehörigkeit zur Schicht der finnischen Großbourgeoisie erlegte ihr jedoch Fesseln und Zwänge auf. In Helsinki unterhielt sie einen »politischen Salon«, um den Opfern des weißen Terrors Hilfe zukommen zu lassen, und sie gab Millionen für die Unterstützung der notleidenden Familien aus, wie sie schrieb. Aber das sei nur »eine dumme Philantropie« gewesen, die sie in dieser Zeit geübt habe, heißt es in einem deutschsprachigen Briefentwurf an Lion Feuchtwanger aus dem Jahr 1932. Der Brief dokumentiert die Konflikte der Schriftstellerin – vierzehn Jahre nach der Revolution. Sie bekennt hier ihr verändertes Verhältnis zum Marxismus: »Mein marxistischer Universitätsglaube brach zusammen beim Anfang des Krieges«, schreibt sie, und der historische Materialismus habe ihr nicht geholfen, sich in den Schrecken der Revolutionskämpfe in Finnland zurechtzufinden. Aus dem Brief spricht Entsetzen über ihre eigene Ohnmacht. Sie habe »nur daran gedacht möglichst viel Calorien ... in die Gefängnisse zu schicken, statt wie ein vernünftiger Mensch zu schreien«.

In der Zeit der Weltwirtschaftskrise verlor Hella Wuolijoki einen großen Teil ihres Vermögens, »zum Glück«, wie sie später meinte. Sie konzentrierte sich in ihrer unternehmerischen Tätigkeit fortan auf die Bewirtschaftung des Landguts Marlebäck. Ihre Ehe war 1923 geschieden worden, und die Schriftstellerin betrachtete die Arbeit auf dem Gut längere Zeit als eine reale Möglichkeit, Ziele und Wertvorstellungen ihrer Jugend praktisch zu verwirklichen. Sie entwickelte den Ehrgeiz, Marlebäck als eine Art Mustergut aufzubauen, als eine Insel inmitten von Unsicherheit, Haß und Klassenkämpfen. Sie glaubte, wie sie in ihren Briefen erläuterte, daß es auf ihrem Gut nur die »Partei der arbeitenden Menschen« geben werde, wenn sich alle von der Aufrichtigkeit ihres Tuns und Wollens überzeugt hätten. Es müßten nur alle erkennen, daß die »Herrin des Hauses« beispielsweise »nie länger schläft als ihre Leute und nur am frühen Morgen ausreitet, bevor die Arbeitsglocke ruft«, und daß ihr Reitpferd später der Allgemeinheit zur Verfügung steht, etwa um das Wasser in den Garten zu befördern. Hella Wuolijoki interessierte sich als Gutsbesitzerin außerordentlich für die Ansichten ihrer Arbeiter und war glücklich, wenn sie, wie sie ebenfalls berichtete, gelegentlich einen jungen Burschen hinter der Stallwand sagen hörte, er beteilige sich nicht an Schlägereien, denn das gehöre sich nicht für »einen aus Marlebäck«. Sie nahm ihre Ziele sehr ernst, hielt beharrlich an ihnen fest, und sie bemerkte es offenbar nicht, wenn Außenstehende gegenüber den angeblichen sozialistischen Verhältnissen auf Marlebäck skeptisch waren. So berichtete die finnische Schriftstellerin Elvi Sinervo, wie sie bei einem Besuch auf Marlebäck, während eines Spaziergangs, in eine Sozialismusdiskussion mit Hella Wuolijoki einbezogen wurde und »wie Hella …, plötzlich den Gedankenaustausch unterbrach und, mit dem Stock aufstampfend, ihre Angestellten zu höherem Arbeitstempo antrieb – worauf sie unvermittelt die theoretische Erörterung fortsetzte.«

Hella Wuolijoki hatte oft Gäste auf Marlebäck. Sie veranstaltete Feste für Vereinigungen der Landwirte und für Freunde aus dem Geschäftsleben, und sie lud Menschen aus unterschiedlichsten Kreisen ein, insbesondere

Künstler und Schriftsteller, aber auch Landarbeiter und Angestellte ihres Hauses. Über diese Zeit hat die Schriftstellerin keine Memoiren hinterlassen. Aus ihren Briefen geht jedoch hervor, daß sie in diesen Jahren trotz ihrer Bemühungen um Kontakte sich immer mehr von den einfachen Menschen in ihrer Umgebung isoliert fühlte und vereinsamte. Zu den Freuden ihres Lebens gehörte es jetzt, wenn sie bei einem ihrer Ausritte unerwartet einen »Plausch« hatte, mit einem Nachbarbauern etwa, der die Arbeit unterbrach und sich für einen Augenblick am Feldrand neben ihr niederließ, um sich seinen Machorka in die Pfeife zu stopfen, während sie sich eine ihrer »Virgina-Grays«-Zigarren ansteckte, die ihr »der Generaldirektor der Overseas Bank mit besten Empfehlungen« hatte zustellen lassen, was sie in einem Brief nicht versäumt zu erwähnen.

In den dreißiger Jahren nahm Hella Wuolijoki nach einer Pause von anderthalb Jahrzehnten die literarische Arbeit wieder auf. Ihr erstes finnischsprachiges Schauspiel wurde ein Revolutionsstück, ein Drama über ihr Verhältnis zur Revolution: »Laki ja järjestys« (Gesetz und Ordnung, 1933). Die Hauptfigur, die sozialdemokratische Abgeordnete, Maria S., versucht in den Revolutionskämpfen zwischen den Fronten zu vermitteln. Sie scheitert und muß erkennen, daß sie mit ihrer Unentschiedenheit nur den »Weißen« geholfen hat. Nach zwei Aufführungen 1933 konnte das Stück im Finnland der faschistischen Umtriebe nicht mehr gespielt werden.

Einen unerwarteten Theatererfolg hatte die Dramatikerin 1936 mit einem Stück über den Alltag finnischer Bauern, mit »Niskavuoren naiset« (Die Frauen von Niskavuori). Das Drama, unter dem Pseudonym Juhani Tervapää aufgeführt, spielt in der unmittelbaren Gegenwart, im Milieu eines tavastländischen Großbauernhofs, das die Dramatikerin durch die Familie ihres Mannes kennengelernt hatte. Der junge Bauer des großen Hofes, Aarne, verliebt sich in die neue Lehrerin des Dorfes, Ilona. Er verzichtet auf den Erbhof und zieht mit Ilona in die Stadt. Das Stück wirkte lebendig und aufregend, weil es den oft hinterwäldlerischen Zuständen auf dem finnischen Dorf nachspürte. Eine Figur wie die »alte Bäuerin« Loviisa, die »Hüterin des Besitzes«, war etwas Neues im finnischen Theater der dreißiger Jahre. Sie repräsentiert die konservativen Ansichten der Alten und verkörpert zugleich die menschliche Größe dieser Generation, die in ehrwürdigen Formen einer jahrhundertealten bäuerlichen Lebensweise und ihrer Traditionen wurzelte.

Durch den Erfolg der »Frauen von Niskavuori« ermutigt, setzte Hella Wuolijoki die Darstellung des Lebens auf dem Großbauernhof in vier weiteren Folgen fort; zwei Dramenteile erschienen nach dem Krieg. In allen diesen Stücken steht der Konflikt zwischen konträren Lebenshaltungen im Mittelpunkt: zwischen Auflehnung gegen Zwänge und Sichfügen in die vorgegebenen Normen, zwischen Engagement für gesellschaftliche Interessen und engherzigem Verfolgen egoistischer Ziele. Hella Wuolijoki fand ihre Stoffe vor allem in dem Zeitraum zwischen 1880 und 1945, der von wesentlichen politischen und kulturpolitischen Ereignissen geprägt war: Kämpfe um die finnische Sprache, um politische Rechte der Bauern, um das Wahlrecht, um soziale Rechte der Kätner, bis hin zu Fragen der Teilnahme Finnlands am Krieg gegen die Sowjetunion und ihren Konsequenzen.

Im gesamten Niskavuori-Zyklus wird die Gestaltungsweise der Dramatikerin von großer Emotionalität und Poesie bestimmt. Das kommt unter anderem in dem Brief an Suomi-Filmi zum Ausdruck, in dem die Autorin die Atmosphäre ihres Schauplatzes beschreibt. Sie sieht ihre Figuren aus einer großen poetischen Distanz, ähnlich dem Engel, den sie in die Beschreibung einbezieht, der sich – aus weiter Ferne – »auf frierenden Zehen« dem verschneiten Dorf und seiner Welt nähert.

Die dreißiger Jahre waren eine schwierige Zeit für die finnische Dramatik. Die städtischen Theaterinstitutionen hatten sich auf die nationalistischen Tendenzen der offiziellen Kulturpolitik eingestellt, und es wurden nur noch Stücke aufgeführt, die nicht allzuviel Wirklichkeit widerspiegelten. Dennoch versuchte Hella Wuolijoki beharrlich, gesellschaftliche Probleme der Gegenwart auf die Bühne zu bringen, zum Beispiel in »Juurakon Hulda« (Hulda Juurakko, 1937) die bereits damals einsetzende Landflucht. Hulda J., die ohne Geld und ohne Schulbildung in die Stadt kommt, findet Arbeit als Dienstmädchen, aber in ihrer Freizeit geht sie nicht zu Tanzveranstaltungen, sondern besucht Volkshochschulen und nimmt ein Studium auf. Sie setzt sich in den Armenvierteln für soziale Belange ein und wird von den Arbeitern als ihre Parlamentsabgeordnete gewählt. Trotz der unrealistischen Lösung des Konflikts erlangte das Stück in Finnland und teilweise auch im Ausland – zum Beispiel in den USA – bedeutende Popularität. Es berührte in Ansätzen die Klassenfrage und bildete insofern eine bemerkenswerte Ausnahme in der finnischen Dramatik der dreißiger Jahre.

»Ich fahre fort in der Dramatisierung meiner Zeit./ Mein geliebtes Heute, mein Ohr liegt dicht an dir ... / Ich horche gespannt und verliebt auf das Pochen deiner Adern«, schrieb sie im Vorwort zu ihrem Drama »Vihreä kulta« (Grünes Gold, 1938). Doch gerade an diesem Stück wird erkennbar, daß ihr zur Realisierung dieses Anspruchs letztlich die Gestaltungsmittel fehlten. Das Thema, die Fabel, die Struktur erscheinen wenig geeignet, wesentliche Züge jenes Jahrzehnts vor dem Krieg wiederzugeben. Das Stück reflektiert jene Neigung der

Dramatikerin, die sie in dem Brief an einen Jugendfreund (1949) mit der Lichtenbergschen Formulierung beschrieb, sie habe sich immer wieder »den ganzen Tag an einer schönen Vorstellung sonnen« können. »Das ist immer mein größter Fehler gewesen, vielleicht auch mein Glück ..., wer weiß es«, schrieb sie.

Das Jahr 1940 bildete eine Zäsur in ihrem Leben. Es war das Jahr zwischen zwei Kriegen in Finnland, zwischen dem »Winterkrieg« und dem Krieg an der Seite der deutschen Faschisten. Wegen wirtschaftlicher Schwierigkeiten mußte Hella Wuolijoki im Spätherbst 1940 ihr Gut verkaufen. Aber es war »trotz allem ein wunderbarer Sommer« in jenem Jahr, erinnert sie sich später: Bertolt Brecht und Helene Weigel waren mit ihren Kindern und mit der Mitarbeiterin Brechts, Margarete Steffin, zu einem Gastaufenthalt auf ihr Gut gekommen. Brecht machte auf der Flucht vor den Faschisten in Finnland Station, er beabsichtigte, in die USA zu reisen. Über ein Jahr mußte er auf die Visa für die Weiterreise warten, und die Gäste blieben bis Oktober auf Marlebäck.

Hella Wuolijoki empfand die Zeit mit Brecht als ein beglückendes Erlebnis, das ihr den Abschied von ihrem Gut leicht machte. Ihre Gespräche mit Brecht wurden zu der »großen Stunde« in ihrem Leben als Schriftstellerin. Auf Marlebäck war mit der Ankunft der Gäste eine exzeptionelle Atmosphäre literarischer Arbeit entstanden. Die Veranda der Gutsherrin verwandelte sich, wie sie berichtet, in eine Stätte abendlicher »Symposien«, bei denen Probleme der Literatur- und Theaterarbeit und brennende Fragen der Gegenwart diskutiert wurden: das Geschehen auf den Kriegsschauplätzen, die Perspektiven für die Zukunft, Möglichkeiten und Aufgaben der Literatur unter den Bedingungen von Krieg und Nachkrieg. Wuolijoki und Brecht stimmten in politischen

Grundfragen überein, so in ihrer Haltung gegenüber der Sowjetunion und in der Überzeugung, daß der Krieg der Völker gegen den Faschismus mit einem Sieg der demokratischen Kräfte enden werde. Es ist beeindruckend und einmalig, daß in der damaligen Situation der Eskalation faschistischer Aggression hier Gespräche geführt wurden, die von heiterer Zuversicht geprägt waren.

Marlebäck ist in die Literaturgeschichtsschreibung als der Ort eingegangen, in dem das Stück »Herr Puntila und sein Knecht Matti« entstand. Das Werk ist als Volksstück Brechts Resultat zahlreicher Vorarbeiten. Zu seiner Entstehung trug vieles bei, auch die besondere Atmosphäre auf Marlebäck. Für Brecht war die gesamte Umgebung ein neues und beeindruckendes Erlebnis. In seinem Arbeitstagebuch notierte er Beobachtungen über das Gutsleben, über die Wirtschaftsführung, die Viehfütterung, die Sauna. Er stellte – wohl nicht ohne Überraschung – fest, wie stark die Landschaft der Gegend auf ihn wirkte, die Gerüche vom Holz, von den Beeren und Birken, die Stille, »diese hellen nächte«. Am 8. 7. 40 schrieb er: »es ist verständlich, daß die leute hierzulande ihre landschaft lieben. sie ist so sehr reich und zeigt großes gemischt ... und welch eine musik füllt diesen heiteren himmel! beinahe unaufhörlich geht wind, und da er auf viele verschiedenen pflanzen trifft, gräser, korn, gesträuche und wälder, entsteht ein sanfter, an- und abschwellender wohlklang, der kaum mehr wahrgenommen wird und dennoch immer da ist.«

Marlebäck taucht später auch in einzelnen Versen und Notaten Brechts auf, und im Kontext der Gedichte erscheint es als ein poetischer Ort, als ein Ort, der Poesie ermöglichte. Dazu gehörte die Ausstrahlung der Gastgeberin. Brecht fühlte sich wohl in ihrer Gesellschaft. Er hatte stets Vergnügen an Diskussionen, bei denen unterschiedliche Meinungen und Widersprüche hervortraten, und Hella Wuolijoki war ihm mit ihrem Widerspruchsgeist eine willkommene Partnerin. Freundschaftliche Beziehungen schlossen für Brecht den Meinungsstreit nicht aus, er gehörte vielmehr dazu. Beide bewiesen dies mit der großen Freundlichkeit und Herzlichkeit, die auch für ihr späteres Verhältnis charakteristisch war. Hella Wuolijoki erzählte Brecht Geschichten, die sie aus dem Leben in den Dörfern kannte, und sie erzählte sie in der Art der Dorfleute, aus der Sicht »von unten«. Brecht wußte das zu schätzen. Er empfand große Achtung für seine Gastgeberin wegen ihrer Freundlichkeit und Großzügigkeit. In seiner Tagebucheintragung vom 30.7.40 heißt es: »wunderbar die geschichten der wuolijoki, vom volk auf dem gut, in den wäldern, wo sie einmal große sägewerke besaß, aus der heroischen zeit. sie sieht schön und weise aus, wenn sie, ständig sich ausschüttend vor lachen, von den listen der einfachen leute und den dummheiten der feinen erzählt, ab und zu einen mit listig zugekniffenen augen anblickend und die reden der personen mit epischen, fließenden bewegungen ihrer dicken schönen hände begleitend, als schlüge sie den takt zu einer nur ihr hörbaren musik ... über ihre insel und moore schleppt sie ihr großes gewicht mit verblüffender energie, und ihre dickleibigkeit hat da etwas chinesisches, die gutsgeschäfte scheint sie mit sehr leichter hand zu regeln, niemals kommt es zu befehlshabereien. dabei ist sie sehr bestimmt und repräsentiert ausgezeichnet das gut. und sie ist sehr menschlich.«

Bertolt Brechts und Hella Wuolijokis Meinungsunterschiede bezogen sich vor allem auf die Dramatik. Als Dramatiker verkörperte Brecht eine gänzlich andere Welt für Hella Wuolijoki, deren ästhetisches Verhältnis zur Wirklichkeit in starkem Maß von Naturalisten und von Dramatikern wie Ibsen, Hauptmann, Sudermann geprägt worden war. Brechts Realismus-Auffassungen waren ihr in vielem fremd. Hella Wuolijoki war beeindruckt davon, wie sehr sich Brechts ästhetisches Wirklichkeitsverständnis mit der marxistischen Philosophie in Einklang befand, und sie war bereit, von Brecht zu lernen. Diese gegenseitige Achtung bildete die Basis für die Zusammenarbeit der beiden Schriftsteller am Puntila-Stück. Die erste Niederschrift des »Puntila« in der Fassung Brechts erfolgte im September 1940. Die Vorgeschichte reicht jedoch zurück bis in die zwanziger und dreißiger Jahre. Hella Wuolijoki hatte den Puntila-Stoff zum erstenmal um 1934 in einer Komödie gestaltet. Sie dramatisierte Abenteuer eines Großbauern, eines entfernten Verwandten ihres Mannes, über den seit Jahren Anekdoten kursierten. (Sie erzählt darüber in dem Kapitel »Die Bettrandgespräche mit der Großmama«.) Nach Meinung der Dramatikerin war dieser Großbauer ein bewundernswerter Mensch, wenn er in seinem Rausch »die Welt umarmte«. Sie versuchte dies in ihrer Komödie und unter anderem auch in einem Filmmanuskript darzustellen. Ihr Material übermittelte sie Brecht auch in schriftlicher Form, indem sie Szenen ihrer Puntila-Versionen Margarete Steffin deutsch diktierte.

Brechts Vorstellung von Puntila als Modellfigur für menschliches Verhalten (im Rausch) unterschied sich schroff von der Hella Wuolijokis. Er konfrontierte Puntila mit seinem Anspruch auf Respekt und Bewunderung mit einem Proletarier, einem renitenten Chauffeur, der seinen Herrn, auch wenn er betrunken ist, bedienen muß. Aus der Perspektive »von unten« erweisen sich die Umarmungen des Herrn als gefährliche Übergriffe, als unerlaubte Griffe in Clinchkämpfen.

Hella Wuolijoki fiel es schwer, eine so weitgehende Umwertung ihrer Figur zu akzeptieren. Dennoch übersetzte sie Brechts Fassung ins Finnische und bearbeitete diese, um sie unter dem Titel »Iso-Heikkilä isäntä ja hänen renkinsä Kalle« – Bauer Iso-Heikkilä und sein Knecht Kalle (Autoren Wuolijoki-Brecht) für einen Dramenwettbewerb einzureichen. Ein Preis wurde den beiden Dramatikern (1941) nicht zuerkannt. Die Dramatikerin selbst war jedoch, wie Brecht (am 3.10.40) berichtete, beim Übertragen ins Finnische zu der Überzeugung gelangt, daß das Stück in der neuen Fassung »sehr reich und puntila eine nationale figur geworden« sei.

Nach Marlebäck setzte Hella Wuolijoki die Zusammenarbeit mit Brecht in Helsinki fort. Sie machte Brecht auszugsweise mit Werken der finnischen und estnischen Literatur bekannt, Werken, die sie besonders schätzte, so die Ballade »Der Dunkle« von Eino Leino (1878–1926). Brecht bearbeitete eine deutschsprachige Fassung der Ballade. Im Herbst und im Winter beschäftigte sich Hella Wuolijoki mit dem Plan, eine Sammlung estnischer Volkslieder, die sie in den Jahren vor dem ersten Weltkrieg zusammengestellt hatte, in Zusammenarbeit mit Brecht in deutscher Sprache herauszugeben. Sie hatte damals die Lieder um ein Märchenmotiv geordnet, das in Estland, aber auch in Finnland und Mitteleuropa verbreitet war: das Motiv von der Heimkehr des Soldaten. Ein Soldat wird von der Mutter beziehungsweise von seiner Schwester oder der Liebsten belehrt, sich im Krieg nur in »des Krieges Mitten« aufzuhalten, nicht nach vorn und nicht nach hinten zu laufen. In den überlieferten Motivvarianten wird die Heimkehr des Soldaten unterschiedlich erzählt. Im Gedichtwerk der Wuolijoki wird der Soldat nach den Schrecken des Krieges bei seiner Heimkehr von niemandem erkannt. Brecht hat auch dieses Lied in der deutschen Fassung bearbeitet. In einer Tagebucheintragung (vom 3. 1. 41) nannte er es »ein großes gedicht«. Im Kapitel »Kriegslied« berichtete Hella Wuolijoki über ihre Arbeit, die erst 1985 in deutscher Sprache veröffentlicht wurde. Brecht nahm den

Text in die USA mit, wo er Verse des Liedes, unter anderem die »Belehrungsverse« für seinen »Kaukasischen Kreidekreis« nutzte.

Für Hella Wuolijoki waren die Begegnungen mit Brecht von nachhaltiger Bedeutung. Der Umgang mit Brecht regte Hella Wuolijoki an, ihre Verbundenheit mit der Arbeiterbewegung entschiedener zu bekunden, und Brecht äußerte gelegentlich, daß er sie für eine Sozialistin halte. So ist ein kurzer Brief Brechts erhalten geblieben, den er der Dramatikerin nach dem Besuch der Niskavuori-Premiere schrieb und in dem er sie mit »liebe genossin hella« anspricht. Ihre Parteinahme für die demokratischen Kräfte brachte sie immer wieder in ihren Briefen nach dem Krieg zum Ausdruck.

In den Jahren des Krieges 1941 bis 1944 bemühte sich die Schriftstellerin hartnäckig und konsequent darum, ihre literarischen Arbeiten fortzuführen. Trotz vieler Schwierigkeiten gelang es ihr in dieser Zeit, mehrere Stücke zu entwerfen und neu zu bearbeiten, die sie allerdings erst nach dem Krieg veröffentlichen konnte. In drei Einaktern, die sie »Boshafte kleine Stücke« nannte, dramatisierte sie Stoffkomplexe, die mit der Puntila-Thematik in Verbindung stehen.

Ein nicht unbeträchtlicher Teil ihrer literarischen Arbeit in den Kriegsjahren entstand 1943/1944 im Gefängnis. Hierzu gehören Teile ihrer Memoiren, so die in dieser Ausgabe in Auszügen veröffentlichten »Universitätsjahre in Helsinki« sowie ihre Aufzeichnungen »Und ich war nicht Gefangene«.

Hella Wuolijoki empfand die Beteiligung Finnlands am Überfall auf die Sowjetunion als ein großes Unglück, und von ihrem neu erworbenen Gut Jokela aus unternahm sie Versuche, Finnland vor der Katastrophe zu retten. Bereits in den Monaten des Winterkrieges 1939/1940 hatte sie sich über ihre persönlichen freundschaftlichen Beziehungen zu Alexandra Kollontai, der sowjetischen Botschafterin in Stockholm, dafür eingesetzt, Gespräche zwischen Finnland und der Sowjetunion zustande zu bringen, damals mit Zustimmung des finnischen Außenministers. Im zweiten Krieg hielten die Regierenden in Finnland Gespräche nicht mehr für notwendig. Als sich Hella Wuolijoki 1942 und 1943 dennoch darum bemühte – diesmal illegal über eine ihr bekannte Fallschirmspringerin als Kontaktperson –, wurde sie des »Landesverrats« beschuldigt. Ihr Todesurteil wurde schließlich mit einer Mehrheit von nur einer Stimme in eine lebenslängliche Haft umgewandelt. Die Schriftstellerin überstand die schwere Zeit, wie aus ihren Aufzeichnungen »Enkä ollut vanki« (Und ich war nicht Gefangene, erschienen Ende 1944) hervorgeht, im Bewußtsein ihrer Verbundenheit mit anderen Kriegsgegnern.

Ihre Erlebnisse im Gefängnis, ihre Erfahrungen mit den »kleinen hiesigen Himmlern«, wie sie es später in Briefen formulierte, veranlaßten die Schriftstellerin, in der Nachkriegszeit mit einigen ehemaligen Freunden zu brechen. Als die linken Kräfte Finnlands sie nach der Kapitulation der finnischen Militärs im Herbst 1944 baten, bei der demokratischen Erneuerung des Lebens im Lande mitzuwirken, schloß sie sich der neu gegründeten »Demokratischen Union des finnischen Volkes« (SKDL) an, in der die Kommunisten die führende Kraft waren. Trotz geschwächter Gesundheit stürzte sich Hella Wuolijoki mit großem Elan auf die neuen Aufgaben. Als Direktor des Finnischen Rundfunks (1945 bis 1949) und als Parlamentsabgeordnete der SKDL (1946 bis 1948) setzte sie sich mit ganzer Kraft für die Normalisierung und Verbesserung der Beziehungen zwischen Finnland und der Sowjetunion ein. »Ich wußte, daß die Sowjetunion keinen Krieg will. Und dann kam er dennoch.

Seitdem habe ich für den Frieden gearbeitet ...«, schrieb sie 1947 in einer autobiographischen Skizze. Unterstützung fand sie bei Politikern wie J. K. Paasikivi, dem Staatspräsidenten von 1946 bis 1956, mit dem sie aus ihrer Zeit als Geschäftsfrau persönliche Freundschaft verband. Sie führte im Rundfunk Neuerungen ein, die von Konservativen mit großem Mißtrauen aufgenommen wurden, so politische Rundtischgespräche, bei denen sie als Leiterin auch die Ansichten der Kommunisten zuließ und unterstützte. Auf heftigen Widerstand stieß sie mit manchen Entscheidungen in der Personalpolitik. In ihrer Beurteilung der politischen Situation war die Schriftstellerin allerdings nicht frei von Illusionen. Sie überschätzte vielfach die ersten Erfolge der Linken und wertete manche Aktivitäten und Veränderungen in diesen Nachkriegsjahren bereits als Anzeichen einer Revolution in Finnland. Die Machtverhältnisse im Land hatten sich jedoch nicht wesentlich verändert. Um 1948/49 leiteten die Rechten und die Konservativen eine Gegenoffensive ein, und auch sie wurde ihrer Ämter enthoben.

Die Entbindung von politischen Aufgaben bedeutete für sie persönlich allerdings eine Erleichterung. Sie hatte ihr Ziel nicht aufgegeben, mehrere literarische Arbeiten, die ihr besonders am Herzen lagen, zu beenden. Ihr Gesundheitszustand – 1949 wurde bei ihr Krebs festgestellt – zwang sie jedoch, sich zu beschränken. Sie ging zuerst daran, die beiden letzten Teile ihres Niskavuori-Zyklus abzuschließen: »Niskavuoren Heta« (Heta von Niskavuori, Erstaufführung 1950) und »Entäs nyt Niskavuori« (Und was nun, Niskavuori?, Erstaufführung 1953). Die Dramatikerin gestaltete in beiden Teilen aktuelle Probleme des demokratischen Neubeginns auf dem Lande, den sie als eine Chance für soziale Gerechtigkeit darstellte. Parallel arbeitete sie an einer neuen Thematik, an der Geschichte einer Arbeiterfamilie vom

Beginn des Jahrhunderts bis nach 1944. Sie gestaltete die Ziele und Lebensstationen kämpfender Arbeiter sowohl in einem Theaterstück, »Työmiehen perhe« (Die Familie des Arbeiters, 1950), als auch in einem Roman (mit gleichem Titel). Solche Themen waren damals in Finnland literarisches Neuland, so daß der Roman erst 1970 einen Verleger fand.

Mit der Darstellung der Haltungen und Lebenseinstellungen der Arbeiter berührte die Schriftstellerin einen Fragenkomplex, der sie stets beschäftigte: das Streben nach Selbständigkeit. In der täglichen politischen Arbeit erkannte Hella Wuolijoki, daß vor allem die Arbeiterklasse zu selbständigem Handeln fähig ist. Dieses Wissen floß in das Stück »Die Familie des Arbeiters« und in den gleichnamigen Roman ein, Werke, in denen sie die Geschichte der Kämpfe darstellte, welche die finnischen Arbeiter im Verlauf der ersten Hälfte des 20. Jahrhunderts im eigenen Interesse und im Interesse des finnischen Volks geführt hatten. Wuolijokis Stück und Roman antizipierten damit jene bedeutenden Werke der finnischen Arbeiterliteratur, die in den sechziger Jahren erscheinen sollten.

Zu den Plänen der Schriftstellerin in den fünfziger Jahren gehörte ein Stück über den Führer der finnischnationalen Bewegung J. V. Snellman. Die Idee dazu hatte sie schon in Marlebäck gehabt. Als Hella Wuolijoki am 2. Februar 1954 starb, hinterließ sie nur einige Entwürfe dafür. Dieses Stück sollte ihr »großes Werk« werden. Sie hatte es unter anderem mit Brecht diskutiert, wie aus seiner Arbeitsjournaleintragung vom 18. 8. 40 hervorgeht, und noch 1953 hatte sie es ihrem Freund, dem Regisseur Eino Salmelainen, zuversichtlich angekündigt.

In finnischen Literaturgeschichten wurde die Widersprüchlichkeit dieser Autorin vielfach als ein Grundzug ihres Wesens dargestellt und zuweilen auch als Charakterzug, der sie in ihrer Selbständigkeit einschränkte. Hella Wuolijokis Selbstzeugnisse lassen erkennen, daß sie ihre eigenen Widersprüche auch bewußt als Stimuli ihrer Produktivität nutzte. Sie betrachtete sich selbst als eine Kämpferin und als eine Träumerin, als eine Realistin und zugleich als eine Romantikerin. Gelegentlich suchte sie nach Möglichkeiten, der Häßlichkeit des Alltags zu entfliehen. Sie erfand Bilder und Szenen, die ihr, in Gestalt ihrer jugendlichen Helden aus den »Herrschaftshäusern«, Gelegenheit boten, »hinter die Stallungen« zu laufen, um dort den Gesprächen und dem Harmonikaspiel des Gesindes zuzuhören. Aber ihr Sinn für die Realität ließ sie auch als Dramatikerin immer wieder in die Wirklichkeit zurückkehren. Das soziale Unrecht empörte sie so stark, daß sie nicht schweigen konnte, wenn es um jene ging, die auf der Schattenseite lebten.

Im Gesamtwerk der Hella Wuolijoki kommt ihre große Begabung als Erzählerin (Brecht nannte sie eine »hinreißende epikerin«) relativ wenig zur Geltung. Sie schöpfte aus der Tradition der Volkserzähler, die sie in ihrer Kindheit in Estland und später auch in Finnland kennengelernt und aufgenommen hatte. Diese enge Beziehung zur Volksdichtung macht einen zusätzlichen Reiz ihrer Memoiren und Skizzen aus, die hier anläßlich des 100. Geburtstages der Schriftstellerin vorgelegt wurden. Die Absicht der Autorin war es, mit ihren »Monologen« Bilder über das »Drama der Zeit« zu schaffen. Uns beeindruckt deren lebendige Fülle, aber vor allem zeigen sie uns wohl die Konturen einer großen und lauteren Persönlichkeit.

ANMERKUNGEN

5 *Pohjola-Haus* – Gebäude in Helsinki (dt. Nordland-Haus).

6 *Kuhmoinen* – Ort in Südfinnland (Provinz Häme).

7 *Kaivopuisto* – Park und Stadtteil in Helsinki.

8 *»Helsingin Sanomat«* – finn. Tageszeitung.

11 *Rye-Sofa* – (finn.) ryijy – gewebte oder geknüpfte Schmuckdecke.

13 *Siltasaari* – Stadtteil in Helsinki.

Senator – Mitglied des Senats, des obersten Verwaltungsorgans in Finnland während der Zugehörigkeit des Landes zu Rußland (1809–1917).

jungfinnische Hitzköpfe – s. Finnische Partei (S. 15).

Bobrikowianer – Anhänger Bobrikows.

14 *»J'ai l'honneur …«* – (franz.) Ich habe die Ehre, Sie zu begrüßen, Madame Prinzessin.

Suvantola – Name einer Villa.

Katajonokka-Stil – Abart des Jugendstils in Finnland.

15 *Finnische Partei* – finn. bürgerlich-nationale Bewegung, die um die Mitte des 19. Jh. aus den Auseinandersetzungen zwischen den »Altfinnen«, den Verfechtern der Gleichberechtigung der finnischen Sprache, und den »Svekomanen«, den Verfechtern der Vorrechte des Schwedischen, hervorgegangen war und die von J. V. Snellman (s. dort) in den 60er Jahren zu einer locker organisierten Vereinigung mit Zentren im ganzen Land zusammengeführt wurde. Sie setzte sich sowohl für die Anerkennung der finnischen Sprache als auch für die Anerkennung bürgerlicher Rechte der finnischen Bevölkerung ein. Ende der 80er Jahre spaltete sich die Partei in die »Altfinnen« und die »Jungfinnen«, als die letzteren einige radikalere Forderungen zur Demokratisierung des gesellschaftlichen Lebens erhoben.

16 *Bobbe* – Gemeint ist Bobrikow (s. dort).

»Fazer« und »Ekberg« – Cafés in Helsinki.

Kagalen – Geheimbündler, in Finnland Bezeichnung für die Mitglieder der Finnischen Partei, die sich der

Politik der zaristischen Behörden passiv widersetzten.
»Postimees« – estnische Zeitung (gegr. 1857).

18 *Tschinowniks* – (russ.) dienstbeflissene, »hörige« Angestellte.

25 *Familie Sursill* – Bauerngeschlecht schwed. Herkunft (dt. »Sauerhering«).

26 *»Gösta Berling«* – Roman der schwed. Schriftstellerin Selma Lagerlöf (1858–1940).

27 *Professor L.* – Taavetti Laitinen (s. dort).

28 *Ständelandtag* – Ständetag, Landtag, parlamentarische Institution in Finnland während der Zugehörigkeit des Landes als autonomes »Großfürstentum« zu Rußland (1809–1906). Der Landtag, bestehend aus vier Ständen (Adel, Geistlichkeit, Bürger, Bauern), trat in unregelmäßigen Abständen zusammen, letztmalig während der Amtsperiode 1905/1906, als die Wahlen zum neuen Parlament, dem »Reichstag«, beschlossen wurden.

29 *Altfinnen* – s. Finnische Partei (S. 15).

30 *Aktivisten* – Anhänger der Finnischen Partei, die im Gegensatz zu den Anhängern des »passiven Widerstands« für eine Politik des aktiven Kampfes gegen die Unterdrükkungspolitik und die Russifizierungsbestrebungen der zaristischen Behörden (insbesondere in den Jahren 1899–1905) eintraten. Die Aktivistenbewegung entstand im Zuge der Aufspaltung der Finnischen Partei in die »Altfinnen« und »Jungfinnen« und entwickelte sich später, nicht zuletzt unter dem Einfluß deutscher militaristischer Kreise, vor allem um 1917, zu einem Zentrum national-chauvinistischer Kräfte.

die »Kleinen« im Außenministerium – subalterne Beamte im Ministerium.

»politischer Salon« – In den Jahren 1918 bis 1920 trafen sich in H. W.s Wohnung Geschäftsfreunde, Politiker, Diplomaten und diskutierten Fragen der Tagespolitik. H. W. nutzte die Treffen für Hilfsmaßnahmen zugunsten der Opfer des »weißen Terrors« nach der Niederschlagung der Revolution von 1918.

31 *Jungfinnen* – s. Finnische Partei (S. 15).

»kein Recht ...« – Verse des finn. Lyrikers Kaarlo Kramsu (1855–1895).

32 *Narodniki* – Volkstümler, russ. bürgerliche Bewegung des 19. Jh.

33 *Sprachkämpfe* – Auseinandersetzungen um die Gleichberechtigung der finn. Sprache (s. Finnische Partei S. 15).

34 *Sangaste* – Distrikt in Südestland.

38 *Walga* – Distriktstadt in Südestland.

39 *»Wissen-Sie«* – Bibliothekar Masing, Leiter der Tartuer Bibliothek.

41 *Seeräuber von Saarenmaa* – Wikingersagen zufolge befanden sich auf der Insel S. Siedlungen der Seeräuber.

43 *Hamsuns »Pan« und »Victoria«* – Romane (1894 u. 1898), in denen Knut Hamsun die Naturverbundenheit der Menschen des Nordens gestaltete.

Haus am Kymifluß – Marlebäck, Wohnsitz Hella Wuolijokis von 1920 bis 1940 in Südfinnland.

44 *Generalstreik* – Nach den Erfolgen der Revolution 1905 in Rußland riefen am 29. 10. 1905 die finnischen Sozialdemokraten, Gewerkschaften sowie Leitungen der »Roten Garden« zum Generalstreik in Finnland auf. Dem Streikaufruf schlossen sich die bürgerlichen Parteien an, die in wichtigen Fragen der »finnischen Forderungen« mit den Organisationen der Arbeiter übereinstimmten, so in der Forderung nach der Rücknahme der Militärpflichtgesetze von 1899 (s. Manifest, S. 59) sowie nach der Zulassung allgemeiner Wahlen für ein neues Parlament. Der Streik wurde am 6. 11. 1905 beendet, als die Erklärung des Zaren, beide Forderungen zu erfüllen, bekanntgegeben wurde.

45 *Aufstand von Sveaborg* – Im Sommer 1906 kam es auf der Festungsinsel Sveaborg (heute Suomenlinna) zu einem Aufstand der russ. Besatzungstruppen, der von der zaristischen Flotte niedergeschlagen wurde.

46 *»Orkus«* – Kellerrestaurant im Studentenhaus.

47 *Massenmord im Kuusinen-Klub* – Bei einer Versammlung der KPFi (am 31. 8. 1920 in Petrograd) kam es zu Auseinandersetzungen, mehrere Personen fanden den Tod.

57 *Schwarzhunderter* – russ. Terroristen im Polizeiauftrag.
59 *Manifest* – Erklärung des Zaren vom 4. 11. 1905 über Rücknahme eingeleiteter Maßnahmen in der Finnlandpolitik Rußlands (Rücknahme des Militärpflichtgesetzes von 1899) sowie über die Bewilligung einer Reform des Landparlaments.
60 *widerrechtliches Manifest* – Manifest des Zaren Nikolai II. vom Februar 1899, mit dem die Rechte des finnischen Landtags eingeschränkt wurden und Finnland in den Fragen der Militärpflicht den Gesetzen Rußlands unterstellt wurde.
63 *Viipuri* – heute Wyborg, Stadt in der Oblast Leningrad.
»Euterpe« – schwedischsprachige Literatur- und Kunstzeitschrift in Helsinki (1901–1905).
64 *»Seurahuone«* – Restaurant in Helsinki.
»Työmies« – (»Der Arbeiter«) Hauptorgan der SDPFi (1895–1918).
65 *»Kämppi«* – Hotel in Helsinki.
geheime Konferenz der Bolschewiki – Konferenz der Bolschewiki in Tampere, auf der sich u. a. Lenin und Stalin erstmalig trafen.
68 *»Medved«* – Restaurant in Petersburg (»Der Bär«).
70 *Trudowiki-Partei* – russ. Bauernpartei.
73 *der »Feldscher, der erschossen wurde«* – bezieht sich auf ausgelassene Berichte über die Erschießung russ. Teilnehmer am Auftstand von Sveaborg (1906).
76 *»Alppila«* – Gartenrestaurant in Helsinki, Studententreffpunkt am 1. Mai.
80 *bei dem »gewissen Landtagsabgeordneten«* – gemeint ist Sulo Wuolijoki.
»La propriété, c'est vol.« – Dieser Satz stammt von Pierre Joseph Proudhon (1809–1865).
93 *Inspektoren* – Mentoren.
94 *Kleine, Sigrid Nyberg, »Kappeli«* – Restaurants in Helsinki.
»Kaisaniemi« – Park in Helsinki.
Don – (in England) Hochschullehrer, Mentor.
98 *Boccardi* – Landgut in Estland, das eine Mädchenschule beherbergte.

99 *Aestica* – Bücher estnischer Sprache, Bücher über Esten.
105 *»Prinzessin Armanda«* – Schlagertitel aus den dreißiger Jahren.
»Miniparlament«, »Stunde des Arbeiters« – Als Direktor des Finnischen Rundfunks (1945–1949) setzte H. Wuolijoki zahlreiche Programmneuerungen durch, die auf eine Erweiterung und Festigung der Demokratie in Finnland zielten, z. B. Rundtischgespräche mit Vertretern aller Parteien (Miniparlament), Sendungen für Arbeiter (Stunde des Arbeiters), Hörspielsendungen mit sozialer Thematik. Sie wurde deswegen von den konservativen Kräften angefeindet und 1949 ihres Amtes enthoben.
106 *»Die Frauen von Niskavuori«* – Drama H. Wuolijokis (1936).
Miehola (auch Miehoila) – Ortsname (Gemeinde Hauho).
107 *Hauho* – Landgemeinde in der Provinz Häme (schwed. Tavastland), Heimatgemeinde der Wuolijoki-Familie.
108 *Marlebäck* – Landgut in der Landgemeinde Iitti (Provinz Kymi), Wohnsitz H. W.s.
Sattelgut – Landgut in Finnland, dessen Besitzer im 17., 18. Jh. im Kriegsfall gesattelte Pferde zur Verfügung stellen mußten.
Tupa – (finn.) tupa – Aufenthaltsraum im Bauernhaus.
»Freut euch des Lebens ...« – bekanntes Lied des Schweizer Komponisten Hans Georg Nägeli (1773–1836).
111 *Homsantuu* – Figur (einer jungen Zigeunerin) im Stück der finn. Schriftstellerin Minna Canth (1844–1897) »Die Frau des Arbeiters«.
114 *Kukkia* – Ort am See Kukkia in der Gemeinde Hauho.
115 *Kirves* – finn. volkstümliches Kartenspiel (wörtl. »Axt«).
»Die sieben Brüder« – Roman des finnischen Schriftstellers Aleksis Kivi (1834–1872).
116 *Heta* – Gestalt einer »harten« Bäuerin in Hella Wuolijokis Niskavuori-Stück.
Telefon-Sandras – Telefon-Sandra: Frauenfigur in Stücken des Niskavuori-Zyklus.
118 *»Gespenster und Möwen«* – »Kummituksia ja kajavia«, 1947.

119 *»Bauer von Iso-Heikkilä«* – (»Herr Iso-Heikkilä und sein Knecht Kalle«) finn. Version des Puntila-Stücks, die H. W. 1940 als Parallelfassung zur ersten Niederschrift des Puntila-Stücks von Brecht schrieb und 1946 veröffentlichte.

121 *Nummela* – TBC-Heilanstalt bei Helsinki.

128 *Landpachtgesetz* – Zur Regelung der Landpachtverträge wurden in Finnland in den Jahren 1892, 1901, 1918 und 1919–22 gesetzliche Bestimmungen erlassen, mit denen die Interessengegensätze zwischen den Grundbesitzern und den Kätnern abgebaut werden sollten. Trotz der Regelungen blieben die Kätner und Landarbeiter weitgehend rechtlos; in den revolutionären Auseinandersetzungen von 1918 kämpften sie fast ausnahmslos auf der Seite der Arbeiter.

131 *Rundfunkkrieg* – Anspielung auf die Auseinandersetzungen um die Programmneuerungen H. Wuolijokis im Rundfunk.

133 *Uusimaa* – Provinz in Südfinnland (Hauptstadt Helsinki).

»Unseren Schwur der Freiheit« – finn. Arbeiterlied »Vannokaamme vala vapaudelle« (Schwören wir den Schwur der Freiheit).

137 *Mäkkylä* – Vorort bei Helsinki.

Gerichtssitzungen – Gerichtsverhandlung in Landgemeinden, vom Amtsrichter nach Bedarf (1–2mal im Jahr) einberufen (finn. käräjät).

141 *Sörnäinen* – Stadtteil in Helsinki, früher vorwiegend Arbeiterviertel.

142 *Quantens Zoo im »Kappeli«* – Anspielung auf die bunte Gesellschaft in der Gaststätte »Kappeli«.

144 *»Die im Nebel«* – »Udutagused«, Roman in estn. Sprache, erschien 1913 in Estland.

Herrn Pans struppiger Bohemienkopf – Anspielung H. W.s auf ihre Sympathien für die Lebenshaltung der Ungebundenheit.

146 *Skuuvi-Spiel* – finn. Kartenspiel (eine Art Whist).

153 *»Strix«* – schwed. satirische Zeitschrift (seit 1897).

154 *Verlag »Maa«* – Verlag in Tallin, in dem H. W. ihr Werk »Söjalaul« (Kriegslied) herausgab.

155 *»Kalevala«* – Finn. Nationalepos, 1835 und 1849 (erweiterte Fassung) von E. Lönnrot (s. dort) gesammelte und nachgedichtete finn.-karel. Volkslieder, Sagen und Zaubersprüche.

157 *»Kalevipoeg«* – Estn. Nationalepos, 1857 bis 1861 von den estn. Folkloristen F. R. Faehlmann und F. R. Kreutzwald (s. dort) zusammengestellt.

161 *»force majeure«* – (franz.) höhere Gewalt.

165 *Samara* – heute Kuibyschew, Stadt im Wolgagebiet.

166 *»Dononi«* – Restaurant in Petersburg.

167 *Kausala* – Ort in Südfinnland.

169 *Haaparanta* – Haparanda, Stadt in Nordschweden.

»Hasselbacken« – altes Restaurant in Stockholm.

179 *Märzrevolution* – Nach der russ. Februarrevolution 1917 kam es am 16./17. 3. in Helsinki zu einem Aufstand.

Memoiren Fürst Jussupows – Memoiren über das russ. Adelsgeschlecht der Jussupows von Nikolai B. Jussupow, Petersburg 1866/67 (2 Bände).

183 *Haus der Krzesińska* – während der Revolution Hauptquartier der Bolschewiki.

Moika – Kanalarm der Newa.

184 *»Gospoda, gospoda!«* – (russ.) Bürger, Bürger!

187 *»Seeschloß«* – finn. Merilinna, Wohnhaus der Familie Wuolijoki in Helsinki.

190 *Zimmerwald* – Dorf in der Schweiz, Ort der internationalen sozialistischen Konferenz gegen den imperialistischen Krieg 1915 (5.–8. 9.), an der auch Lenin teilnahm.

197 *Ereignisse in Ostbottnien* – Im Januar 1918 eröffneten die Truppen der »Weißen« unter General G. Mannerheim Kriegshandlungen gegen die bewaffneten Kräfte der revolutionären Regierung Finnlands; in Ostbottnien waren die Hauptkräfte der »Weißen« konzentriert.

198 *die beiden angeblichen »Aufstandsführer«* – gemeint sind Sulo Wuolijoki (s. dort) und Edward Gylling (s. dort).

199 *Jäger* – Truppen der »Weißen«, die im ersten Weltkrieg in Deutschland ausgebildet wurden.

200 *Brief an Lion Feuchtwanger* – Ihren Briefentwurf an Feuchtwanger hat die Verfasserin nicht datiert. Die Erwähnung einiger Ereignisse aus dem Jahr 1932 (Zügelung faschistischer und militaristischer Kräfte durch Gegenmaßnahmen des Staatspräsidenten P. E. Svinhufvud) läßt die Schlußfolgerung zu, daß der Brief im Frühjahr oder Sommer 1932 geschrieben wurde. Die Abweichungen von der deutschen Grammatik und Orthographie wurden beibehalten.

ihr schrecklich-schönes Buch – gemeint ist der Roman »Erfolg« (1930).

201 *Lättesländchen* – gemeint ist wohl: lüttes Ländchen.

Ein alter ehrlicher Mann – Anspielung auf Pehr Evind Svinhufvud, Staatspräsident 1931–37.

202 *How splendid ...* – Wie großartig, wie mutig von Ihnen, in Finnland zu leben.

Whatkind of an arbitration ... – Wie sollten wir uns Ihrer Meinung nach entscheiden?

203 *Brief an die Suomi-Filmi-AG* – Der Brief bezieht sich auf die Verfilmung des Stücks »Niskavuoren naiset« (Die Frauen von Niskavuori). Der Text des Briefs wurde geringfügig gekürzt.

206 *For he who lives ...* – Der Mann, der mehr Leben durchlebt als eins, schaut mehrmals dem Tod ins Gesicht. (Übertragung von Elfriede Mund, zitiert nach Oscar Wilde, Die Ballade vom Zuchthaus zu Reading, englisch u. deutsch, Leipzig 1970).

auf den Tod wartete – H. W. wurde 1943 wegen ihrer Kontakte zur Sowjetunion zum Tode verurteilt (s. Nachwort).

mein Berufskollege Irmari Rantamala – gemeint ist der finnische Schriftsteller Maiju Lassila (eigentl. Algot Tietäväinen-Untola), der wegen seiner Teilnahme an der revolutionären Bewegung 1917/18 am 21. 5. 1918 bei Helsinki hingerichtet wurde.

209 *Trauerkantele* – Die Kantele ist ein finn. volkstümliches Saiteninstrument (eine Art Harfe).

210 *Enckells Altarbild* – symbolistisches Altarbild des finn.

Malers Magnus Enckell (1870–1925) in der Johanneskirche zu Tampere aus dem Jahr 1907, das die Auferstehung der Toten darstellt.

212 *Pater Joseph* – (1577–1638), franz. Kapuziner, erhielt als Lenker der Außenpolitik Frankreichs und als Vertreter Richelieus den Beinamen »graue Eminenz«.

216 *»Hulda Juurakko«* – Drama von Hella Wuolijoki (1937).

»Und mag sie ...« – Verse des in Schweden geborenen Dichters Adolf Paul (1869–1943), vertont von Jean Sibelius.

217 *Aphorismus von Lichtenberg* – Dieser Aphorismus lautet eigentlich: Er kann sich einen ganzen Tag in einer warmen Vorstellung sonnen.

218 *»De brente våre gårder ...«* – (norweg.) Unsere Häuser haben sie verbrannt, / Unsere Männer haben sie getötet. / Doch für jeden toten Mann / traten Tausende nach vorn. / Sie werden uns niemals bezwingen, / Ihr toten Brüder, nie. / Denn Tausende erheben sich / In starkem und trotzigem Zorn.

Gedicht des norweg. Dichters Arnulf Øverland (1889–1968).

»Kaarinas« – Anspielung auf das militärische Lied »Kaarina« aus dem zweiten Weltkrieg.

Nonnensteine – Steine am Kukkia-See.

häßlicher großer Dichter – gemeint ist Eino Leino (s. dort).

229 *Hiisivuori* – Felsen bei Marlebäck.

230 *»Edward II.«* – »Leben Edwards des Zweiten von England«, Stückbearbeitung von Bertolt Brecht und Lion Feuchtwanger (nach Marlowes »Edward II.«), Erstaufführung 1924.

ars longa vita brevis est ... – Die Kunst ist lang, das Leben kurz.

231 *Lotta* – Angehörige der finn. halbmilitärischen Frauenorganisation »Lotta Svärd« (benannt nach einer literarischen Gestalt des finnlandschwed. Dichters J. L. Runeberg; die Org. wurde 1944 aufgelöst.

Barbara und Steff – Barbara und Stefan Brecht (s. dort).

235 *»Ich hab' ein Diwanpüppchen ...«* – Foxtrott aus der Ope-

rette »Die Blume von Hawai« (1931) des Komponisten Paul Abraham (1892–1960).

237 *Jeg elsker deg ...* – (norweg.) Ich liebe dich auf ewig ... Zitat aus dem Gedicht des norweg. Dichters T. Andersen, das Edvard Grieg (1843–1907) vertonte.

Meristraße – Straße in Helsinki.

238 *»Unter uns öffnet sich das Grab ...«* – Verse des finn. Lyrikers Yrjö Jylhä (1903–1956) aus »Kiirastuli« (»Fegefeuer«), 1941.

248 *Ilona Niskavuori* – Gestalt aus dem Niskavuori-Dramenzyklus.

251 *Marche funèbre* – (franz.) wörtl. Todesmarsch.

255 *Katajonokka* – Stadtteil von Helsinki. In K. befand sich das Gefängnis, in dem H. Wuolijoki 1943/44 inhaftiert war.

256 *Lombrosos Verbrechertyp* – Anspielung auf die Theorie des italienischen Arztes und Anthropologen Cesare Lombroso (1836–1909) vom sogenannten Verbrechertyp.

277 *I never saw a man ...* – Noch niemals sah ich einen Mann, / Der schaute so gebannt / Hinauf zu dem blauen, winzigen Zelt, / Vom Häftling »Himmel« genannt ... (Übertragung von Elfriede Mund, zitiert nach Oscar Wilde, Die Ballade vom Zuchthaus zu Reading, englisch und deutsch, Leipzig 1970).

281 *Hertta* – Hertta Kuusinen (s. dort).

Schneiderin, Herttas Freundin – Martta Koskinen (s. dort).

282 *»one damned thing after another«* – (engl.) eins schlimmer als das andere.

283 *Vappuli* – Vappu Tuomioja, Tochter H. Wuolijokis.

Grethe – Margarete Steffin (s. dort).

PERSONENVERZEICHNIS

Aho, Juhani (1861–1921) – finn. Erzähler, realistischer Romancier und Novellist.

Ailio, Julius E. (1872–1933) – finn. Historiker, Archäologe.

Alanne, Severi (1879–?) – finn. Ingenieur, Redakteur sozialdemokratischer Zeitungen.

Alkio, Santeri (1862–1930) – finn. Schriftsteller, Initiator der Jugendbewegung in Finnland.

Almberg – s. Jalava.

Anatoli – s. Trillisser.

Anthoni, Arno (geb. 1900) – finn. Jurist, Leiter der Staatssicherheit 1941–1944.

Aspelin-Haapkylä, Eliel (1847–1917) – Literatur- und Kunstwissenschaftler, Professor für Ästhetik in Helsinki.

Avenarius, Richard (1843–1896) – dt. bürgerlicher Philosoph, Begründer des »Empiriokritizismus«.

Berg, Erik (1876–1945) – balt. Graf, Leiter der Kanzlei des Generalgouverneurs in Finnland.

Bergner, Elisabeth (1897–1986) – österr. Schauspielerin.

Berlau, Ruth (1906–1973) – dän. Schauspielerin, Mitarbeiterin Brechts.

Bobrikow, Nikolai I. (1839–1904) – russ. General, Generalgouverneur in Finnland, leitete ab 1899 Maßnahmen zur Beseitigung der Autonomie Finnlands und zur Russifizierung des Landes ein; wurde 1904 Opfer eines Attentats.

Born, Victor Magnus von (1851–1917) – Gutsbesitzer, Mitglied und später Führer des Adelsstandes im finn. Landtag.

Borowitinow, Mihail (1874–?) – russ. Politiker, Mitglied des finn. Senats (1911–1917).

Branting, Georg (1887–1965) – schwed. sozialdemokratischer Politiker, unterstützte die Familie Brecht in Schweden.

Brecht, Barbara (geb. 1930) – Brechts Tochter, Schauspielerin.

Brecht, Stefan (geb. 1924) – Brechts Sohn, Philosoph.

Canth, Minna (1844–1897) – finn. Dramatikerin und Erzählerin.

Castrén, Gunnar (1878–1959) – finnlandschwedischer Literaturwissenschaftler.

Castrén, Jonas (1850–1922) – finn. Jurist, führendes Mitglied der Finnischen Partei.
Castrén, Matthias A. (1813–1852) – finn. Sprachwissenschaftler und Ethnograph.
Chwolson, Fanny – Tochter eines Petersburger Physikers, Freundin von H. W.
Cion (?) – russ. Hauptmann, beteiligte sich an der Vorbereitung des Aufstands von Sveaborg.
Dahlström, Svante (1826–1879) – finn. Staatsbeamter, Stenograph im Landtag.
Danielson-Kalmari, Johan R. (1853–1933) – finn. Historiker, Staatsmann, seit 1903 Führer der Finnischen Partei (des »altfinnischen« Flügels), Professor in Helsinki seit 1880.
Danielson, Maija – Johan R. Danielson-Kalmaris Tochter.
Denikin, Anton I. (1872–1947) – konterrevolutionärer russ. General.
Desmoulins, Camille (1760–1794) – franz. Revolutionär.
Du Gard – s. Martin Du Gard.
Eloranta, Evert (1879–?) – finn. sozialdemokratischer Politiker, Führer der Roten Garde, nach 1918 in der SU.
Eloranta, Johan Viktor (1876–1920) – finn. Lehrer, Journalist, verh. mit E. Willman (s. dort), nach 1918 in der SU.
Englind (?) – schwed. Literaturkritiker und Redakteur, vermittelte die Stücke H. W.s in Schweden.
Engström, Albert (1869–1940) – schwed. Schriftsteller, Zeichner.
Evans, Ernestine (1889–1967) – amerik. Journalistin, Freundin H. W.s.
Favén, Yrjö Antti (1882–1948) – finn. Kunstmaler.
Fedorowski, Nikolai M. (1886–1956) – russ. Revolutionär in Finnland, später Geologe.
Fersen, Hans Axel von (1755–1810) – schwed. Graf, Freund der Marie-Antoinette am Hof Ludwigs XVI.
Figner, Vera (1852–1942) – russ. Schriftstellerin und Revolutionärin, 1883–1904 in der Festung Schlüsselburg eingekerkert.
Finch, Alfred William (1854–1930) – finn. Kunstmaler und Graphiker.
Gade, Svend (1877–1952) – dän. Regisseur.

Gebhard, Hannes (1864–1933) – finn. Agrarwissenschaftler, Politiker, Begründer des Genossenschaftswesens in Finnland.

Genetz, Arvid Oskar G. (1848–1915) – finn. Sprach- und Literaturwissenschaftler, Lyriker (unter dem Pseudonym Arvid Jännes), Kultursenator.

Genetz, Helvi – A. O. Genetz' Tochter.

Genetz, Laura – A. O. Genetz' Tochter.

Grotenfelt, Arvi (1863–1941) – finn. Philosoph und Psychologe.

Grotenfeld, Kustavi (1861–1928) – finn. Historiker.

Gustafsson, Fridolf (1853–1924) – finn. Altphilologe.

Gylling, Edward (1881–1940) – finn. Wirtschaftswissenschaftler, Mitglied des finn. Reichstages 1908–1918, führendes Mitglied der revolutionären finn. Regierung 1918, Vorsitzender der Karelischen Autonomen Sozialistischen Sowjetrepublik (1923–1935), 1937 verhaftet, postum rehabilitiert.

Hakkila, Väinö (1882–1958) – finn. Jurist und Politiker, Reichstagsabgeordneter der SDPFi 1919–1945.

Halonen, Kaisu – Cousine T. Laitinens.

Hamsun, Knut (1859–1952) – norweg. Schriftsteller.

Hanko, August Johannes (1879–?) – estn. bürgerl. Politiker, Journalist.

Harmaja, Leo (1880–1949) – finn. Wirtschaftswissenschaftler.

Harmaja, Saima (1913–1937) – finn. Lyrikerin.

Henley, William Ernest (1849–1903) – engl. Dichter und Kritiker.

Heurlin, Augusta af (1847–1918) – finn. Politikerin, Initiatorin sozialer Institutionen in Finnland.

Heurlin, Lauri af (1875–1958) – finn. Landwirt, Jurist, Direktor der »Arbeitersparbank« (1909–1951).

Heurlin, Mauno af (1873–?) – finn. Arzt, Lauri af H.'s Bruder.

Hjelt, Edvard (1855–1921) – finn. Chemiker, Rektor der Universität Helsinki (1899–1907).

Hohenthal, Lennart (1877–1951) – finn. Nationalist, ermordete 1905 den Prokurator Soisalon-Soininen.

Holsti, Rudolf (1881–1945) – finn. liberaler Politiker, Reichstagsabgeordneter.

Hultin, Tekla (1864–1943) – finn. Wirtschaftswissenschaftlerin, bürgerl. Politikerin.

Huotari, Anni (1874–1943) – finn. sozialdemokratische Politikerin, von Beruf Näherin, 1918–1921 wegen revolutionärer Tätigkeit inhaftiert.

Hurt, Jakob (1839–1906) – estn. Folklorist, Pfarrer in Tartu, Organisator und Herausgeber einer Sammlung estn. Volksdichtung.

Idänpää-Heikkilä, Juhana (1818–1890) – Abgeordneter des Bauernstandes im Landtag (1872–1880).

Idman – finn. Familienname; Mitglieder der Familie waren vom 17. Jh. an maßgeblich im finn. Wirtschafts- und Kulturleben tätig.

Ignatius, Karl Emil Ferdinand (1837–1909) – finn. Historiker, führendes Mitglied der Finnischen Partei.

Ilves, Eero (1887–1953) – finn. Jurist, bürgerl. Politiker.

Jakobson, Carl Robert (1841–1882) – estn. Journalist, Verfechter der Ideen der nationalen Bewegung in Estland, führte Briefwechsel mit L. Koidula.

Jalava, Antti (eigtl. Almberg, 1846–1909) – finn. Schriftsteller, Journalist, Lektor der ungar. Sprache an der Universität Helsinki.

Jalava, Ilona (1878–1960) – finn. Textilgestalterin, Lehrerin (Antti J.'s Tochter).

Jännes, Juho Kaarle (1880–1964) – finn. Agrarwissenschaftler, Diplomat, u. a. finn. Botschafter in Berlin (1919).

Jannings, Emil (1886–1950) – dt. Schauspieler.

Jaurés, Jean (1859–1914) – franz. sozialist. Schriftsteller und Journalist.

Jemeljanow (?) – russ. Leutnant, Mitglied des Aufstandskomitees in Sveaborg.

Johansson, Klara (1875–1948) – schwed. Kritikerin und Essayistin.

Jokinen, Väinö (1879–1920) – finn. Journalist, sozialdemokratischer Politiker, Teilnehmer am revolutionären Kampf 1918.

Judenitsch, Nikolai N. (1862–1933) – konterrev. russ. General.

Jylhä, Yrjö (1903–1956) – finn. Lyriker.

Juntula, Roope (1871–1952) – finn. Landwirt, Verwandter Sulo Wuolijokis; Urbild des Puntila in Hella Wuolijokis Komödie »Sägespäneprinzessin« und in »Bauer Iso-Heikkilä«.

Kaasalainen, Väinö (1902–1955) – finn. Politiker der Agrarpartei.
Kachansky (?) – russ. Offizier, Mitglied des Aufstandskomitees in Sveaborg.
Kaira, Kaarlo Kustaa (1886–1966) – finn. Jurist, Prof. für internationales Recht an der Univ. Helsinki.
Kaiser, Georg (1878–1945) – dt. Schriftsteller.
Kallas, Aino (1878–1956) – finn. Schriftstellerin (Prosa, Lyrik, Dramen), Autorin der Biographie Lydia Koidulas »Sternenflug« (1915). Schwester Kaarle Krohns.
Kallas, Oskar Philipp (1868–1946) – estn. Folklorist, führendes Mitglied der bürgerl. estn. Nationalbewegung, Diplomat, u. a. estn. Botschafter in London; verh. mit Aino Kallas.
Kautsky, Karl (1854–1938) – dt. sozialdemokratischer Publizist, sein Werk »Karl Marx' ökonomische Lehren« wurde 1906 ins Finnische übersetzt.
Kari, Juho Kyösti (1868–1921) – finn. Gewerkschaftspolitiker.
Kaukonen, Väinö (geb. 1911) – finn. Folklorist, Kalevala-Forscher.
Kekkonen, Urbo Kalevi (1900–1986) – finn. Politiker, Staatspräsident (1856–1982).
Kerenski, Alexander F. (1881–1970) – russ. Politiker, Ministerpräsident 1917.
Kiipula, Kustaa (1847–1918) – finn. Bauer, Abgeordneter des Bauernstandes im Landtag (1885–1900).
Kingisepp, Viktor (1888–1922) – estn. Jurist, sozialist. Revolutionär.
Kivekäs, Konrad Fredrik (1847–1918) – finn. Schriftsteller und Journalist.
Kivimäki, Toivo Mikael (1886–?) – finn. Politiker, Botschafter in Berlin 1940–1944.
Kilpi, Sylvi-Kyllikki (geb. 1899) – finn. Politikerin, Reichstagsabgeordnete der SDPFi, nach 1946 der SKDL (Demokratische Union des Finnischen Volkes).
Kock, Johan (1861–1915) – finn. Landwirt, zeitweilig Berufssoldat, organisierte und leitete die Einheiten der Roten Garde, die bewaffnete Arbeiterorganisation in Finnland.
Koidula, Lydia (1843–1886) – estn. Lyrikerin und Dramatike-

rin, estn. »Nationaldichterin«, verlieh den Ideen der nationalen Befreiung literarischen Ausdruck.

Kollontai, Alexandra (1872–1952) – russ. Revolutionärin, sowjet. Schriftstellerin und Diplomatin, Botschafterin der SU in Stockholm 1935–1945.

Koltschak, Alexander Wassiljewitsch (1873–1920) – konterrevolutionärer russ. Admiral.

Koppel, Heinrich (1863–?) – estn. Arzt, Rektor der Universität Tartu.

Kornilow, Lawr G. (1870–1918) – konterrevolutionärer russ. General.

Kortner, Fritz (1892–1970) – österr. Schauspieler und Regisseur.

Koskinen, Martta (1896–1943) – finn. antifaschist. Widerstandskämpferin, von Beruf Schneiderin, als Kriegsgegnerin hingerichtet 1944.

Kotonen, Anton (1876–1936) – finn. Jurist, Reichstagsabgeordneter der SDPFi.

Kreutzwald, Friedrich Reinhold (1830–1882) – estn. Schriftsteller, Verfasser des »Kalevipoeg«.

Krohn, Kaarle (1863–1933) – finn. Folklorist, Kalevala-Forscher, Prof. an der Universität Helsinki seit 1899.

Kuoppamäki, Pentti (1877–1935) – finn. Unternehmer, u. a. Vorsitzender des Verbandes der Theaterschaffenden.

Kurikka, Matti (1863–1915) – finn. sozialistischer Schriftsteller, lebte nach 1908 in den USA.

Kuusinen, Hertta Elina (1904–1974) – finn. Politikerin, führendes Mitglied der KPFi; O. V. Kuusinens Tochter.

Kuusinen, Otto Vilhelm (1881–1964) – finn. Revolutionär, sowjet. Politiker, Reichstagsabgeordneter der SDPFi 1908–1917; Mitglied des ZK der KPdSU und der Komintern, Vorsitzender der Karelischen SSR 1940–1956.

Laitinen, Taavetti (L., Prof. L., 1866–1944) – finn. Arzt, Direktor des Gesundheitsamtes.

Lafayette, Marie Joseph du (1757–1834) – franz. Politiker, General.

Lassila, Maiju (1868–1918) – finn. Schriftsteller, wegen Teilnahme an der Revolution 1918 hingerichtet.

Laurila, Kaarle (1876–1947) – finn. Literaturwissenschaftler, Prof. für Ästhetik an der Universität Helsinki.

Lavonius, Wilhelm Alexander (1874–1932) – finn. Wirtschaftswissenschaftler.

Leino, Eino (1878–1926) – bedeutender finn. Lyriker, Dramatiker, Romancier, Journalist.

Leino, Yrjö (1867–1961) – finn. Politiker, Innenminister 1945–1948, verheiratet mit Hertta Kuusinen.

Losey, Joseph (geb. 1909) – amerikan. Regisseur.

Lövgren, J. Eliel (1872–1940) – schwed. Jurist und liberaler Politiker.

Luiga, Juhan (1873–1927) – estn. Arzt, Freund der Eltern H. W.s.

Lönnrot, Elias (1802–1884) – finn. Arzt und Folklorist, Verfasser des Nationalepos »Kalevala«.

Mach, Ernst (1838–1916) – österr. Physiker und Philosoph.

Maiski, Iwan M. (1884–?) – sowjet. Diplomat.

Mäkelin, Yrjo (1875–1923) – finn. Politiker; Schuhmacher, Redakteur sozialdemokratischer Zeitungen (in Tampere).

Malmberg, Aino (1865–1933) – finn. Schriftstellerin.

Mandelstam, Josef E. (1846–?) – russ. Philologe, Prof. für russ. Sprache und Literatur in Helsinki.

Martin Du Gard, Roger (1881–1958) – franz. Schriftsteller.

Martna, Mihkel (1860–1934) – estn. Politiker, Historiker, Begründer der sozialistischen Bewegung in Estland.

Mattson, Gustaf (1873–1914) – schwed. Schriftsteller und Journalist.

Mechelin, Leopold (1839–1914) – finn. Politiker, Jurist, Abgeordneter des Adels im Landtag, vertrat die Politik des passiven Widerstands gegen die zarist. Behörden.

Meurman, Agathon (1826–1909) – finn. Politiker, Journalist, führendes Mitglied der Finnischen Partei.

Mirabeau, Honoré Gabriel de (1749–1791) – franz. Politiker (der ersten Phase der franz. Revolution).

Miljukow, Pawel N. (1859–1943) – russ. bürgerl. Politiker, Historiker.

Obolenski, Iwan M. (1853–1910) – russ. Generalgouverneur in Finnland 1904–1905.

Öhquist, Johannes (1861–1949) – finn. Philologe, Schriftsteller, Lektor der deutschen Sprache in Helsinki.

Oleski, Lui (?) – estn. Rechtsanwalt, Bekannter der Eltern H. W.s.

Olsson, Hagar (1893–1978) – finnlandschwedische Erzählerin und Essayistin.

Paasikivi, Juho Kusti (1870–1956) – finn. Politiker, Staatspräsident 1950–1956.

Paavolainen, Olavi (1903–1964) – finn. Schriftsteller, Journalist, Theaterleiter (ab 1946 am Rundfunk).

Paldrock, Aleksander (1871–?) – estn. Arzt, Professor in Tartu.

Palola, Eino (1885–1951) – finn. Journalist, Direktor des finn. Rundfunks.

Päts, Konstantin (1874–1956) – estn. bürgerl. Politiker, Ministerpräsident in den 30er Jahren.

Pekkala, Eino (1887–1956) – finn. Politiker, Reichstagsabgeordneter der SDPFi, nach 1945 SKDL, u. a. Justizminister.

Pekkala, Mauno (1890–1952) – finn. Politiker, Premierminister 1946–1948.

Piscator, Erwin (1893–1966) – dt. Regisseur und Theaterleiter.

Plechanow, Georgi W. (1856–1918) – Theoretiker und Führer der russ. und internat. Arbeiterbewegung.

Plehwe, Wjatscheslaw K. (1846–1904) – russ. Politiker, Leiter der geheimen Staatspolizei in Rußland, wirkte 1899–1902 in Finnland.

Pykälä, Karl Gustaf (1864–1915) – finn. Landwirt, Reichstagsabgeordneter 1907–1914.

Raittinen, Paavo (1886–?) – finn. Unternehmer, Bankdirektor.

Ramsay, Henrik (1886–?) – finn. Kaufmann, Chemiker, nach 1918 u. a. Regierungsmitglied.

Ranke, Leopold von (1795–1886) – dt. Historiker.

Rantakari, Kaarle (1877–1948) – finn. Politiker, Journalist.

Rantamala, Irmari – Pseudonym Maiju Lassilas.

Rasputin, Grigori Jefimowitsch (1864 oder 1865–1916) – russ. Mönch, Günstling des Zaren Nikolaus II. und seiner Frau.

Reed, John (1887–1920) – amerikan. Journalist und Revolutionär; H. W. unterstützte J. R. auf seinen Fluchtwegen durch Finnland.

Renvall, Heikki (1872–1955) – finn. bürgerl. Politiker u. Journalist.
Ritavuori, Heikki (1880–1922) – finn. Jurist, Politiker, Innenminister 1920–1922, ermordet 1922.
Robbins (Robins), Raymond (1873–1954) – amerikan. Politiker, leitete 1917–1918 eine Delegation des amerikan. Roten Kreuzes in Rußland.
Robespierre, M. F. M. J. de (1758–1794) – franz. Revolutionär.
Rodsjanko, Michail W. (1859–1924) – russ. Gutsbesitzer, bürgerlicher Politiker.
Ryti, Risto Heikki (1889–1956) – finn. Politiker, Staatspräsident 1940–1941.
Ryömä, Hannes (1878–1939) – finn. Arzt, sozialdemokratischer Politiker.
Salmelainen, Eino (1893–1975) – finn. Regisseur und Theaterleiter.
Schauman, Eugen (1875–1904) – finn. Nationalist (Beamter), tötete den Generalgouverneur N. Bobrikow, beging anschließend Selbstmord.
Schildt, Runar (1888–1925) – finnlandschwed. Schriftsteller.
Schoultz, Freya – finn. Schauspielerin, erste Ehefrau E. Leinos.
Schybergson, Magnus Gottfried (1851–1925) – finn. Historiker (Geschichte Finnlands).
Serlachius, Johan Julian (1854–1925) – finn. Jurist, Senatsmitglied.
Sillanpää, Miina (1866–1952) – finn. sozialdemokratische Politikerin, Hausangestellte, Reichstagsabgeordnete 1907–1947 (mit Unterbrechungen).
Sinervo, Elvi (geb. 1912) – finn. Schriftstellerin, sozialist. Lyrikerin.
Sirola, Yrjö (1876–1936) – finn. Journalist, sozialdemokratischer Reichstagsabgeordneter, nach 1918 sowjet. Politiker (der Karel. ASSR).
Smirnow, Wladimir M. (1876–1952) – finn. Lektor der russ. Sprache in Helsinki, Helfer und Freund Lenins.
Snellman, Juhana Vilhelm (1806–1881) – finn. Philosoph, Ökonom, Staatsmann, Begründer der nationalen Bewegung in Finnland (der späteren Finnischen Partei).

Söderhjelm, Alma (1870–1949) – finn. Schriftstellerin, Historikerin.

Soisalon-Soininen, J. M. E. (1856–1905) – Abgeordneter des Adels im finn. Landtag, 1905 ermordet.

Södergran, Edith (1892–1923) – finnlandschwed. Lyrikerin.

Söderhjelm, Martin (geb. 1913) – finnlandschwedischer Schriftsteller, Journalist, Theaterleiter.

Söderhjelm, Werner (1832–1904) – finn. Jurist, Senatsmitglied.

Steffin, Margarete (1908–1941) – Mitarbeiterin Brechts.

Stepan – Deckname des Revolutionärs Fedorowski.

Sternbeck, Otto (1884–?) – estn. bürgerl. Politiker, General.

Stolypin, Pjotr. A. (1862–1911) – russ. Politiker, Organisator terroristischer Strafexpeditionen nach 1906.

Suolahti, Gunnar (1876–1933) – finn. Historiker, Skandinavist.

Svinhufvud, Pehr Evind (1861–1944) – finn. Politiker, Jurist, Staatspräsident 1931–1937.

Swan, Anni (1875–?) – finn. Kinder-, Jugendschriftstellerin.

Tainio, Taavi (1874–1929) – finn. Politiker, sozialdem. Reichstagsabgeordneter 1908–1912, 1917–1918, 1918–1926.

Tanner, Väinö (1881–1966) – finn. Politiker, Führer des rechten Flügels der SDPFi, unterstützte Teilnahme Finnlands am Krieg gegen die Sowjetunion.

Tarkiainen, Viljo (1879–1951) – finn. Literaturwissenschaftler.

Teemant, Jaan (geb. 1872) – estn. Politiker, Ministerpräsident, 1940 verschollen.

Tegnér, Esaias (1782–1846) – schwed. Lyriker.

Toikka, Osmo (geb. 1900) – finn. Ökonom.

Tokoi, Oskari (1873–1963) – finn. sozialdemokratischer Politiker, Gewerkschaftsführer.

Tompuri, Elli (1880–1962) – finn. Schauspielerin.

Tönisson, Jaan (1868–?) – estn. Politiker, Herausgeber der Zeitung »Postimees« (1896–1935), 1918–1932 Mitglied estn. Regierungen, u. a. Ministerpräsident, 1941 verschollen.

Trillisser, Meer Abramowitsch (1883–1940) – russ. Revolutionär, sowjet. Politiker, bis 1937 Mitglied des ZK der KPdSU, 1937 verhaftet, postum Orden Banner der Sowjetunion.

Tuomioja, Vappu (geb. 1911) – S. Wuolijokis und H. Wuolijokis Tochter.

Turkia, Matti (1871–1946) – finn. sozialdem. Politiker, Reichstagsabgeordneter 1907–1909, 1914, 1930–1945; Vorsitzender der SDPFi.

Ursin, Nils Robert af (1854–1936) – finn. Politiker, erarbeitete das erste Programm der SDPFi.

Uotila, Pertti (1880–?) – finn. Landwirt, Journalist, Herausgeber finn. Volkslieder (»Kansan kantele«).

Vaala, Valentin (geb. 1909) – finn. Filmregisseur.

Valpas, Edward (1873–1937) – finn. Politiker, 1901–1918 Chefredakteur der Zeitung »Työmies« (SDPFi).

Värri, Kaarle (1839–1923) – finn. Landwirt, Abgeordneter des Bauernstandes im Landtag (1877–1906).

Viktor – Deckname des russ. Revolutionärs und Musikers Nikolai J. Burenin.

Voionmaa, Väinö (1869–1947) – finn. Politiker, Historiker (SDPFi).

Westermark, Edvard (1862–1939) – finn. Philosoph, Soziologe, Prof. an der Universität Helsinki.

Wifstrand, Naima (1890–1968) – schwed. Schauspielerin, gehörte zum Freundeskreis der Familie Brecht.

Wiik, Karl Harald (1883–1946) – finn. Politiker, Reichstagsabgeordneter der SDPFi 1911–1918 und 1922–1946 (mit Unterbrechungen), 1942 als Kriegsgegner verhaftet, Mitbegründer der SKDL.

Willman, Elviira (1875–?) – finn. Journalistin, Dramatikerin, nach 1918 in der SU.

Wrede, Mathilda (1864–1928) – finn. Missionarin, wirkte für die Verbesserung der Bedingungen in den Strafanstalten.

Wuolijoki, Juho Robert (1843–1911) – finn. Landwirt, Abgeordneter des Bauernstandes im Landtag, Schwiegervater H. W.s.

Wuolijoki, Sulo (1881–1957) – finn. Politiker, Rechtsanwalt, Journalist, Reichstagsabgeordneter der SDPFi 1907–1918, mit H. W. verh. 1908–1923.

Wuolijoki, Väinö (1872–1947) – finn. Politiker, Landwirt, Reichstagsabgeordneter der SDPFi, Tätigkeit im Genossenschaftswesen und in der Außenpolitik (Botschafter in Berlin 1927–1933), Sulo W.s Bruder.

Yrjö-Koskinen, Georg Zakarias (1830–1903) – finn. Politiker, Historiker (Geschichte Finnlands), neben Snellman Führer der Finnischen Partei (im Flügel der »Altfinnen«).

Zilliacus, Laurin (1895–1959) – finnlandschwedischer Pädagoge.

Zurbaran, Franzisco (1598–1664) – span. Maler.

QUELLEN UND RECHTSNACHWEIS

Ein Mädchen kommt nach Helsinki, Eine Studentin kommt an die Universität, Ein estnisches Mädchen lernt die finnische Politik kennen (gekürzt), Der Sommer 1905 (gekürzt), Der Generalstreik, Nach dem Generalstreik, Anatoli (gekürzt), Als gewöhnliche Studentin (gekürzt), aus: Yliopistovuodet Helsingissä 1904–1908, Kustannusosakeyhtiö Tammi, Helsinki 1945, © Vappu Tuomioja.

Die Familie, aus der ich stamme, Die Familie, in die ich kam, Die Bettrandgespräche mit der Großmama, Die Anfangszeiten einer jungen Familie, Der Reichstag, Die Arbeiterschaft als Lehrer, Die Villa im Wald (gekürzt), Leb wohl, Villa, leb wohl, Dissertation, Noch über die Gerichtsfälle, Das „Kriegslied", Der Krieg beginnt, Meine ersten Schritte auf dem Parkett des internationalen Handels, Der Handel mit Rußland – und seine Strapazen, In Stockholm (gekürzt), Pfeifenträume, Als Geschäftsfrau in Petersburg (gekürzt), Ein Kriegsmärchen aus unserer Zeit, aus: Minusta tuli liikenainen eli valkoinen varis, Kustannusosakeyhtiö Tammi, Helsinki 1953, © Vappu Tuomioja.

Brief an Lion Feuchtwanger: Briefkonzept, undatiert (1932), in deutscher Sprache, Valtionarkisto (Staatsarchiv) Helsinki, Kansio (Mappe) 3.

Brief an die Suomi-Filmi-AG: Briefkonzept an Suomi Filmi OY, 1937, in finnischer Sprache, Valtionarkisto (Staatsarchiv) Helsinki, Kansio (Mappe) 3.

Ein Lied reicht mir hilfreich die Hand, Die Strichmädchen weinen abends, Die Politischen weinen nicht, Tote Fenster, Choral und Eimer, Eine weiße Katze kam in meine Zelle, Und ich war nicht Gefangene, Sich häuslich einrichten, Ich war ein Snob, Ein Gefangener wird abgeführt, Die Ermordung einer Butterblume, Eine Abendgesellschaft bei Hella Wuolijoki, Die kleine Diebin und die Butterblume, „Ich hab' ein Diwanpüppchen …", Die Zigeunerin, Die Liebe, Bevölkerungspolitik durch Polizeigewalt, Il faut vivre dangereusement – lebe gefährlich!, Marche funèbre – Schritte in der Nacht, Hüte, Bergstute, Schatten und Schritte, Die Känguruhmutter, Der Liebesbrief vom Leben, Ich kämpfte, Die Rückkehr, Der Spiegel, Der erste Tag in der Freiheit, Requiem, aus: Enkä ollut vanki, Kustannusosakeyhtiö Tammi, Helsinki 1944, © Vappu Tuomioja.

Brief an Helene Weigel und Bertolt Brecht: Briefkonzept, 27. 12. 1946, in deutscher Sprache, Valtionarkisto (Staatsarchiv) Helsinki, Kansio (Mappe) 3.

INHALT

Ein Mädchen kommt nach Helsinki 5
Eine Studentin kommt an die Universität 19
Ein estnisches Mädchen lernt
die finnische Politik kennen 28
Der Sommer 1905 37
Der Generalstreik 44
Nach dem Generalstreik 63
Anatoli 71
Als gewöhnliche Studentin 79
Die Familie, aus der ich stamme 95
Die Familie, in die ich kam 105
Die Bettrandgespräche mit der Großmama 115
Die Anfangszeiten einer jungen Familie 120
Der Reichstag 128
Die Arbeiterschaft als Lehrer 132
Die Villa im Wald 137
Leb wohl, Villa, leb wohl, Dissertation 141
Noch über die Gerichtsfälle 144
Das „Kriegslied“ 154
Der Krieg beginnt 160
Meine ersten Schritte
auf dem Parkett des internationalen Handels 163
Der Handel mit Rußland – und seine Strapazen 165
In Stockholm 169
Pfeifenträume 175
Als Geschäftsfrau in Petersburg 182
Ein Kriegsmärchen aus unserer Zeit 187
Brief an Lion Feuchtwanger 200
Brief an die Suomi-Filmi-AG 203
Ein Lied reicht mir hilfreich die Hand 206
Die Strichmädchen weinen abends 208
Die Politischen weinen nicht 209
Tote Fenster 209

Choral und Eimer 211
Eine weiße Katze kam in meine Zelle 211
Und ich war nicht Gefangene 214
Sich häuslich einrichten 219
Ich war ein Snob 221
Ein Gefangener wird abgeführt 224
Die Ermordung einer Butterblume 225
Eine Abendgesellschaft bei Hella Wuolijoki 227
Die kleine Diebin und die Butterblume 233
„Ich hab' ein Diwanpüppchen ..." 235
Die Zigeunerin 238
Die Liebe 240
Bevölkerungspolitik durch Polizeigewalt 244
Il faut vivre dangereusement –
lebe gefährlich! 248
Marche funèbre – Schritte in der Nacht 251
Hüte 253
Bergstute 254
Schatten und Schritte 259
Die Känguruhmutter 261
Der Liebesbrief vom Leben 263
Ich kämpfte 266
Die Rückkehr 267
Der Spiegel 270
Der erste Tag in der Freiheit 270
Requiem 277
Brief an Helene Weigel und Bertolt Brecht 280

Nachwort 287

Anmerkungen 313

Personenverzeichnis 323

Quellen und Rechtsnachweis 335